大智 43

領導成事手段

東籬子◎解譯

高寶書版集團

大智系列43

領導成事手段

解　　　譯：東籬子
總 編 輯：林秀禎
編　　　輯：江麗秋
校　　對：李國祥
出 版 者：英屬維京群島商高寶國際有限公司台灣分公司
　　　　　Global Group Holdings, Ltd.
地　　址：台北市內湖區新明路174巷15號1樓
網　　址：gobooks.com.tw
電　　話：(02) 27911197　27918621
電　　傳：(02) 27955824　行銷部 (02) 27955825
郵 政 劃 撥：19394552
戶　　名：英屬維京群島商高寶國際有限公司台灣分公司
E－mail：readers@gobooks.com.tw＜讀者服務部＞
　　　　　pr@gobooks.com.tw＜公關諮詢部＞
香港總經銷：全力圖書有限公司
地　　址：香港新界葵涌打磚坪街58-76號和豐工業中心1樓8室
電　　話：(852) 2494-7282　傳真：(852) 2494-7609
初 版 日 期：2006年7月
發　　行：高寶書版集團發行/ Printed in Taiwan

國家圖書館出版品預行編目資料

領導成事手段 / 東籬子解譯. —— 初版. —— 臺北市
：高寶國際，2006[民95]
　　面；　公分. —— (大智 ; 43)

ISBN 986-7088-61-1(平裝)

1. 謀略學 2. 領導論 3. 成功法

177　　　　　　　　　　　　　　95010818

前　言

　　怎樣才能成事？這個問題說大可大，說小可小，因人而異。我們常困惑於眼前的各種障礙，對它們產生厭煩的心理，但又時時為它們所困，故有仰天長嘆之感。

　　毫無疑問，成事手段就顯得極為重要，它告訴人們如何獲得增加成功率的機會，如何在絕境之處衝出一條生路等。在生活中，每個人都會立下自己的心願，並想辦法去實現它，這是做人的膽量和氣魄。也許，每個人只能對他自己的心願負責，而不能預測他的未來，這種難題，也不是一兩個人就能夠左右的。人生的努力過程就在於：對自己負責、對未來預測。解決這個過程的惟一方法就是：掌握成事手段。

　　本書透過中國古代歷史上的成功者，剖析其成事手段。成事手段有大小、高低，這都不能下一個死結論的。但它們卻又具有共同性。因此，我們試圖比較合理地描述它們，以便給大家帶來啟示。譬如：作為領導，必須大方做人，小心做事，其道理在於若你不坦誠，就不會有人才待在你身邊；你不善待，就沒有幾個人願為你勞心勞力。同樣地，你不精於做事，總是把事情弄得一團糟，就會讓下屬在你身上看不到成功的希望。

　　劉邦的領導心智是：用坦蕩的心對待人才，並鼓足他們做事的勇氣，同時又從細微之處抓好要做的事。

　　領導管理中絕不可少「嚴」字，因為人心的渙散往往始於過寬的鬆散的狀況之中。因此，必要和適度的「嚴」更可以說明

制度的不可動搖性。

諸葛亮的領導心智是：把大家都視為同等，該嚴則嚴，絕不允許出差錯。

領導做事必須要從「根本」著手，不能做表面工夫，否則就會「治標不治本」。這種管理弊病，應當在最短的時間內加以解決，絕不可疏忽大意。

李世民的領導心智是：做事不能浮於表面，必須從根本上加以澈底解決，否則就達不到應有的效果。

什麼叫「切入點」，即出手就能「打」到關鍵處，而且可以舉一反三，震懾其餘。領導抓管理工作，必須找對切入點，不做則已，要做就要有好效果。

朱元璋的領導心智是：提前預防可能出現的隱患，防止後患無窮。

領導在管理過程中，要能「攻擊一點，旁及其餘」，即抓住一個關鍵，用智慧加以澈底清理乾淨，避免給日後工作帶來隱患。

雍正的領導心智是：從一點開始做穩、做好每一項工作，並以此為突破口攻下其他堡壘。

天下之事，無固定之說。凡是能夠根據自己判斷作出準確估算者，相信自己的能力超人一等者，都是極其可能成就大事的。反之，缺乏自信者，尤其是對自己智力不能肯定者，則一事無成。可想而知，只會羨慕別人成功的人，最後只能在可憐的角落怨天怨地。我們希望你不是後者，而是吸取書中那些成大事者的合理之處，開拓和打造自己的人生，並有一系列自己的成事手段。

一、大大方方做人，小心翼翼做事

作為領導，必須大方做人，小心做事，其道理在於若你不坦誠，就不會有人才待在你身邊；你不善待，就沒有幾個人願為你勞心勞力。同樣地，你不精於做事，總是把事情弄得一團糟，就會讓下屬在你身上看不到成功的希望。

劉邦的領導心智是：用坦蕩的心對待人才，並鼓足他們做事的勇氣，同時又從細微之處抓好要做的事。

1.會用人就有一切

領導者用人水平的高低，關係到整個事業的成敗。劉邦在用人
方面非常成功，而他就是依此把自己的弱勢變成了強勢，成為
最後的贏家。

劉邦由一泗水亭長，百十來人起家，身經百戰，最後成就
了帝業。中間經歷了多少的危難及生死考驗是可想而知的，有時
甚至達到了舉步維艱的程度，但每次劉邦總能化險為夷，由弱勢
變強勢，由被動變主動，其中的奧妙，與劉邦獨特的用人之道不
無關係。

劉邦於秦二世元年九月在沛縣舉兵起義，當時天下的形勢
是：

周文所統率的十萬義軍被章邯所統率的秦軍打得大敗，繼
武臣自立為趙王以後，他派往燕地的韓廣在燕地自立為燕王，
狄人田儋在齊地自立為齊王，寧陵君魏公子魏咎被陳王立為魏
王，項梁及項羽起兵於吳後，渡江又加入了反秦行列。

陳王陳勝、趙王武臣、燕王韓廣、齊王田儋、魏王魏咎以
及項梁與項羽是秦二世二年年初反秦各路諸侯中的幾支主要力
量，都擁有一定的實力。而起兵於沛縣的沛公劉邦，卻是人少力
單，處於舉步維艱的境地。

劉邦退至豐邑後，當時秦朝一位名叫平的郡監率兵圍攻
豐邑。沛公領兵出戰，命同鄉雍齒守衛豐邑，自己領兵進攻薛
（今山東滕縣南），在那裡大敗敵軍。

此時，陳王派魏人周市向東攻城略地，周市派人對雍齒

說：「豐曾是魏國的大梁被秦軍攻占後的遷都之地，今魏王已平定數十城。您如果以豐邑投降魏國，魏國封你為侯，令你守衛豐城；如不投降，將屠殺豐城。」雍齒本來就不願歸屬劉邦，在周市的利誘威逼之下，便為魏國效力了。

沛公因雍齒反叛，不得不前去投靠景駒。途中路遇張良聚集數百人也想投奔景駒，當時沛公人馬數千，張良便依附沛公，沛公任張良為「廄將」，負責管理軍馬。後來，張良成了沛公爭奪天下的軍師，運籌帷幄，是劉邦手下的三位人傑之一。

劉邦得到張良後，境況逐漸好轉。張良曾多次用《太公兵法》的理論向沛公獻策，沛公經常採納他的策略。而張良向其他人說《太公兵法》上的理論，都不能領悟。張良因此而感慨地說：「沛公大概是天賦的奇才！」

張良與沛公來到恭縣，拜見項梁。夏六月，項梁立楚懷王孫子熊心為楚王。張良向項梁進言說：「您已立楚王的後代為王，而韓國的諸公子橫陽君韓成有賢能，可立為王，增建與國，以為黨援。」項梁派張良找到韓成，立韓成為韓王，同時以張良為韓王司徒，其職位相當於丞相。於是張良便暫時離開沛公，與韓王韓成率千餘人向西攻占原韓國所轄故地。一直到張良於河南再次引兵隨沛公，並輔佐沛公兵攻宛城。

劉邦的用人有道，還表現在其利用項羽叔父項伯這件事上。

劉邦入關中後，並未在咸陽久留。而是還軍灞上，項羽破關而入，范增獻計項羽，讓他趁機除掉劉邦。這時候，劉邦與項羽兵力相差十分懸殊，一旦雙方開戰，後果可想而知。

劉邦心急如焚，就在這節骨眼上，事情卻出人意料出現了轉機。

就在項羽調兵遣將，準備第二天襲擊劉邦時，他帳下的左尹項伯卻坐不住了。

　　項伯又名項纏，是項羽的本家叔叔。項梁和項羽在吳中起兵時，項伯便積極隨從。項梁陣亡後，項羽出於對項梁的思念，對這位族叔特別尊重，大事小事都和他商量。項伯在家鄉時曾殺了秦朝的地方官，犯下死罪，逃到下邳，被仗義行俠的張良隱藏起來。項伯對張良的救命之恩，一直念念不忘，因此他把項羽的計畫告訴了張良。

　　張良向劉邦講述了他搭救項伯的事情，並告訴劉邦：「項伯是個很重感情的人。現在事情緊急，他專程跑來告訴我。我可以轉告項伯，說您絕不敢違抗項王，請他了結這場糾紛。」

　　劉邦一把拉住張良，問：「你和項伯比，誰的年齡長？」

　　張良說：「項伯比我大一點。」

　　劉邦高興地說：「您快去把項伯請來，我要像侍奉兄長那樣侍奉他。」

　　項伯正在外邊急得團團轉。張良走過去，硬把他拖進劉邦大帳。

　　劉邦一見項伯，趕緊拱手作揖，一口一個兄長，叫得項伯心裡甜滋滋的。劉邦又命人擺上美酒，親自斟滿，雙手舉給項伯。張良坐在一邊作陪。

　　酒過三旬，劉邦便提出想把自己的女兒許給項伯的兒子為妻，和項伯做個兒女親家。項伯是個誠實人，見劉邦這麼客氣，又這麼看得起自己，心裡很感激，放下了顧慮，三個人盡情地喝了起來。喝過一陣酒，劉邦做出十分委屈的樣子，淚眼汪汪地對項伯說：「我進了關中，一絲一毫的東西都不敢私占。登記了官吏百姓的戶口，封存好秦朝的府庫，一心等著上將軍駕臨。之所以派兵守禦函谷關，為的是維護社會治安，防備盜賊趁機作亂，這樣做絕不是針對上將軍的。我日日夜夜都在盼望著上將軍快來，哪裡敢和上將軍作對呢？請求兄長為我在上將軍面前

多多解釋解釋，讓上將軍消了氣，我終生終世，都不會忘記兄長您的大恩大德！」

劉邦邊說眼淚邊往下滾，項伯看得心裡一陣陣發酸，站起身拉著劉邦勸說：「這事我會盡力去辦的，請沛公放心。」未了，又告訴劉邦：「明天一早，你可親自去向項王謝罪。」劉邦千恩萬謝，滿口答應。

時候不早了，項伯告別劉邦和張良，催馬往回趕。他一路走，一路想：多虧自己來了一趟，要不，冤枉了劉邦，連累了張良，才真不應該呢！

項伯在項羽面前美言講盡，項羽是個性子直、講義氣的人，就想信了劉邦的話，按兵不動。第二天，劉邦赴項羽擺下的鴻門宴，范增又令項莊舞劍欲行刺劉邦，又多虧項伯藉口共舞，保護劉邦，劉邦才又撿回一條小命。

劉邦利用項伯，不僅解了項羽想吃掉自己的圍，而且鴻門宴又得以安全脫險。雖然劉邦也假仁假義，心懷鬼胎，但其用人之道，由此可見一斑。

2.識對人是辦事關鍵

真正有才能的人往往混雜在人群中不易被發現。得不到發揮才能的機會，又往往大才小用，或根本不被利用。故有人嘆：「千里馬常有，而伯樂不常有。」不會識人何以用人？又何能用好人？劉邦能做到不拘一格，打破常人識人的方法，不論其出身，不論其職業，更不問其是否是孔子的傳人，只要有才，能助其成就大業，就委以重任，給以官職，此為領導之道。

周勃原是以編織葦薄為業。為了養家餬口，別人辦喪事，他還去當吹鼓手。在那個時代，這種職業非常令人瞧不起。但劉邦卻不以職業取人，讓周勃做自己最親近的侍臣。

周勃確實也不負所託，不僅作戰勇敢，而且總是衝鋒在前，奮勇殺敵，在跟隨劉邦南征北戰時立下了汗馬功勞。無論是推翻暴秦的作戰，還是抵抗匈奴的入侵，乃至平息諸侯王的叛亂，周勃都功不可沒，並深受劉邦器重。

以至於當劉邦年老體衰，病情日益嚴重時，仍然不忘周勃的才能，並託以重任。當時劉邦場情加重，身體一天不如一天，已經奄奄一息了，呂后硬著頭皮，到病床前詢問劉邦對身後事情的安排。

她問：「陛下百年之後，如果蕭何丞相過世，讓誰接替他呢？」

劉邦儘管身體不適，但每時每刻都在想著如何保住劉姓的天下，便鄭重其事地回答：「曹參。」

呂后又問：「曹參之後，由誰接替呢？」

劉邦答：「王陵可以。但王陵有點憨，腦子太直，有時拐不過彎，須得有人隨時提醒。陳平足智多謀，膽子卻小，兩個人都難以單獨挑起重任，只有通力合作才行。」略微停頓了一下，他又特別叮嚀：「大臣裡面惟有周勃敦厚質樸，雖說文才少了點，但以後能夠安定劉氏天下的，必定是他。要讓周勃做太尉，執掌軍權。」

呂后一心想從劉邦嘴裡套出個能聽從自己使喚的人，繼續問：「周勃之後，還有什麼人可以任用呢？」

劉邦生氣了，厲聲指責：「以後的事，也不是你能管得了的事。」說完，閉上了眼睛。

劉邦死後，劉盈即位。前七年，劉盈名義上是皇帝，實際

上受呂后操縱；後八年，呂后乾脆由後臺走到前臺，成為我國歷史上第一位實際上的女皇帝。在這期間，她倒行逆施，極力把劉姓的江山變成呂姓的天下。

周勃為還劉氏天下，勇奪北軍，計畫發動政變。但由於呂氏黨早有防範，周勃更須謹慎從事。

襄平侯紀通（紀信子）負責管理軍事信令的符節，乃持用假的符節，讓周勃得以進入北軍營寨。

周勃立刻下令酈寄和典客劉揭共同去遊說呂祿道：「皇帝已下令太尉守北軍，請立刻歸還將令印件，自動請辭北軍司令官，否則必有禍災。」呂祿認為酈寄不會出賣自己，便將印件交予劉揭，讓出兵權，交付周勃指揮。結果全軍將士皆捲左袖，表示效忠劉氏政權。但南軍的掌握尚在呂產的手中。丞相陳平乃召見朱虛侯劉章，囑咐其協助周勃行事。周勃令劉章監守軍門，並遣行御史大夫事的平陽侯曹窋，火速通知宮殿宿衛部隊，勿讓呂產進入宮中。呂產這時候並不知道呂祿已棄軍離去。因此他打算進入未央宮，扶持皇帝由宮中發出命令，讓南北禁衛軍團發動政變。

但當他來到殿門口前，平陽侯曹窋已指揮宿衛部隊緊閉大門，堅拒呂產和其部隊入內。呂產不得入，便暫時在宮殿門口等待時機。雙方在宮殿門口對峙，曹窋恐朱虛侯兵力有限，難以取勝，乃派人向周勃報告軍情。周勃亦沒有把握能壓得住南軍，加上呂氏的部隊大多在長安，如此地火併下去不見得對己方有利。他便命令朱虛侯劉章親率部隊入宮，以保護皇帝。

朱虛侯乃率十餘士卒馳向皇宮，入未央宮前遇呂產人馬，時已近黃昏，朱虛侯下令攻擊呂產，呂產在前後夾擊下，不敵退走。適逢天起大風，呂氏人馬混亂成一團，劉章趁機追殺，呂產逃至郎中府吏廁中，被殺身亡。皇帝劉弘聞知殿外發生火併，便派使者持節慰問劉章部隊，劉章欲趁機奪其節，使者不肯，劉章

乃強載之，以皇帝節信追捕呂氏餘黨。

　　負責長樂宮警衛的呂氏長老呂更始在混亂中被捕，當場被斬殺，宮中呂氏的勢力已被澈底驅逐。朱虛侯劉章便率軍回報周勃，周勃親自接見，並向劉章表示恭賀之意。劉章道：「呂氏一黨最令人頭痛的是呂產，現呂產已誅，我方已取得全勝，天下可復定矣。」周勃於是下令收回南軍指揮權，並分遣部隊追捕呂氏黨人，無論男女老少一律處斬。

　　酈食其雖是呂后派黨人，但曾數度協調呂太后和功臣間的危機有功，仍恢復其丞相職。並以濟川王劉太繼呂產為梁王。派遣朱虛侯劉章赴齊國報告誅呂情事，並請齊國撤兵。

　　酈商雖為呂氏黨軍頭，但其子酈寄在誅呂事件中建有大功，仍維持其爵位，不過酈商在事後不久便去世，其子酈寄繼任為曲周侯。

　　灌嬰在滎陽時，聽說魏勃慫恿齊王起兵叛亂，乃遣使召見魏勃，責問他。魏勃辯解說：「當時情勢如同失火之家，救火要緊，哪有時間先通知丈人！」由於宰相召平被殺，灌嬰表示宜追究齊國出兵有無叛國之情事。魏勃退立在旁，兩腳戰慄不停，嚇得無法提出有力的辯護來。

　　灌嬰見之，乃對左右笑道：「聽人說魏勃勇猛負責，今視之庸人耳，沒有什麼能力的。」於是下令罷除魏勃官職，放他回去。灌嬰也罷兵，班師回朝。以陳平、周勃為主的功臣黨已完全控制住關中的情勢。他們召開會議，討論如何重建劉氏的政權。

　　陳平首先表示：「少帝、梁王、淮陽王及當今皇上常山王，均不是孝惠帝真正的兒子，是呂后以計詐取他人之子，殺其母養於後宮，假裝為孝惠之子，以為繼承人或立為諸侯王，其目的在強化呂氏的控制力。」

「如今我等誅滅呂氏，而這些呂氏製造的假後代長大後，可能會向我們報復，將造成朝廷混亂，宜利用這一機會澈底摧毀之，以絕後患。」

大臣們對此倒沒有什麼意見，重要的是擁立什麼樣的人來做皇帝呢？

陳平表示：「不如由高皇帝的子孫，現任諸侯王中，擁立最年長又賢能者為皇帝。」

朱虛侯劉章派系的大臣，便主張擁立劉邦的長孫齊王劉襄。但原本先入關中，替劉襄打點的劉氏元老琅邪王劉澤卻大表反對，他痛恨劉襄對他的欺騙，決心報復之。劉澤表示：「呂氏以外戚家為惡，幾乎毀了漢皇朝，危及宗廟，也使功臣人人自危，這種現象絕不能再發生。今齊王舅父駟鈞也以擅權勇猛馳名，比呂氏更為可怕，如立齊王為皇帝，必再有一次呂氏亂政！」

陳平對駟鈞之事頗有耳聞，便也堅決表示反對。接著大家討論剩下來的諸侯王中誰最為適合，有人提出了代王劉恆。

劉恆是劉邦第四個兒子，為薄氏所生。薄氏出身不高，故薄氏一族頗謙恭簡樸，是功臣們最放心的外戚。

在劉邦直系血親中，劉恆輩分最高，年紀也最長，更重要的是他素有仁孝寬厚的聲名，不論在血親排行上和德行上均最合宜。

於是大家同意擁立代王劉恆。朱虛侯劉章雖有點失望，但自己年紀尚輕，雖有大功，在長輩環伺下，也不宜有太強悍的表現，勢之所趨，只得放棄對兄長劉襄的支援，也同意擁立劉恆為皇帝。

不過，劉弘現在乃為皇帝，這件事只能先暗中進行，於是由陳平和周勃聯名，遣使赴代國與劉恆溝通。

　　劉恆為劉邦之庶子，平定陳豨造反後，劉邦便以劉恆為代王，建都於中都（現太原），即位已有十七年之久。

　　在劉邦諸子中，劉恆個性最為穩定。由於母親薄氏出身低，因此對兒子管教甚為用心，劉恆雖為皇族，卻恭謹謙讓，生活儉樸，全無驕奢之氣。

　　代國位於北方，又和匈奴鄰界，必須隨時保持警戒，並且前線地方也沒有什麼可享受的，身為領導者常須比別人更為吃苦耐勞些。

　　劉恆卻頗懂自制，雖身為皇族，他決心奉獻自己在邊防上。加上他本身無權力欲望，不想參與朝廷和皇族間的爭權。有一次呂太后有意遷徙他到趙國，劉恆便以自願承擔邊防重任而婉拒之。

　　在這個敏感的關鍵時刻，劉恆的確是一個相當適合繼任大統的人才。在接到功臣們擁立他為皇帝的文書後，劉恆立刻召集眾臣商議。

　　郎中令張武等表示：「漢中朝的大臣，皆是高皇帝時的大將，熟悉兵事，擅行詐道，他們原本也都有爭奪天下之野心，特畏高皇帝和呂太后之威，才暫時肯委屈臣屬的。」

　　「如今他們誅滅呂氏，敢於宮殿發動流血政變，其強悍驕恣可知也。因此這次擁立大王的舉動，可能沒有這麼簡單，實在令人難以相信，希望君王暫時稱病勿往，以觀其變。」

　　中尉宋昌卻獨持異議，大聲辯駁道：「大家的意見我不同意。我認為劉氏政權已穩定，朝廷大臣是欲擁立君王為皇帝的，其理由如下：第一、誠如所言，秦皇朝滅亡後，諸侯、豪傑並起，每個人都有爭奪天下的權利，但到最後得天子之位者為劉氏，此天命也，其他人早已絕望了。

　　「第二、高皇帝的子弟為諸侯王，相依相附，已擁有相當

堅實的磐石，不是那麼容易移動的，天下也早已服其強了。第三、漢皇朝建國後，盡除秦朝苛法，法令簡約，施惠行德於百姓，人人自安，這種合法性的向心力，已是非常難動搖了。

「以呂太后的威權，並晉封有三個呂姓諸侯王，擅權專制，力量何等龐大。但太尉周勃持節入北軍，登高一呼，將士皆捲左袖表示忠於劉氏，終能誅除諸呂之叛亂，這些都是天命，非人力也。今大臣們即使想有所變心，百姓也不一定聽他們的指使，何況大臣們意見和利害皆不一致，不足以形成壓制劉氏政權的力量。

「目前，劉氏皇族在京城內部者有朱虛侯、東牟侯，在全國各地又有吳國、楚國、淮陽、琅琊、齊國和代國等諸侯王，力量絕非功臣之所可比。況且高皇帝僅存的兒子中，只剩下大王和淮南王而已，大王又年長，聖賢仁教之名聞於天下，是以大臣們為了穩定天下眾人之心，不得不擁立大王啊！請即刻接受之，不用懷疑了！」

劉恆便將雙方面的意見彙報給薄太后。太后也猶豫不決，就建議卜一卦，卻得大橫之兆。占卜者表示：「大橫庚庚，余為天王，夏啟以光。」

劉恆問：「我現在不就是王了嗎？又有什麼王可以當？」

占卜者回答：「所謂天王，乃天子也。」

劉恆便派遣薄太后之弟薄昭前去會見周勃，了解其真正意圖。

周勃等表示絕對是誠心誠意為了漢皇朝政權和天下的安定而擁立劉恆的。

薄昭回報劉恆道：「我看大臣們真是誠心誠意，不用懷疑了。」

劉恆乃笑著對宋昌道：「果然如同先生您所分析啊！我決

定負起責任，繼任大統。」

劉恆乃派宋昌主持參乘，並由張武等六人乘傳，共同前往長安。

隊伍在高陵附近，劉恆便下令暫時駐營，並派宋昌先往長安通知，以觀察諸大臣的反應。

宋昌到達渭橋時，丞相陳平便率所有人員在此等待迎接。宋昌立刻回報。劉恆便下令全隊馳向渭橋，群臣拜謁稱臣，劉恆也立刻下車答拜。

周勃獨自到劉恆身旁，小聲表示：「希望讓我們私下先談一下吧！」

想不到站在旁邊的宋昌，當場拒絕：「如果要談公事，請現在便說，如果要談私事，王者是沒有私事的！」

周勃聞言，立刻跪下，獻上皇帝之璽印及符節。劉恆則辭謝道：「先到代王官邸再商議吧！」群臣便跟隨進入代王官邸。

丞相陳平等再拜表示：「現任皇帝劉弘並非孝惠帝親生的兒子，所以無權奉宗廟。大王乃高皇帝之子，宜繼任大統，願大王立刻即天子之位。」

劉恆仍依禮節，西向謙讓三次，南向謙讓二次，才就天子位，群臣也依禮在旁侍奉。

接著便是正式進入皇宮的行動了。但皇宮尚有劉弘在位，所以接下來的工作是進行清宮。

東牟侯劉興居表示：「誅殺呂氏時，由臣兄朱虛侯負責，臣未建有任何功勞，請把『除宮』的工作交給我吧！」

劉興居便和功臣派代表汝陰侯夏嬰共同入宮。劉弘詢問來意。劉興居表示劉弘非高皇帝血親，不能為天子，並下令保護皇帝的衛隊在繳出兵器後離去。

有幾個人不知發生什麼事，不願撤離。宦官總管張釋乃當面斥退之，侍衛才全部離去。

夏侯嬰準備了車輿欲載劉弘出宮。

劉弘問道：「你們打算怎麼安置我呢？」

夏侯嬰回答：「出宮自然會安排你居住的地方。」接著便將劉弘送往少府，暫時住在那裡。

夏侯嬰親自率領皇帝車輿至代王官邸，迎接劉恆入宮，並報稱內宮已完全清除。

劉恆當晚便進入未央宮，仍有宿衛士官十人持戟站端門前表示：「天子在宮內，足下為何也要進入。」

劉恆便傳周勃前往交涉，守衛才繳出兵器，撤離而去。劉恆方得進入未央宮。當夜，拜宋昌為宿衛將軍，統領南北禁衛軍團，並以張武為郎中令，負責宮殿中的行政工作。

負責官員也分別依法令，誅殺了呂后所製造的假皇族梁王、淮陽王、常山王和劉弘等人。

當晚，劉恆坐於前殿，舉行朝儀，並大赦天下。

劉恆便是漢文帝，被公認為中國歷史上人民生活最幸福的「文景之治」盛世，便也在這個時候正式展開。

漢皇朝終於更穩定地進入了另一個和平安定的時代。這些全靠周勃、陳平等這些忠實於劉氏皇族的大臣，才能剷除奸臣呂氏一黨。

識人相人，是劉邦用人前必備的程式。凡是他認為靠得住的人，大多靠得住，而且個個都為漢王室立下赫赫戰功。

真正的人才絕不僅僅表現在外表上、職業上、學歷上，而應該展現在本領上，表現在特定環境下的特殊用途上。人品、性格及日常處事上。只有細心地去觀察，結合工作的實際、生活的實際才能找到一位真正忠心、為你所用的人。

3.調虎離山是本事

「調虎離山」是三十六計中的一計，被歷代戰爭中的軍事家所
青睞，直到今天，它一直奏效，而且能收到立竿見影、以小勝
多、以弱勝強的效果。

　　劉邦滎陽大敗後，帶領殘兵敗軍逃生到成皋。成皋是糧食
囤積地，關係到漢軍的命脈，可這裡的守禦力量單薄，別說調
他們去增援滎陽，一旦項羽督軍來進攻，連他們自己也岌岌可
危。劉邦給成皋守軍打氣，讓他們堅守待援，自己又星夜兼程趕
回關中，搬救兵。

　　在丞相蕭何的全力支援下，劉邦在關中又募集到一支軍
隊。他準備把這支軍隊帶往滎陽，再和項羽比個高低。

　　有個姓袁的書生勸他道：「漢與楚在滎陽已相持數年，漢
軍常處於困境，這是因為楚軍的主力全都集中在那裡。大王這
次出兵，應該南下武關，突然出現在宛、葉一帶。項羽必然帶兵
追趕，大王可築好防禦工事，堅守不戰。只要把楚軍主力吸引
到南線，就能使滎陽、成皋的漢軍得以休息。同時，令韓信安撫
趙地，聯合燕、齊各國，壓迫楚軍，然後，大王再去滎陽指揮
作戰。這樣，楚國腹背受敵，兵力分散，我軍以逸代勞，進退有
據，必然能夠打敗楚國的軍隊。」

　　漢王劉邦採納了這個建議。

　　劉邦離開滎陽時，留御史大夫周苛、將軍樅公和魏豹守

城。三人通力合作，堅守危城。

幾天後，楚軍攻占成皋，滎陽的壓力更重，魏豹害怕了。周苛和樅公商量說：「魏豹是個反覆無常的人，留下來會成為禍患。」二人殺死了魏豹。這時，城外楚軍又發動強攻，二將督軍奮力拚殺，終因寡不敵眾，滎陽城被攻破，他們也身受重傷，當了俘虜。

項羽佩服周苛是個英雄，想收買他為己用，便試探的問：「你如果願意為楚國效力，寡人就封你為上將軍，隨賜三萬戶食邑。」

周苛絲毫不為所動，厲聲罵道：「我生為漢將，死為漢鬼，哪能屈膝侍奉他人！我倒要勸你放聰明一點，早點歸順漢王，留得一條活命。要不，以後必然死無葬身之地。」

項羽被罵得面紅耳赤。他命人抬來一口大鍋，盛滿水，架火燒沸，剝下周苛的衣服，架到鍋前，指著翻滾的開水，問周苛願不願低頭。周苛面不改色，罵不絕口，被扔入沸水中而死。樅公也不願屈服，被殺頭。

滎陽失守後，漢軍退到鞏、洛一帶，又築起了第二道防線。

項羽正擬驅兵掃蕩鞏、洛漢軍時，傳來劉邦兵出武關的消息。他多次上當，心有餘悸，擔心劉邦又要去彭城掏他的老窩，遂留下一部分人馬在鞏、洛與漢軍對峙。自己率主力風風火火去尋戰漢王。

在南陽，任憑項羽百般叫戰，劉邦就是堅守不出，急得項羽不知怎麼辦才好。這時又傳來彭越軍隊渡過睢水攻破下邳，殺了楚軍大將薛公，並向彭城進逼的消息。後院起火，項羽也顧不了劉邦了，日夜兼程，趕回彭城去對付彭越。

彭越開闢的敵後戰場，在楚漢戰爭中對漢軍獲勝起著不可

估量的作用。所以，彭越、英布與韓信，被並列為西漢開國的三大功臣。

項羽分封諸侯王時，把彭越冷落在一邊。他氣不過，與齊國田榮結成反楚聯盟，大敗西楚大將蕭公角，控制了魏地十餘座城池，部眾發展到好幾萬人。劉邦率諸侯聯軍東襲彭城時，彭越又積極回應，被劉邦封為魏相國。兩人的友誼更深了。

劉邦在睢水戰敗後，聽從張良的建議，派使者與彭越連繫結盟。彭越滿口答應，願與漢軍協同作戰。項羽與漢軍在滎陽激戰時，彭越趁楚後方空虛，統兵由黃河北南下，攻打睢陽（今河南省商丘市西南）等城，楚國上下震恐，項羽派將軍項聲和薛公征剿彭越。下邳一戰，薛公兵敗被殺，彭越的力量更為強大。他運用靈活機動的游擊戰術，襲擊楚軍後方運輸線，切斷楚軍糧道，成為插在項羽背上的一把尖刀。

項羽不得不放棄在宛、葉一線與漢軍作戰的打算，移師征討彭越。楚國將士跟著項羽，一會兒從北走到南，一會兒又從南走到北，一個個累得精疲力盡。沿路死亡的、逃亡的數也數不清。

劉邦則趁項羽東攻彭越之機，迅速揮師北上，一舉收回守備空虛的成皋。那裡儲存的糧食，又為漢軍所用了。

劉邦略施小計，項羽便被牽扯得東奔西跑，精疲力盡，這調虎離山之計，讓項羽這一代梟雄嘗到了苦頭。

4.四兩也能撥千斤

歷史上以少勝多、以弱勝強的戰役並不罕見。周瑜赤壁之戰

　　大破曹軍，全仗一出詐降的苦肉計；項羽鉅鹿之戰威震諸侯，也全靠其破釜沉舟，激勵士氣，才有了北二秦關終屬楚；劉邦封漢王時，力量與項羽懸殊很大，但也憑著自己治軍方面的智慧，終於以小勝大，逼死楚霸王，其治軍有方，可見一斑。

　　漢王初占三秦時，因立足未穩，還敵不過項羽的進攻，只好斂翼待時，尋找機會。劉邦認真吸取當年在沛縣起兵時，由於沒有重視根據地建設，結果丟了豐邑無家可歸的教訓。這一次，他決心盡力把關中經營成一個鞏固的戰略後方。為此，接連發布了一系列受百姓歡迎的政策法規。

　　土地是重要的生產資源，也是一般農民的衣食之本。秦朝皇帝為個人私欲，在關中肥田沃土，修建皇家遊獵場所上林苑，多少人因此斷絕了生計。

　　漢王下令：開放上林苑，退還百姓，讓他們開墾為農田。

　　為了增加勞動力，漢王頒布大赦令：釋放關押在監牢的所有囚犯。

　　巴·蜀、漢中三郡，從人力和財力上支援了漢軍北上，是老根據地。漢王下令：免除這三郡百姓的兩年租稅。

　　漢軍進入關中，不少關中子弟入伍。為了穩定這些戰士的情緒，鼓勵更多的人參軍，漢王下令：免除新入伍戰士家中一年的賦稅和徭役。

　　為了激勵全軍將士英勇殺敵，漢王採取了幾項措施：

　　凡是立有軍功的人，不論是將軍，還是士兵，都按功勞大小，賜以不同爵位；諸侯將軍，如能帶有一萬人投降，或率一個郡歸附者，封為萬戶侯。

　　在地方政府，每個鄉須推舉一位五十歲以上的有威望的老

者，當「鄉三老」，協助官府管理地方事務；從鄉三老中經民主協商，推舉一人為「縣三老」，免除其各種徭役，讓他們專心一志地協助縣政府處理地方事務。這些三老，作為老百姓在各級政權裡的代理人，利用其參政議政的機會，把老百姓的各種願望和要求及時反映到政府，從而溝通了地方政權與老百姓的連繫，使新生的漢政權深得人心。

由於咸陽幾經兵火，已經成為一片廢墟，漢王劉邦便把國都設在交通便利的櫟陽。漢王二年二月初五，又下令廢除秦社稷，建立漢社稷，以澈底消除過去秦王朝在思想上對人們的影響。

經過這一番努力，關中生產迅速恢復，經濟上一派繁榮。漢王又不失時機，努力向函谷關外發展。

張耳被陳餘驅逐，投奔漢王后，受到熱情接待。劉邦聽說張耳與河南申陽的交情非同一般，想利用張耳去說降申陽投降。所以，不但讓張耳繼續保留常山王的頭銜，還把自己的女兒許配給張耳的兒子張敖為妻。張耳受寵若驚，即刻欣然前往，說降了申陽。漢王不費一兵一卒，便兼併了河南王的土地，改河南國為漢的河南郡。他把握良機，親自安撫河南郡歸附的百姓。

這時張良也輾轉到了關中，老友重逢，喜不自勝，漢王又封張良為「成信侯」，從此，張良留在漢王身邊，出謀畫策。

劉邦又派大將韓信東渡黃河，向西魏進軍。

西魏王魏豹是魏王魏咎的弟弟。魏咎戰死後，魏豹逃奔楚懷王。楚懷王給了他幾千人馬，讓他收復失地。魏豹攻占了二十多座城池，被懷王立為魏王。項羽分封諸侯時，為了占據魏國最肥沃的大梁地區，把魏豹改封為西魏王，讓魏豹遷到今山西省的西南部都平陽，魏豹對此十分怨恨。漢軍進攻，魏豹也不作抵抗，立即更旗易幟，歸附了漢王。

漢軍乘勝前進，又攻克河南，俘虜了殷王司馬卬。殷王的

封地，改置為漢的河南郡。

項羽辛辛苦苦地分封了十八個諸侯王，如今被漢王劉邦消滅了兩個，降服了五個。另外，燕王臧荼吞滅遼東王韓廣；田榮趕跑了齊王田都，殺了膠東王田市，消滅了濟北王田安；陳餘趕走了常山王張耳。剩下的只有九江王英布、燕王臧荼、衡山王吳芮和臨江王共敖四個。其中吳芮和共敖封地偏僻，遠離中原；英布和臧荼表面上很順從項羽，實際上另有自己的打算。這時候的西楚霸王，成了名副其實的孤家寡人。

然而漢王劉邦的勢力卻在不斷地膨脹。他控制了包括今陝西、四川、河南西部、山西南部、寧夏和甘肅大部分的廣大地盤，彙集了五十六萬武裝力量，下轄五個諸侯王，真是「三軍甲馬不知數，但見動地銀山來」，儼然成為可以與項羽分庭抗禮的又一個諸侯王的盟主。想到這裡，劉邦的心裡好不得意。於是他騎著高頭戰馬，哼著家鄉小調，興沖沖地統率諸侯聯軍，浩浩蕩蕩地向東進發，要與西楚霸王爭奪天下。

劉邦通過自己的嚴謹治軍，苦心經營，才由小而大，戰勝諸強，從而取得了與項羽分庭抗禮的實力，為以後爭奪天下打下了牢固的基礎。

5.身先士卒是好漢

表率的力量是強大的，特別是首領的表率作用，如果統帥貪生怕死，那麼士兵就無勇可言。若統帥能夠不畏危險，身先士卒，那麼手下自然也就奮不顧身，衝鋒在前。

當年劉邦遠征討伐叛臣英布，大軍出發時，身染重病的張良掙扎著從床上爬起來，為劉邦送行，他滿懷深情地說：「臣本該跟陛下一塊去討伐叛逆，可病魔纏身，實在力不從心。陛下這次作戰和以往不同：楚人剽悍善戰，英布是個亡命之徒，陛下千萬要小心，兩軍陣上切忌和英布面對面接觸。」

劉邦看著張良那瘦骨零丁站立不穩的身軀，又看看自己業已成雪的鬍鬚，想到兩人十幾年來形影不離、艱苦創業的戰鬥情誼，鼻子不由發酸。此時無聲勝有聲，他默默點點頭，馬鞭一揮，率軍起程。

英布在薪縣迎戰劉邦。

時值隆冬，朝廷大軍駐紮在庸城。英布排列好軍陣，劉邦登上高坡仔細觀望，見英布布陣的方法和當年項羽的一模一樣，心裡便十分厭惡。他忘了出發時張良的囑咐，親自到陣前，讓英布答話。

劉邦問：「朕平時待你不錯，你為何要造反？」

英布說：「想當皇帝過過癮啊！」末了又補充一句：「這還是跟你學的呢！」

劉邦氣得渾身發抖。他本來就有愛罵人的毛病，這會兒一急，髒話又出來了：「你這個忘恩負義的東西，不撒泡尿照照，也配做皇帝！」命令前軍衝鋒。

英布惱了，下令讓事先埋伏好的軍卒放箭。箭矢如雨，漢軍向後敗退。劉邦急了，躍馬衝到最前線，一支流矢射中他的胸膛，幸虧鐵甲厚重，箭矢入肉不深。劉邦忍住劇痛，瞪著血紅的眼睛，大喊殺賊。將士們見皇帝尚且如此英勇，一個個前仆後繼，奮不顧身，終於衝進了英布的軍陣。英布率殘部逃命，漢軍一直追到淮河岸邊。叛軍死的死、傷的傷、降的降，等英布渡過淮河，清點身邊的部隊時，只剩下百十個人。

　　自此，劉邦大破英布。劉邦之所以取得了最後的勝利，與他身先士卒的表率作用是分不開的。身為一國之君，兩軍對峙，即使中箭仍奮勇作戰，皇帝尚且如此，作為士卒衝鋒在前、奮不顧身就是理所當然的了。

6.敵長處當學，敵短處當擊

「師夷長技以制夷」，當自身某些方面落後於別人，就要謙虛學習，以圖以其人之道還治其人之身。當敵人有短處時，也必須看穿，擊其最痛處。惟有如此，不至於被動挨打，也才能先發制人，取得主動權。劉邦在敵我雙方長短處問題上，頭腦非常清醒。

　　鼓城之戰，劉邦幾十萬大軍被項羽三千騎兵衝得七零八落，如大將般橫掃劉邦陣營。劉邦也深深體驗到騎兵部隊的威力，騎兵行動快捷，戰鬥力強，項羽之所以那麼快就攻破了彭城，正是憑藉著他那支強悍的騎兵部隊。劉邦決定也在漢軍中組建騎兵隊伍。

　　確定騎兵部隊統帥的人選時，有人推薦重泉人李必和駱甲。這兩人過去都在秦朝的騎兵部隊服役，騎術精湛，漢王有意任命他們，可兩人堅辭不受，說：「對大王的信任，我們非常感激，可我們以前都是秦朝的將官，現在當漢軍的統帥，威望不高，恐怕下邊的士兵們不服氣，為大王的事業著想，不如從您以前的親信中，選出一人做主將，我們盡力輔佐，更為妥當。」劉

邦覺得有道理，便命灌嬰為騎將，李必和駱甲為左右校尉。

灌嬰出身貧苦，早年以販運絲布為生，為人機智敏勇，劉邦在沛縣起兵時，他最早參加，並多有戰功。被任命為騎兵統帥後，他更是兢兢業業，盡職盡責，成為一員傑出將領。騎兵部隊的組建，大大增強了漢軍的軍事實力。

灌嬰的騎軍在以後的大反攻中發揮了重要作用，其中影響最大的是灌嬰的千里大奔襲。

韓信被封為齊王後，遵從漢王劉邦的旨意，派灌嬰率鐵騎部隊，由北向南向楚國境內進發。

他們在魯縣打敗了鎮守魯縣的楚將項冠，擊潰了趕來增援的柘公王武，還俘虜了楚國一員騎將，漢軍的士氣更為高昂。

灌嬰乘勝前進，他充分發揮騎兵短、平、快的特點，在楚國的腹心地帶縱橫馳騁，轉戰數千里，先後攻克博陽、取慮和徐城，又迅速渡過淮河，占領了淮河以南的眾多城邑，一直打到廣陵。

楚國後方動搖，使項羽不得不從滎陽前線抽調項聲、薛公和郯公三員大將，回軍對付灌嬰。灌嬰也不與楚軍戀戰，他主動放棄淮南，渡過淮河，在下邳設下伏兵，打敗了隨後追擊的項聲和郯公，再一個回馬槍，斬殺了薛公，拿下了下邳。灌嬰又在平陽打敗楚國的騎兵，占領了楚都彭城，俘虜了楚國的相國項佗，連續攻陷了六七座縣城。之後，他們又攻打苦、譙二縣，生擒楚副將周蘭，與漢王的主力在頤鄉會師。兩軍會合後，通力合作，全殲了駐守陣縣的楚軍，俘虜楚將八人，使楚軍驚駭不已。

這次出擊，不但把楚軍的後方陣地打得七零八落，而且大大地振奮了漢軍的聲威，報了當年鼓城的一箭之仇。

劉邦不僅懂得師夷長技以制夷，還善於利用別人的短處，

找別人的弱點，加以痛擊。

　　秦朝末年，趙賁就死心塌地和反秦義軍作對。劉邦西征時，他駐守開封，劉邦久攻不克，只好繞道而過。後來，趙賁又在尸鄉和劉邦的軍隊打過一次硬仗，所以，章邯對趙賁非常賞識，特命他守禦咸陽。

　　不過，現在的形勢與當年不同了。漢軍所過之處，軍紀嚴明，深得關中父老歡迎。趙賁軍中卻是眾叛親離。曹參躍馬橫刀，第一個衝進咸陽城裡。趙賁躲避不及，被一刀斬於馬下。

　　內史保率軍抵抗，也被曹參打敗。劉邦第二次統兵進入咸陽城裡，改咸陽為「新城」，含除舊更新之意。

　　章邯不死心，派章平率軍去奪回咸陽。曹參領漢軍在景陵與章平激戰二十多天，章平支撐不住，只好退回廢丘。

　　廢丘和外邊的連繫完全切斷，成了一座孤城。章邯也成為甕中之鱉。但是，他自恃城防堅固，城內積蓄充足，又把守禦斜谷口的軍隊調回來，決心竭盡全力，拚死守禦。

　　劉邦看清形勢，決定採用智取的戰術。廢丘城外有兩條河，河水從西北流向東南。韓信察看好地形，如果從下游堵住河道，河水很快就會上溢，廢丘城就會成為一座汪洋之國，章邯也會不攻自破。

　　惶惶不可終日的章邯，猛聽到室外人聲嘈雜，出門一看，儘管頭上紅日高懸，地上卻是洪水滔天。大水越聚越多，城裡成了一片汪洋。用黃土築起的城牆，有幾個地方已經被洪水沖坍。城外殺聲四起，章邯這時叫天天不應、叫地地不靈，走投無路，拔出腰間佩劍，自刎而死。

　　劉邦是利用別人弱點的高手，對於別人的弱點加以利用的同時，又能給予致命的痛擊，每每得手。

　　學習別人的長處也好，痛擊別人的短處也罷，其目的都是

戰勝對手，壯大自己，真正做到戰無不勝，攻無不克。

7.慣於攻心奪氣

對於成大事而言，慣於「攻心為上」，例如兩軍交戰，先瓦解敵軍鬥志，使之軍心動搖，然後伐之。人一旦喪失了進攻的勇氣，軍隊一旦沒有士氣，也就沒有了進取心，沒有了戰鬥力，所以對待敵人，兩軍陣前要先攻其心。

楚、漢簽訂協定後，劉邦出爾反爾，單方面撕毀簽約，進攻項羽。項羽面對鋪天蓋地的漢軍，不願戀戰，且打且退。

楚軍在前面退，漢軍從後面追。雙方邊走邊打，十多天後，都到了垓下。漢軍步步緊逼，項羽十分惱火，他紮住大營，準備在這裡挫一挫漢軍的銳氣。

劉邦也遙遙相對，立下營壘。

韓信對漢王說：「人常講困獸猶鬥，項羽還有十萬大軍，要是和他硬拚，勝負很難估料。不如施用計謀，先消耗掉他的實力，然後再聚而殲之。」

張良和陳平都認為韓信說得對。於是，漢王劉邦任命韓信為前敵總指揮，具體安排怎樣和楚軍打仗。

韓信把孔熙、陳賀等十位將軍找來，讓他們各領一支人馬，埋伏在預定的十個地點，只等項羽軍隊到後，截住廝殺，任務是分散切割楚軍的主力。

布置妥當後，韓信讓人擎著大將的紅旗，親自出營討戰。

漢王劉邦在周勃、柴武的護衛下，給韓信壓陣。

韓信又組織了一批軍卒，對著楚營吶喊：

人心都背楚，天下已屬劉；

韓信屯垓下，要斬霸王頭！

喊聲一陣高過一陣，句句傳進項羽的耳朵，氣得他兩鼻生煙，跺著腳罵道：「餓不死的叫化子，鑽褲襠的可憐蟲，竟然如此猖狂，我今天不殺掉你，誓不罷休！」隨即披掛上馬，帶領摩拳擦掌的楚軍，氣昂昂地與漢軍交鋒。

戰場上，金鼓齊鳴，殺聲震天。雙方戰鬥了一個多時辰，漢軍支撐不住了，紛紛向後逃跑。韓信和劉邦裝出害怕的樣子，騎馬跑在最前頭。

項羽正殺得興起，哪肯放過這個機會。他指揮楚軍緊追不捨，心裡想：今天捉住了劉邦和韓信，一定要千刀萬剮，扒皮抽筋，吐一吐幾年來鬱積在胸中的這口悶氣！

追了好幾里地，忽然一聲炮響，從山谷後邊殺出一支漢軍，為首的正是漢將孔熙。項羽留下一部分軍隊與孔熙作戰，自己帶著大隊人馬，繼續追趕劉邦和韓信。他認定一件事：只要抓住這兩個禍根，就取得了最後勝利。

可是追著追著，又遇到漢將陳賀的伏軍，他不得不再分出一部分兵力攔擊。

項羽就這樣追了一程又一程，途中不斷分出兵力以對付埋伏的漢軍，眼看著天色將晚，漢王劉邦和韓信已跑得無影無蹤，而自己手下的部眾，卻所剩無幾。這時他才如夢初醒：竟然中了韓信十面埋伏的奸計。項羽下令趕快往回撤退。

楚軍一撤，劉邦和韓信又驅動各路伏軍，跟蹤追殺。

儘管項羽力能舉鼎，但畢竟是血肉之軀，禁不住漢軍車輪似的連番攻打，早已累得精疲力盡。他手下的將士更是倒大

榴，在漢軍的追擊下，死的死、傷的傷、逃的逃、降的降。等項羽回到垓下大營，清點人數，十萬大軍剩下不到萬人。項羽悔恨不已，令部下深築高壘，堅守陣地。

漢軍裡三層外三層地圍了上來，切斷了楚軍的供應，形勢對項羽更加不利。

時值隆冬，朔風怒吼，雪花飄飛。楚軍將士身上沒有棉衣禦寒，肚裡沒有糧食充飢，一個個蜷伏在冰窖似的壕塹裡，艱難地苦熬日月。

幾天之後，從漢營裡傳出了一陣又一陣的歌聲：

隆冬時節雪花飛，身上缺衣肚中飢。

白髮依門盼兒回，痴情妻子望夫歸。

刀劍無情人命危，骨埋沙場有誰憐？

楚敗漢勝是天意，何必為人做嫁衣。

這首歌，全用楚國的方言演唱，又合著楚國民歌的曲拍，哀哀切切，如泣如訴。窘迫已極的楚國將士思鄉心切，開始時側耳傾聽，聽著聽著便跟著哼唱，唱著唱著便流下淚來，最後竟抱在一起嚎啕大哭。

在這節骨眼上，漢軍士兵又送來了棉衣和乾糧。楚軍將士紛紛脫掉盔甲，扔掉甲杖，逃到漢營。願意留下的，漢軍熱烈歡迎；想要回家的，漢軍發給路費，並為他們送行。

楚歌唱了幾天，楚軍跑掉了一大批。當項羽再次清點人數時，留在他身邊的只剩下一兩千人，連多年跟隨他征戰的季布和鍾離昧，也不知逃到什麼地方去了。

這四面楚歌的計策是張良和陳平想出來的。他們把漢營中的楚國籍士兵都集中起來，教給他們這首歌，讓他們從早到晚地演唱，以勾起楚軍將士的思鄉之情，瓦解楚軍的戰鬥力。

項羽聽了楚歌，心裡直犯嘀咕：「難道漢軍已經完全征服

了楚國嗎？要不，漢營中為什麼會有那麼多楚國人？」他當時沒有想到，英布將軍率領的軍隊，幾乎都是楚地兵。

連綿不斷的楚歌攪得項羽心煩意亂。他回想自己起兵以來，東殺西砍，南征北戰，推翻了強秦，留下了蓋世的英名，如今卻落到這樣淒涼的地步，又是憤恨，又是慚愧。為了消愁解煩，他打開一罈存放多年的陳酒，悶頭喝起來。

這時候，心情最沉重的，除了項羽之外，還有善解人意的虞姬。

虞姬是大將虞子期的妹妹，長得天姿國色。自從與項羽成親後，一直與項羽形影不離。

項羽有兩樣寶貝：一個是胯下的烏騅馬，一個是身旁的虞美人。如今，烏騅馬無精打采地拴在帳外，搭拉著腦袋；虞美人一聲不響地坐在身邊，輕輕地抹著淚。

項羽喝了幾碗酒，百感交集，悲憤地賦了一首詩，並合著曲拍慷慨地演唱起來：

力拔山兮氣蓋世，時不利兮騅不逝；

騅不逝兮可奈何，虞兮虞兮奈若何！

此刻，虞姬也變成了淚人兒，接著項羽的歌和了一首：

漢兵已略地，四面楚歌聲；

大王意已盡，賤妾何聊生！

虞姬唱著唱著，聲音哽咽，泣不成聲。

兒女情長，英雄氣短。項羽一身是膽，但就怕心上人掉眼淚。他看著虞姬傷心的樣子，不由鼻子一酸，眼淚也順著臉頰流淌到脖梗。

虞姬突然止住哭聲，深情地對項王說：「大王喝酒，可惜軍中沒有音樂伴奏。賤妾願為大王舞劍助興！」說著，她抽出寶劍，邁開雙腳，在帳中歡快地舞了起來。舞到盡興處，她高叫一

聲：「願大王多多珍重！今生難得白頭，來世再做夫妻！」說完，把劍往脖子上一抹，一股殷紅的血柱噴濺而出。她的呼吸停止了，但那雙微微睜著的眼睛，仍含情脈脈地盯著項王。

項羽的心全碎了，兩行熱淚奔湧而下，叭達叭達地甩灑在地上。

項羽兩眼噴火。他躍身跨上烏騅馬，手持畫戟，領著八百名親兵，趁著夜色掩護，突出漢軍的重圍。

項羽策馬飛奔，沿途擺脫漢軍追捕，終於來到烏江岸邊。項羽想從此渡過長江，回到江東。

劉邦手下謀士張良預計項羽要作垂死掙扎，便命人用蜂蜜在此寫上六個大字：霸王自刎之處。

項羽一見，心裡發怵：老天爺果真要和我過不去了。念頭閃過，他心裡求生的最後一道防線也澈底崩潰了。

項羽到了烏江岸邊，烏江亭長早已駕著小船在那裡等候。亭長熱情地招呼項羽說：「江東雖說不很大，也有幾千里的土地，幾十萬人口，在那裡也能做出一番事業！請大王火速上船，要不，漢軍一來，就沒法過江了。」

項羽感謝亭長的好意，但沒有上船，他說：「天要亡我，我還渡江幹什麼？想當初，我項籍帶領八千子弟兵渡江西進，現在他們都戰死在疆場，光剩我一個人活著，即使江東父老不怪我，我也沒有臉面去見他們了。」

項羽在殺掉漢軍數百人後，自刎而死。這個叱咤風雲，不可一世的項羽，由於剛愎自用，終於敗在了勢小力弱，為他所不齒的漢王劉邦手裡，成為一個悲劇英雄。而劉邦也利用了項羽的弱點，攻其心，奪其志，終於戰勝項羽，成就了帝業。

8.採用休養生息之策

國泰民安，政權穩固是每一個君主所追求的目標，只有人民安居樂業，國家政權才可以穩固，經濟才能繁榮昌盛。如果人民處在水深火熱之中，民不聊生則國家亦危在旦夕，人民安定了，國家才能安定，秦王朝滅亡的歷史教訓是深刻的。劉邦力主「休養生息」之策，即是一種高明的為政之道。

秦始皇帝和二世皇帝極盡壓榨的剝削，耗盡了民脂民膏；三年的反秦起義和五年的楚漢相爭，使國家經濟更面臨澈底崩潰的境地。土地荒蕪，生產凋零，糧食奇缺。一石米竟賣五千錢，正常價不過百錢，致使「人相食，死者過半」。皇帝乘坐的御輦湊不夠四匹毛色一致的馬，將相出行只好乘牛拉的車。僥倖活下來的勞動人民，不是逃亡山澤隱匿，就是賣身富家為奴。劉邦北征匈奴路過曲逆，在城頭上看到城裡還有一大片屋宇，十分驚奇，認為這座縣城繁華得可以和陪都洛陽相比。他問站在身邊的御史：「城裡有多少人口？」御史回答：「秦朝初年時有三萬多戶，現在剩下的仍有五千戶。」劉邦立即把這個難得一遇的富裕縣城賞賜給剛剛救過他性命的謀士陳平做食邑。

秦朝滅亡了，劉邦不想再做第二個秦二世。

要鞏固新生的漢政權，就必須迅速恢復國家經濟。為此，高祖劉邦採取了一系列行之有效的措施。

人是恢復生產的決定因素。為解決勞動力嚴重不足的困難，他首先從挖掘現有人口潛力著手，用赦免罪人、招撫流亡、復員軍隊、解放奴婢、鼓勵生育等方法增加生產人手。

劉邦剛剛打敗項羽，在定陶即王位時，就下了一道大赦令。赦令說：「八年戰爭給老百姓造成莫大災難。現在天下太平了，可以赦免獄中除死罪外的所有囚犯。」在以後的幾年裡，像這樣的赦令，他還下達了七次。

由於戰爭，很多人流亡外地。劉邦移駐洛陽不久，便頒發了「復故爵田宅」的詔令，他宣布：「以前流亡隱匿在山澤而沒有登記戶籍的人，只要返回家園，就恢復其原來的爵位和田宅，任何人不得刁難和歧視。地方官吏中如有人違背這個詔令，將從重論處。」

漢政府鼓勵從軍的吏座復員，從事社會生產。願意留在關中的，免除十二年徭役；返回故鄉的，免除六年徭役。復員的吏卒因犯罪或其他原因而失去爵位的，或雖有爵位但沒有達到大夫一級的，一律賜給大夫級的爵位；已有大夫級以上爵位的，再增加一級。

奴婢也是一支不可忽視的力量。劉邦下詔規定：凡是因飢餓而賣給別人當奴婢的，一律恢復其自由人身分。

為了鼓勵生育，高祖七年，劉邦頒布詔令宣布：「老百姓家生了兒子，可以免除兩年徭役。」

農業要發展，土地是關鍵。為了使棄耕的土地得以充分利用，劉邦早在楚漢戰爭時期，就命令開放過去秦王朝的苑囿園池，准許無地或少地的農民墾植。他稱帝之後，進一步落實「以軍功行田宅」的政策，按軍功的大小和爵位的高低，賞賜給從軍吏卒數量不等的土地，使他們成為自耕農或中小地主。

劉邦還用輕徭薄賦的政策來調動生產者的積極性。

漢朝的徭役制度基本上沿用秦朝規定，但在執行時有很大程度的放寬。秦代男子法定服役年齡段是十五至六十歲。由於秦統治者急功近利，大興土木，實際徵發時還常常超過這個年

齡段。劉邦則把它縮減為二十三至五十六歲。他對服役的天數也做了嚴格規定：每年在本郡或本縣服役一月，稱「更卒」，主要從事築城、修壘或其他社會公益勞動；每人一生中到邊疆戍守一年，稱「屯戍」；到京城服務一年，稱「正卒」。一般情況下按規定執行，如果條件允許，還適當予以減免。

漢初徵收的賦稅也不算太重。秦時「收泰半之賦」（徵收農民收穫物的一大半）。劉邦規定「輕田租，什伍而稅一」（徵收實際收穫物的十五分之一）的制度。並根據官吏薪俸和政府開支的需要，制定賦稅的總額，要求認真執行，不許亂徵。田租之外，徵收「算賦」，即人頭稅，規定從十五至五十六歲的人，每人每年出一百二十錢，叫作一算。算賦收入用於軍費支出。七至十四歲，不論男女，每人每年交二十錢，稱為「口錢」，這是奉給皇帝的。另外還有戶賦，每戶每月交二百錢。這些規定，只許減低，不許突破。劉邦當政期間，就幾次下令免除一些地方老百姓一年或幾年的賦稅。

諸侯王、通侯和地方官吏敬獻給皇帝的錢叫「獻費」。獻費開始沒有統一標準，一些官員為討好皇帝，或中飽私囊，竟相搜刮，層層加碼，引起百姓怨恨。漢十一年，劉邦下令：「獻費為每人每年六十三錢，任何人不許多徵。」

如何處理好農業生產和工商業的關係，一直是中國封建社會的一個重要問題。戰國以來，棄農從商的情況就相當嚴重，它對封建社會的基礎產業——農業，造成瓦解和破壞。

秦始皇時便加以限制。西漢初年，隨著社會生產的恢復，商人經濟勢力又有膨脹。從事冶鐵、煮鹽和鑄錢的大工商主，大都役使奴隸進行生產。一個擁有一百名奴隸的工商主，財富可抵得上「千乘之家」的諸侯。臨邛卓氏靠冶鐵致富，擁有童奴八百，平時生活享受「擬於人群」。

　　棄本逐末的人多了，投入農業的人就少了。而且，商人「以末致財，用本守之」，即用經營商業和高利貸賺取的大量金錢來兼併土地，造成大量農民與土地的脫離。這既危及封建的經濟基礎，又不利於社會的穩定。另外，不法商人還挖空心思擾亂物價和金融。漢初國家力量有限，允許民間鑄錢。奸商們鑄錢時摻雜鉛、鐵，濫造錢幣。他們還利用荒年或戰亂，低買高賣，囤積居奇，更加重了農民的負擔。

　　基於此，漢初實施壓抑商賈的政策。規定對從事工商業的人另立戶籍，稱為「市籍」。擁有市籍的人在政治和社會地位上受很多限制。比如漢八年三月，高祖劉邦下令：「商人不得穿絲織的衣服，不能攜帶武器，不能乘車騎馬；本人及子孫不能擔任官職；在經濟上要加倍徵收算賦，所雇用奴婢的算賦，也由主人交納。」

　　高祖劉邦實施的以上措施獲得了顯著成績。秦末以來凋蔽的經濟出現轉機，而且作為「祖宗之法」，被他的後繼者又嚴格地承襲下來。

　　「打江山難，守江山更難」。已取得的成績若不加以鞏固，就會失去。取得成功了，還要看一看被打敗的是如何敗的，敗在什麼地方，然後引以為鑒，並予以克服，經商如此，治政也如此。

二、抓住關鍵，招招都讓對手心驚膽跳

　　領導從事管理工作，絕不能大事小事一把抓，而是抓住關鍵，這樣才可避免白做工，浪費寶貴的人力和物力，這是提高工作成效的絕對手段。

　　曹操的領導心智是：要持有冷酷之心，對敵出手毫不留情；但又要有寬厚性格，善待百姓及收攬人才。

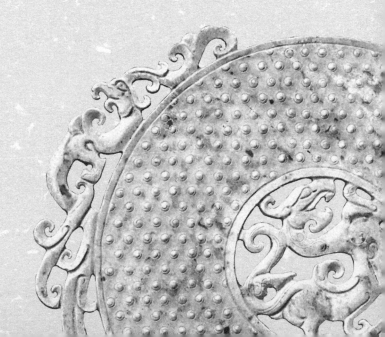

1.狠字當頭是必須的

亂世爭霸，不同於治世為傑，有時它需要在同對手的鬥爭中用
狠勁，甚至以殘酷性來使他人感到只有屈服別無選擇。這是利
用心理震懾力使人屈從的一種手段。

　　初平四年夏天，在漢末亂世中橫絕一時的董卓遇刺後，長
安政府陷入紛亂，已名存實亡。關東領袖袁術，又被新興的曹操
擊敗，天下的秩序似乎整個顛倒過來。陶謙認為時機到了，決心
以徐州為根據地，參與爭奪天下的行動。

　　但謹慎的陶謙仍不願自己出面，他製造了一個傀儡政權闕
宣，在他管轄下的下邳城稱帝。首先他攻打已被分割的青州，
並且攻占青州泰山郡的華城及貴城。陶謙接下來的目標是司隸
區，因此必須先經過曹操的地盤兗州。陶謙自信實力十足，他不
向曹操打招呼，就直接攻入曹操控制的兗州南端的任城。

　　在和袁術做了四個多月的辛苦追逐後，曹操想讓軍隊徹底
休息，所以暫時不理會陶謙的攻擊，只嚴守幾個重要地方，甚
至故意讓出兗州南區，讓陶謙自由出入，充分顯示出不願正面對
抗的姿態。等到秋天，兗州地區收成完畢，曹軍糧秣充實，曹
操認為該是採取行動的時候了。但他不和陶謙的遠征軍隊正面敵
對，進而採用「圍魏救趙」的策略，直接攻打徐州。

　　由於陶謙率領主力在外，徐州守軍又缺乏作戰經驗，很快
被曹軍連續攻下數十個城池。接到緊急軍情的陶謙這才知道中計
了，立刻火速趕回徐州，在軍事重鎮彭城（今徐州市）城北的原
野布陣，準備進行一場大會戰。

　　長期固守徐州的陶謙，既不「知己」，又不「知彼」，徐州軍大多是農夫，根本不擅騎馬，主力部隊也是以步兵為主；相反的，曹操本人最擅長指揮騎兵突擊戰，曹軍陣營中最具有摧毀力的便是騎兵部隊。因此在平坦空曠的原野中布陣，還沒開打，戰爭的勝敗便早已決定了。

　　曹操的騎兵隊餓虎撲羊般地衝向手持短兵器又缺乏機動性的徐州軍，徐州軍遭到無比慘重的屠殺，死傷一萬餘人，血流成河，屍體把泗水都堵塞了。陶謙只好往東撤退到一百五十里外的郯城，徐州的領地也喪失一大半。

　　興平元年春，曹操由徐州返回甄城，接到了父親曹嵩被陶謙部將張闓劫財殺害的噩耗。他發誓向陶謙報仇，夏天一到，他便編組軍隊，二度攻擊徐州。

　　由於第一次東征時曹操已擁有彭城及下邳郡，為紀念遇害的父親，曹操在這裡建築一座曹公城。他藉口替父親報仇，竟對睢陵、夏丘等郡縣的徐州百姓，進行大規模屠殺，不留一個活口，舉世為之震驚。

　　「曹嵩事件」對陶謙而言，是啞巴吃黃連，原本好意相待，但因部下一時貪念，奪財害命，為自己惹禍上身。但曹操的報復行為也太過殘暴，北海太守孔融及原公孫瓚盟友的劉備，也仗義前來幫助陶謙。

　　由於郯城的防守相當堅固，徐州人民的向心力又強，曹操第二度東征，戰略上是採取澈底的包圍戰，他計畫逐步消滅郯城周邊的徐州軍隊，以孤立郯城內的陶謙主力部隊。

　　經過幾次的對陣，陶謙對曹軍的戰鬥力也有相當的了解。他避免純野戰的決勝方式，而改採攻守互為犄角的方法。曹操得知徐州的布局後，很快便發現陶謙的企圖及弱點。

　　徐州軍缺乏實際作戰經驗，彭城會戰時曹軍兇猛無比的毀

滅性威力，大概已將他們嚇壞了。

陶謙自己帶主力部隊躲在防守堅固的郯城，作為先鋒的襄賁城及曹豹、劉備的犄角部隊力量太弱，又缺乏戰鬥力，表面似乎積極備戰，其實襄賁軍及曹豹軍仍是消極用來防守郯城。換句話說，陶謙和他的徐州軍都已無再戰的鬥志了。

因此，曹操派曹仁布陣在襄賁城外野，封鎖住陶謙出城的企圖，自己則親自指揮主力軍，攻擊曹豹及劉備的聯合部隊。果然不出所料，眼見曹豹及劉備聯軍節節敗退，陶謙的主力部隊卻不敢出城。曹操立即將軍隊掉過頭來，配合曹仁攻打襄賁城。

襄賁城守軍看到曹豹軍隊潰散，士氣低落，不到三天便被曹軍攻破，曹操下令進行他一生中難得一見的殘酷大屠殺，兵鋒所到之處，血流成河，幾至雞犬不留。駐守郯城的陶謙看得心驚膽戰，便下令棄守郯城，投奔揚州的丹陽郡。

曹操雖然藉口報父親及弟弟被殺之仇，而進行慘酷的屠殺，其實由他弔祭父親的詩詞〈善哉行〉看來，父子的感情並不深，加以彼此在政治立場上不同，因此對父親被殺的怨恨及傷心，應不致使他如此喪失理性。

曹操攻打徐州，與其說是報仇，不如說是擴充自己地盤及力量的行動。他在徐州所作的慘酷屠殺，與其視為怨恨，不如看作政治上的恐怖訴求。徐州人民很少接受戰爭的恐怖洗禮，對陶謙的向心力較高，用這種驚嚇人心的恐怖屠殺的確最容易摧毀徐州軍民的士氣。

後來曹操攻下彭城後，又像當年東征陶謙一樣，下令屠城，不少無辜百姓慘遭殺害。曹操之酷狠由此可見一斑。

2.不容叛逆之徒

如何讓人服你是管人之術，也是領導之道。曹操絕不容叛逆之
徒，總能做到果敢決斷的收拾對手。

曹操做魏公、魏王後，內部還發生過幾次規模不等的武裝
鎮壓。建安二十三年正月，在許都爆發了一場主要由擁漢派勢
力策動的叛亂，參加者主要有京兆人金禕、少府耿紀、司直韋
晃、太醫令吉本、吉本之子吉邈和吉邈之弟吉穆等人。金禕是漢
武帝時名臣金日磾之後，自以為世代都是漢朝忠臣，見魏將代
漢，於是憤然自勵，打算復興漢朝。耿紀是光武帝大將耿弇的曾
孫，見曹操即將自立，也決心起兵除掉曹操。當時留守許都的是
丞相府長史王必。曹操任用王必時，曾專門下過一道手令：

領長史王必，是吾當年披荊棘時吏也。忠能勤事，心如鐵
石，國之良吏也。磋跌久未辟之，舍騏驥而弗乘，焉惶惶而更求
哉？故教辟之，已署所宜，便以領長史統事如故。

早在建安元年以前，王必就已經在曹操軍中任職，曹操因
此稱他為「披荊棘時吏」。後來有一段時間沒有任職，所以曹
操說捨棄了千里馬沒有騎。當時關羽強盛，威逼許都，曹操讓
王必留守許都，給予充分信任。有趣的是王必同金禕雖志向不
同，兩人私交倒還不錯。吉邈、吉穆同金禕計畫，挾持獻帝以攻
曹魏，南引關羽作為外援。各方想法不同，利害不一，計畫不
周，注定了必然失敗的命運。

建安二十三年正月，吉穆等率閒雜人員及家僮千餘人夜燒王必軍營，金禕又派人到王必營中充當內應。王必受到內外夾攻，倉卒應戰，腿部受傷，逃奔南城。天亮後，叛軍見王必還在，加之受到潁川典農中郎將嚴匡攻擊，紛紛逃散，一場叛亂很快破產。

曹操逮捕了耿紀、韋晃等人，耿紀直呼曹操其名，並說：「恨我自己沒有拿定主意，竟被這幫小兒所誤！」韋晃則拚命叩頭擊臉，直至死去。耿紀、韋晃及吉本等均被屠滅三族。

十餘天後，王必傷重不治而死。曹操得到報告，十分震怒，於是將在許都的朝廷百官召到鄴城，讓在王必軍營被燒時參加救火的人站在左邊，沒有參加救火的人站在右邊。眾人以為參加救火肯定不會有罪，紛紛站到左邊。誰知曹操突然宣布：

「沒有參加救火的人沒有幫助造反，參加救火的人都是造反的強盜！」

結果將站在左邊的人統統處死。

第二年九月，當曹操西征劉備尚未回師，而關羽又在南邊猛攻樊城的危急時刻，在鄴城的魏諷又密謀聚眾發動武裝叛亂。魏諷，字子京，沛人，頗有煽惑人心的本事，在鄴城名聲很大，自卿相以下不少人爭相與之交往，因此被相國鍾繇任為西曹掾。魏諷趁曹操大軍尚未返回的機會，暗中連絡徒黨，同時與長樂衛尉陳禕連絡，企圖一舉攻占鄴城。誰知還沒等到約定的舉事時間，陳禕害怕了，向留守鄴城的曹丕告了密。曹丕立即採取措施，鎮壓了叛亂，魏諷被殺，牽連被殺的達數千人。事後，相國鍾繇被免職，負責鄴城治安工作的中尉楊俊被降職。曹操得到報告後嘆息說：

魏諷之所以敢於謀反，是因為我的部下沒有能夠防止反叛

的人。哪裡能有像諸葛豐那樣的人，讓他去接替楊俊呢？

　　黃門侍郎劉廙也應被處死。但劉廙鄙視魏諷的為人，曾勸陳褘不要同魏諷來往。陳群去為劉廙說情，曹操回答說：「劉廙是一個名臣，我也打算赦免他。」並特地下了一道手令：「叔向不坐弟虎，古之制也。特原不問。」

　　《左傳》襄公二十一年載，晉下卿欒盈之母是晉卿范宣子的女兒，因與其家臣私通被欒盈發覺，便反誣欒盈欲危害范氏，范宣子便將欒盈趕出晉國，並殺死了欒盈的同黨叔虎等人，把叔虎的哥哥叔向也關了起來。後大夫祁奚說服范宣子赦免了叔向。曹操不殺劉廙當然不是為了遵循什麼古制，而是因為劉廙確曾反對魏諷，在這裡表現出了一點區別對待、實事求是的精神。

　　文欽因曾與魏諷有連繫，被抓進監獄，鞭笞數百，本應處死，曹操因其父文稷立過戰功，看在其父面上，也給予了赦免。

　　王粲的兩個兒子在這次平叛中牽連被殺。王粲於建安二十二年春病死，到這時不過兩年多。曹操得知消息，感嘆說：「要是我在，一定不會讓仲宣斷了後！」這次叛亂雖然還沒有來得及正式發動，但牽連被殺的人卻達數千人之多，可見曹丕手段的殘酷絕不在曹操之下。曹操這一次多少表現出一些同情心，大約跟他不在平叛現場，態度較為冷靜有關。曹丕後來根據曹操的旨意，把王粲堂兄王凱的兒子王業過繼給王粲，算是給王粲延續了後嗣。

　　此外，在鄴城還曾發生嚴才發動的叛亂。嚴才率其部屬數十人攻打掖門，大司農郎中令王修得知消息，來不及準備車馬，便同其部屬步行趕到宮門參與平亂。曹操在銅雀臺上望

見，說：「那個往這裡趕的人一定是王叔治。」這次叛亂規模不大，很快就平息下去。

3.心該硬時就不能軟

李宗吾認為，三國英雄，首推曹操，他的特長，全在心硬：他殺呂伯奢，殺孔融，殺楊修，殺董承、伏完，又殺皇后、皇子，悍然不顧。他明目張膽的說：「寧我負人，毋人負我。」他心腸之硬，真是達於極點了。有了這樣本事，當然稱為一世之雄。

曹操一生殺了很多人。有的是戰時所殺，有的是平時所殺，有的是依法而殺，有的是枉法而殺，有的是報復而殺，有的是為除隱患而殺。殺人的手段也各式各樣，有時是公開殺的，有時是暗地殺的，有時是借他人之手而殺。在他所殺之人中，也有許多是本來不該殺，或本來可以不殺的人。因此，曹操的殘忍嗜殺，無論是在當時，還是在後世，無論是對其個人，還是對其霸業，都有著不利的影響。

曹操所殺之人，輕而易舉地就可以舉出很多，諸如呂伯奢一家、軍糧官王垕、太醫令吉本、少府耿紀、劉氏王室勢力、寵妾、歌妓、陳留人邊讓、沛相袁忠、沛人桓邵、許攸、婁圭、孔融、楊修等等不一而足。

曹操殘忍嗜殺的不利影響，從他殺華佗、邊讓及孔融之事可以明顯看到。如他殺了名醫華佗後，不僅當時少了一位名

醫，而且使華佗的醫著毀之一炬，失傳於世。就是對其個人也深有影響，當其子曹沖病重時，竟嘆息說：「我不該把華佗殺了，不然，我的兒子是不會死的！」

陳宮，字公臺，東郡人，性情剛直，喜與各地知名人士交往，曹操到東郡後追隨曹操。曹操任兗州牧後，前九江太守陳留人邊讓因看不慣曹操的一些做法，在背後譏刺曹操，曹操知道後，就把邊讓及其家人殺掉。邊讓素有才名，他的被殺在兗州士大夫中引起了強烈反應，許多人為此感到恐懼，擔心有一天曹操會殺到自己頭上。

陳宮既為邊讓抱不平，也為自己的前途擔憂，因此知道張邈的打算後，便極力加以慫恿說：「您擁有十萬兵眾，處在一個地勢平坦可以四面出擊的衝要之地，撫劍四顧，足可成為人中豪傑，如今卻受制於人，不是很窩囊嗎？現在曹操大軍東征，州裡空虛，呂布是個壯士，英勇善戰，如果把他請來一起管理兗州，等到時機有利時，不是可以縱橫一時嗎？」

張邈立即採納了陳宮的建議。當時曹操讓陳宮率兵留守東郡，張邈便派這支部隊到河內把呂布請來，推呂布做了兗州牧。

後世對曹操好殺之罵名一直很盛。《曹瞞傳》說曹操「持法峻刻，諸將有計畫勝出己者，隨以法誅之，及故人舊怨，亦皆無餘。其所刑殺，輒對之垂涕嗟痛之，終無所活」。這是說曹操有妒能忌賢之心，當然是不可信的。恐怕曹操殺人與其人生放蕩不羈有關。

陳壽也注意護曹操之短，但在《三國志‧魏書‧崔琰傳》中也說：「太祖性忌，有所不堪者，魯國孔融，南陽許攸、婁圭，皆以恃舊不虔見誅，而琰最為世所痛惜，至今冤之。」從「至今冤之」四字看，曹操殺掉崔琰是一直遭到人們非議的。

　　曹操東征陶謙肆行殺戮，孫盛就此事評論說：「夫伐罪弔民，古之令軌，罪謙之由，而殘其屬部，過矣。」曹操殺掉崔琰之後又削官毛玠，孫盛也給予了批評，說：「魏武於是失政刑矣。易稱『明折庶獄』，傳有『舉直措枉』，庶獄明則國無怨民，枉直當則民無不服，未有徵青蠅之浮聲，信浸潤之譖訴，可以充牣四海，惟清緝熙者也。昔者漢高獄蕭何，出復相之，玠之一責，永見擯放，二主度量，豈不殊哉！」唐初王勃在《三國論》中一面尊崇曹操，說他「振威烈而清中夏，挾天子以令諸侯」，一面又指出曹操「弊於褊刻，失於猜詐，孔融、荀終罹其災，孝先（毛玠）、季（崔琰）卒不能免」。

　　有些評論所依據的史實並不準確（如說曹操坑流兵四十餘萬），也不能說曹操所殺的人都不該殺，但就整體而言，對曹操的批評是擊中了要害。

　　西晉的陸機在他的《辯亡論》中說：「曹氏雖功濟諸華，虐也深矣，其民怨矣。」

　　劉知幾《史通‧探賾篇》中也說曹操「賊殺母后，幽迫主上，罪百田常，禍千王莽」。

　　曹操殺人太多，有的是不該殺的也殺了，最突出的就是為父報仇，東征徐州時，無辜的老百姓殺了不少。他性格中有殘忍嫉妒刻薄的一面，特別是到了大權在握的晚年，把對他特別有功的荀彧和崔琰也置於死地，憑一時好惡把醫學家華佗也給殺了。

4.厚愛百姓為人心

關注百姓為治政之重要方面，失去此點，一切皆敗。曹操不僅
能通過坦誠與權詐的互用而使他的集團為他所制，而且還能通
過寬厚與刻薄的同行來征服天下的人心，此為厚愛之心。

與坦誠相連繫，曹操的性格作風中還有寬厚的一面。同情
人民苦難，希望為解除人民苦難做一些工作，這是曹操寬厚性
格的一個重要部分。有時候，曹操還能破例給予百姓一點「優
惠」。建安十年正月，曹操攻打袁譚，從水路運送軍糧。這時河
道都已結冰，曹操於是下令，召集百姓服役破冰。百姓不肯服
役，紛紛逃亡，曹操於是又下了一道命令，凡逃亡被抓獲者，不
准免除死罪。不久，有的逃亡者前來軍門自首，曹操動了惻隱之
心，說：

「如果聽憑你們逍遙法外，勢必有違我的命令。如果殺了
你們，又等於殺了自動前來認罪的人。這樣吧，你們回去好好藏
起來，不要讓官吏抓到你們。」

這些百姓很受感動，流著淚走了。但不巧的是，他們後來
還是被官吏捉到處死了。

對於前來投奔的人，曹操一般都採取比較寬容的態度，陳
琳、張繡都是這方面十分突出的例子。劉備曾先後兩次投奔曹
操，雖然都不過是「勉從虎穴暫棲身」的權宜之計，曹操也並非
沒有看出這一點，但他卻能自始至終給予厚待，可以說是恩禮有
加。其謀士不只一次勸曹操剷除劉備，以絕後患，都被曹操拒絕
了。虎將關羽被曹操捉住後，曹操同樣禮之甚厚。得知關羽肯定

要離開自己的消息後，仍然厚加賞賜。關羽逃走，諸將要求前去追擊，曹操也沒有同意。

如袁尚被公孫康殺後，首級送來鄴城，曹操同樣下了一道命令：三軍敢有哭之者斬。但田疇因曾被袁尚徵召，於是前往弔祭，曹操並不過問。桓邵也懷著悲戚前去設祭，曹操也不予追究，相反還推舉他做了茂才。

孔融被殺後，許多原來與他交好的人都不敢前去弔唁，只有脂習去了，撫摸著孔融的屍身哭著說：「文舉，你舍我而死，我今後能同誰去說知心話呢？」曹操聽說後，下令將脂習逮捕，但轉念一想又下令把他放了。脂習後來見到曹操，向曹操表示認錯，曹操喊著他的字說：「元升，你倒是一個慷慨多情的人！」

不僅不再提起舊事加以責備，相反的還問脂習住在哪裡，得知脂習剛搬了一個新住處，於是派人給他送去了一百斛穀子。

對於部屬的某些失誤，曹操有時也能給予體諒。冀州平定後，曹操派朱靈率新兵五千、戰騎千匹往駐許南，途中中郎將程昂反叛，朱靈斬殺程昂後，向曹操報告，表示自責和痛心。曹操給他寫了一封回信：

> 兵中所以為危險者，外對敵國，內有奸謀不測之變。昔鄧禹中分光武軍西行，而有宗歆、馮愔之難，後將二十四騎還洛陽。禹豈以是減損哉！來書懇惻，多引咎過，未必如所云。

主光武帝劉秀派大將鄧禹率精兵二萬去鎮壓赤眉農民起義軍。其部將宗歆、馮愔為爭奪軍權，互相攻殺，馮愔殺了宗歆後又攻鄧禹，結果鄧禹被赤眉軍打敗，只帶了二十四騎回到宜陽

（曹操誤作洛陽），但劉秀對他仍予信任和重用。曹操以此為例，一面闡述了「兵中所以為危險者，外對敵國，內有奸謀不測之變」這一軍事原則，同時也對朱靈進行撫慰和激勵。

　　一個政治家，如果鼠目寸光，雞腸小肚，不能容人，那是絕對辦不成大事的。曹操對這一點是非常清楚的，特別是在他開創事業的初期，更特別注意這一點。他總是力圖樹立起誠信寬厚的形象，來贏得天下輿論的同情、理解和贊許，以不斷壯大自己的勢力。在那個君擇臣、臣亦擇君的動亂年代，曹操這麼做，取得了明顯的效果。

　　曹操南征孫權，讓徐奕任丞相府長史，留守鄴城。行前對他說：「您的忠誠正直，即使是古人也沒法超過的，但稍嫌嚴厲了一些。以前西門豹性急，故佩上柔韌的皮繩以對自己加以警戒。能夠以柔弱制剛強，這點我寄希望於您了！」

　　可見，曹操是頗懂得寬嚴相濟的道理的。他的寬厚待人，不排除有真誠的成分，但從根本上說，是出於其政治上的考慮。

　　政治家殺人是為了立威，這也是最一般的不二法門。曹操不僅能根據政治的需要而行寬厚，還能根據需要而不避刻薄與殘酷。他性格中的多疑猜忌、刻薄寡恩、陰狠殘酷的一面，早年就有表現；在他的事業已經有了相當的基礎和規模，自己的統治地位已經穩固的晚年，表現得就更為突出。曹操不能容忍一些人，必欲除之而後快。這些人之中，有的是政治上的反對派，有的是反叛他的人，有的是不稱自己心意的人，有的是對他可能構成某種威脅或造成不好影響的人。

　　如對敢於反叛的人，曹操採取格殺勿論的政策，並往往枉殺無辜；想要陰謀除掉他的人，他必以牙還牙，同劉氏王室勢力的幾次較量都是如此；曹操還有強烈的復仇之心，其父曹嵩避亂

琅琊，被徐州刺史陶謙的部下所殺，曹操立即率軍東征血洗徐
州，就是一個典型的例子。

　　曹操不放過仇人，甚至連仇人的後代也不放過。曹操年輕
時，沛國名士劉陽見他有雄才，怕他將來危害朝廷，打算將他
除掉，但一直未能找到機會。不久劉陽死去。曹操顯貴後，下
令搜捕劉陽的兒子，風聲很緊，劉陽的兒子十分惶恐，無處逃
奔，親戚朋友雖多，卻沒有一個敢收容他，王朗年輕時同劉陽有
交情，於是把劉陽的兒子藏在家中多時，這期間多次找曹操說
情，過了很長時間，曹操才赦免了劉陽的兒子。

　　另外，曹操對反對自己意旨，甚至僅僅是不合自己心意的
言行，往往也抱不能容忍的態度，堅決予以嚴懲。西曹令史王思
向曹操報告情況，因不合曹操心意，曹操差點將他處死。曹操有
一次睡午覺，睡前對他的一個寵妾說：「一會兒就叫醒我。」
這個妾後來見曹操睡得香甜，沒有及時叫醒他。曹操醒後大為惱
怒，命人將這個寵妾棒打而死。舉世共知的一代名醫華佗被曹操
殺害也是屬於這種情況。

　　對那些因為恃才傲物居功自傲而把曹操得罪了的人，曹
操有時也不能寬容。陳留人邊讓，博學有辯才，曾著〈章華臺
賦〉傳誦一時。大將軍何進特予徵召，蔡邕、孔融、王朗都非常
推崇他。曹操做兗州牧時，邊讓自負才氣，看不起曹操，說了很
多輕侮曹操的話，曹操不能容忍，於是借邊讓同鄉誣陷邊讓的機
會，讓太守士燮把邊讓全家捕殺了。

　　沛相袁忠和沛人桓邵也看不起曹操，邊讓被殺後，兩人逃
往交州避難，曹操卻把他們的家人全殺了。後來桓邵自首，在曹
操面前下跪求饒，曹操卻惡狠狠地說：「跑就可以免死嗎？」仍
把桓邵推出去殺了。

　　據說有一個歌妓也是因類似的原因而被曹操殺的。這個歌

妓聲音很好，演唱起來清脆悅耳，特別動人，但就是脾氣壞。曹操想殺掉她，卻又捨不得她的歌喉；想留下她，又實在忍受不了她的脾氣。曹操於是想出一個辦法：他同時挑選了一百名少女，進行歌唱訓練，希望能從中發現高水準的人才。不久，果然發現其中有一個達到了這個歌妓的演唱水準，曹操於是將這個歌妓殺掉了。

總之，曹操的嫉妒、刻薄、多疑、殘忍的霸王本性，在他待人的問題上具體展現出來。

鍾惺說：「曹公心腸，較司馬懿光明些。」又說：「慘刻處慘刻，厚道處厚道，各不相仿，各不相諱，而又皆出於不假，所以為英雄。」

認為曹操同時兼具「慘刻」和「厚道」兩種品質，就總體而言，曹操的心腸是比同為英雄和奸雄的司馬懿「光明些」的。此外，譚元春在評曹操〈蒿里行〉時說：「生民百遺一，念之斷人腸，吟者察之。」吳淇在評曹操〈短歌行〉時說：「從來真英雄，雖極刻薄，亦定有幾分吉凶與民同患意；思其與天下賢才交遊，一定有一段繾綣體恤情懷。觀魏武此作，及後〈若寒行〉，何等深，何等真。所以當時豪傑，樂為之用，樂為之死。今人但指魏武殺孔融、楊修輩，以為慘刻極矣，不知其有厚道在。」也同鍾惺一樣，能夠比較全面地看待曹操，揭示了曹操品格和性格的多重複雜性。

正因為曹操這種坦誠與權詐互用，寬厚與刻薄雙行的性格與作風，所以使人們很難識其真面目，也很難評定他是誠是奸、是仁是惡。曹操就是這樣的匪夷所思，一生待人對事給人一種虛實難辨、真假莫測的感覺，也許這就是真正的曹操。

三、不嚴則做不出大事來

　　領導管理中絕不可少嚴字，因為人心的渙散往往始於過寬的鬆散的狀況之中。因此，必要和適度的嚴可以更加說明制度的不可動搖性。

　　諸葛亮的領導心智是：把大家都視為同等，該嚴則嚴，絕不允許出差錯。

1.成大事必須有人才庫

沒有人才，就如同做米飯沒有米一樣，燒火沒有炭一樣，口渴
的時候沒有水一樣。對善於成大事的人而言，人才就是一個寶
庫。因此，廣攬人才，選賢任能，是成就事業的傑出人物的共
同點。

諸葛亮也不例外，他有一個龐大的幕僚隊伍，統計如下：
（一）蜀地人士，計二十八人；（二）荊州人士，計二十八
人；（三）其他人士，十人。

諸葛亮選拔錄用如此多的各地人士，並且有不少人還被授
以高位要職，這足以說明他重視人才，廣任人才。由於諸葛亮對
人才的重視，和他的不拘一格攬人才，一批新人從下級官吏中脫
穎而出。

蔣琬，字公琰，少年時即以才德知名，隨劉備入蜀，任廣
都（今四川雙流）縣長。蔣琬懷才不遇，感到委屈，時常借酒消
愁，懶於理事。劉備出巡察覺，大怒，準備治以重罪。

諸葛亮深知這是用人不當造成的，便勸劉備收回成命，
說：「蔣琬，社稷之器，非百里之才也。其為政以安民為本，不
以修飾為先，願主公重加察之。」諸葛亮認為，蔣琬是治理國家
大事的人才，並不是那種只能治理百里小縣的人；他施政以安定
民心為本，不把表面裝飾放在前面。經諸葛亮的請求，劉備只免
了蔣琬的官，沒有將他處死。

不久，諸葛亮設立丞相府署，任用屬官時，立即起用蔣
琬。最初，他任蔣琬為丞相府東曹掾，繼而舉茂才，拜參軍。後

又授以丞相府長史一職，加撫軍將軍，使蔣琬位居群僚之首。北伐期間，諸葛亮以蔣琬留守成都，統領丞相府事務，放手讓他代替自己處理後方的各種事務。史稱：「（諸葛）亮數外出，（蔣）琬常足食足兵以相供給。」蔣琬在成都盡心盡力，保證了北伐蜀軍所需的物資和兵源，顯示出非凡的才能。

經過多年的考察和培養，諸葛亮看到蔣琬是一個「託志忠雅，當與吾（諸葛亮）共贊王業」的賢才，臨終時密表後主劉禪說：「臣若不幸，後事宜以付琬。」向劉禪推薦，讓蔣琬做自己的繼承人，任丞相主持國事。

諸葛亮臨終時，向朝廷推薦了兩任丞相繼承人，除了蔣琬外，還有一位是費禕。費禕，字文偉，原本是年幼官卑的新人，但「識悟過人」。諸葛亮發現他德才兼備，南征歸來時，在眾多的迎候臣僚中，「特命（費）禕同載，由是眾人莫不易觀。」迎侯的百官其年齡和官位大多在費禕之上，而諸葛亮只讓費禕與他同乘一輛車，從此眾人對費禕另眼相看。

對年輕人僅僅表示器重是不夠的，重要的是培養和任用。在費禕引起人注意之後，諸葛亮便對他一步步加以哉培。「亮以初從南歸，以禕為昭信校尉使吳」。費禕奉命出使到江東，在吳國君臣「才博果辯，論難鋒至」的舌戰中，他「辭順義篤，據理以答，終不能屈」，始終不為對方的詰難所壓倒。孫權不由得稱讚說：「您是天下有美德的人，必定能成為蜀國朝廷的棟梁大臣，恐怕以後不會常來吳國了。」表示了對費禕才德的敬重，認為他將會成為蜀國重臣。

費禕回蜀，果然升為侍中。諸葛亮北伐時，費禕先任參軍，後升任中護軍、司馬等職。經過多年的培養和任用，費禕成為諸葛亮建議接替蔣琬主持國事的又一位賢才。

特別值得稱道的是，諸葛亮不僅注重人才，敢於破格錄用

一批新人，而且還刻意培養了一批新人，這避免了在他死後出現後繼無人的問題。蔣琬、費禕、姜維，就是諸葛亮啟用的三位新秀，也是他一手培養的文、武方面的繼承人。他們三人的成才過程，突出地表現了諸葛亮對培養人才的重視和在培養新人方面所花費的心血。

2.樹起寬容與重典兩塊牌子

你對別人不寬容，別人就會對你斤斤計較；你打別人一耳光，別人就想揍你一拳頭。這個通俗的道理用到治人上，給人很大的啟示。諸葛亮善於樹起「寬容」與「重典」兩塊牌子，目的何在？

　　剛出山不久的諸葛亮，面對法令廢弛、特權橫行的益州，新官上任，便厲行法治，以澈底整頓其混亂局面。他特別強調治實不治名，由實際情況的應對出發，講求實效。

　　益州最嚴重的問題是官僚及地方豪強勾結，魚肉百姓，農民和官府間矛盾越演越烈，雖然號稱天府之國，其實創造的財富，都讓官僚及豪強剝削，農民生活非常艱困。

　　蜀地在劉備入主之前，劉焉、劉璋父子主持州事期間，律令殘缺，豪門大姓徇情枉法，士大夫多挾其財勢，凌辱小民，因此，諸葛亮輔政治蜀，把立法施度、厲行法治作為當務之急。

　　實行法治，首先必須立法。諸葛亮召集法正、劉巴、李嚴、伊籍等人共同制定出了法典《蜀科》，一套完整法律確立

了。從此全國上下有法可依據。他還親自著《法檢》兩卷，《軍令》兩卷，以訓勵各級官吏將士。可惜這些科條律令都佚失殆盡。從殘存的部分條目來看，其規定是非常具體和嚴格的。例如，他制定的《八務》、《七戒》、《六恐》、《五懼》等條規，把哪些是務必要做到的，哪些是應當引以為戒的，都一一列出，讓文臣武將隨時保持警惕，有所戒懼，使他們能夠廉潔奉公，恪盡職守。

這些律令的制定和陸續頒布，改善了益州原來律令不全、規章混亂狀況。那些「專權自恣」的豪強的不法行為受到限制，不能再胡作非為，就咸懷怨嘆，指責「（諸葛）亮刑法峻急」。

由於諸葛亮不顧顏面地打擊特權，使益州地區的官僚吃不消，他們開始指責諸葛亮「刑法峻急」，紛紛要求他「緩刑弛禁」。被派作代表和諸葛亮交涉的，便是深為劉備敬重的益州太老法正。

法正當時已是蜀郡太守，也是成都地方豪強之首，他對諸葛亮說：「以前高祖進入關中時，除秦國之苛法，約法三章，寬禁省刑。關中之老百姓無不感念他的恩德。如今我們剛用武力占據益州，還沒有垂恩德於地方，便先濫用權威，強加壓制，這是否得當呢？希望日後的執政，能夠刑少禁緩，以爭取地方人士對我們的支持和信心」。

諸葛亮卻笑著回答道：「先生只知其一，不知其二，秦以暴政虐民，逼得人民不得不造反，漢高祖針對此一弊病，採取寬刑弛禁的策略，這是對的。

「但益州的情況則不大相同，劉璋懵懂孱弱，沒有能力控制官僚及豪強，以致從劉焉以來便德政不舉，威刑不肅，從地方豪強到政府官僚，均專橫跋扈，為所欲為，君臣之道，也逐漸被

破壞。對這些強悍的特權，過去劉璋總是寵愛他們，給予他們高位。官位高了，他們反而不覺得可貴；順從他們，施以恩惠，恩惠到頂了，他們反而輕慢無禮。這才是益州目前最大的弊病。

「現在我們威之以法，讓法令行於此後，人們才能知道什麼是恩德；限制爵位，爵加之後，人們才能感受到爵位的尊榮；刑法和恩賜相輔而行，上下程序正常，政治才能清明。」

秦國是以軍事恐怖主義完成統一的，卻也和各諸侯國產生不少仇恨，為壓制反抗，故以嚴刑峻法控制之。諸葛亮認為秦國在於權力不被認同，卻又強加壓制，以至於大亂。治理這種國家，最重要是在爭取共識，讓權力得到更多的承認，所以漢高祖會以寬厚的態度作更多的包容。

但益州的情況則大不相同，劉璋政權荒廢政事，蜀國法令不彰，因而權力不被尊重，執法官僚怠惰成習，造成特權橫行，權力不張，老百姓反而遭到剝削，因此必須用嚴刑峻法來整頓官僚的行為，以重建權力的威信。

嚴格來講，漢高祖入關時的天下局勢，才能稱之為亂世，諸葛亮入蜀時的益州的政局，應稱為弛世。「弛世」是權力不被尊重，官僚荒怠，民眾玩法，必須以重典來整頓之。「亂世」是權力不被認同，彼此各持不同立場，爭執不休，這時最重要的是以寬容的策略來爭取共識。

3.心該硬時就不能軟

做事情硬的時候一定要硬，絕不能留一手，有時候留一手會造成很大的傷害，真可謂小洞不補，大洞吃苦。諸葛亮深知其

道，在該硬的時候則要硬，不給人面子，因為他懂得做事情要
防患於未然。

1.私不亂公，邪不干政

千里之堤，潰於蟻穴。諸葛亮主張私不亂公，邪不干政。
這樣就存在著一個罷免官員的問題。怎樣罷免？諸葛亮認為，罷
免官員，務必知道老百姓所苦惱的事情。這苦惱的事情常有五
種：

⑴小吏假公濟私，以權謀私，左手拿戈矛，右手撈錢財；
在內侵占公物，在外搜刮民財。

⑵執法者執法不能一視同仁，讓無罪之人蒙受不白之冤，
使重罪之人逃脫法網。扶強懲弱，嚴刑逼供，不斷製造冤假錯
案。

⑶長官放縱犯罪的部下，誣陷上訴申告的百姓，隱藏真
情，敲詐勒索，軟硬兼施，害死人命，致使冤情得不到昭雪。

⑷長官不斷更換，副官掌握大權，徇私舞弊，袒護包庇親
朋，壓制誣害異己，行事專橫無禮，逾規越法，徵收賦稅時廣泛
攤派，從中漁利，攀附權貴，勞民傷財，謊說儲備而鯨吞之。

⑸拿官職作交易，謀求私利；對於賞賜的費用，多加減
裁，使部下不能盡心盡力。

對於犯有上述「五事」中之一事者，當嚴懲不貸。如此，
國家政治方可清明，領導隊伍方可純潔，社會長治久安就不會是
夢想了！

2.撥亂反正

諸葛亮治國，極富遠見。他深知一個國家就像一輛大馬

車；一國之君就像駕車的人，稍有不慎，大車就會不照正路走，有顛覆翻倒的危險。

一旦遇有危險，該怎樣把這「車」趕上正道呢？

諸葛亮曾提出了撥亂反正的幾個方針：

⑴應減省官員，合併職務，給臃腫的政府機構「減肥」，除浮華之氣，而倡樸質之風。

⑵遵循「沒有規矩，不成方圓」的原則。方不失矩，本不失末，當權者將治政的根本規則牢牢抱住，則萬事可成，其功可呆。

⑶理順社會關係，整頓社會秩序。王朝因腐敗而出現禍亂，天下百姓就有人趁機渾水摸魚，違法亂紀，胡作非為。收拾爛攤子，就得拿這些人開口，然後使天下百姓各安其位，各守其分，安居樂業。

⑷穩住軍隊。軍隊發生變亂，則天下紛爭，強者稱雄，各拉各的人馬，各打各的旗幟，各占各的地盤，於是，天下就會四分五裂，發生大魚吃小魚，小魚吃蝦米的爭鬥，鬧得不可開交。所以國家有亂，作為君主，千萬要握緊大權，不可使軍隊各敲各的鼓，各吹各的號。

⑸整頓、治理要循序漸進。明君治政，當首治綱紀。然後，先治理內部，再整頓外部；先治理根本，再整理末端；先治理強者，再整理弱者；先治理大的，再整理小的；先治理自身，再整理別人。這樣，抓好了綱，就使法網伸張；治理好了法令，就使刑罰得以實行；抓好了跟前的事，就使遠處的事迎刃而解；治理好了根本，就使末節之事通達無偏；治理好了強者，就使弱者順服；治理好大的，就使小的得以發展；治理好了上邊，就使下面的正直；治理好了自身，就使別人恭敬。

諸葛亮的這些措施，收到了良好的效果。

4.清廉二字不可冒犯

一個人過於奢侈是最大的錯誤，諸葛亮清廉一生，認為節儉是一種美德。同時他也用倡導節儉改變了蜀中的奢侈之風。漢末時，「蜀士富貴，時俗奢侈」，穿衣服要講究華麗，吃東西要追求精美，遇到結婚或辦喪事更是大操大辦，甚至傾家蕩產也在所不惜。針對這種不良風俗，諸葛亮大力倡導節儉，他首先躬行節儉，以身作則，注意在蜀漢官史中形成節儉清廉之風，從而影響社會，改變奢侈陋習。

我們可以看到蜀漢的重要官員們的有關情況。董和曾任益州郡（治在雲南晉寧）太守，那裡號稱「金銀寶貨之地」，東漢後期以來歷任益州郡太守者，皆富及十世，大發其財。董和在朝中還參與機要政務的處理，權力很大。但董和卻能始終清廉節儉，為官二十餘年，「死之日家無儋石之財」。

諸葛亮終生自奉節儉，注意為官清廉。他對春秋時期的孫叔敖十分敬佩，因為孫叔敖相楚，生活簡樸，十分廉潔。為了改變東漢以來官吏貪圖享樂的浮華作風，諸葛亮要求下屬為官清廉，自己生活也注意簡樸。

他病重期間在給後主上表時曾說：「如今我家在成都有桑樹八百棵，薄田十五頃，子弟的衣食，已比較寬裕。至於我在外仟職，沒有其他花費，隨身的衣服伙食，全部依靠官府供給，不會再經營別的生計，增加點滴私產。到我死時，一定不要使我家中有多餘的物資，外地有多餘的財產，不然就辜負陛下的恩寵了。」

到諸葛亮死時，果然如他自己所說的那樣。諸葛亮家中的桑樹、田地比一般平民高出不少，但對於一個官為丞相的人來說，這個數字就不算多了，更重要的是他不謀求私產。他生前在給李嚴的信中曾提到：「今蓄財無餘，妾無副服。」諸葛亮的妾連多餘的服裝都沒有，正表明了他律己之嚴。

為了反對漢以來厚葬風氣，諸葛亮遺命把自己葬於定軍山下，殯儀從簡，依山造墓，能容下棺材就行，入殮時穿平常的衣服，不搞隨葬器物。封建社會裡，像諸葛亮這樣一位身居一人之下萬人之上的丞相，能夠做到這些是難能可貴的。蜀漢政府的官員，有些人能夠做到不治私產，比較清廉，應該說與諸葛亮以身作則的影響是有關係的。

諸葛亮和蜀漢重要官員這樣做，當然對改變奢侈陋習起到積極作用。「我有儉心焉，則士民不敢放其奢。」史書記載，當時社會風氣也開始崇尚節儉，對不持節儉之人，「時人少貴之者。」

常言道：「成由勤儉敗由奢。」君臣治國，平民持家，都得認這個道理。

君臣如果不認這個道理，認為自己手中有的是權，府庫裡有的是金銀財寶，宮中有的是漂亮的女人，因此就可以奢侈縱欲，盡情享受，那麼奢侈就會變作魔鬼，使其意志喪失，變作洪水猛獸毀掉江山。

諸葛亮之所以為官不貪利、不聚財，因為他知道，只有這樣才不至於在陰溝裡翻船，才可在自己的下屬面前做為一個好榜樣，而不使自己的國家在腐敗之風中垮掉。

5.善修身者可治國

不修身者是不會有一個成功人生的，諸葛亮是一個修身的大師。他在修身時，最注重一點，即用好自己手中的權力。

1.「人謀」是治國之要

治國猶似修身。修身的關鍵，在於養育精神，如此方可求得長生。

治理國家的關鍵，在於選賢授能，如此方可求得久安。

君王靠輔臣來佐助，但輔臣不可無才，不可缺德。輔臣若迂腐無能、奸邪不軌，君王不免失助，國家不免亡毀。

所以，作為一國之相，諸葛亮十分重視人才的選用，將此作為治國的首要工程，視為國家求安圖強的百年大計。

他在隆中向劉備分析曹操之能戰勝袁紹時，就把「人謀」問題看成是治國之要。

在成都執政時，他又建議劉備專門在成都之南修築高臺以延接四方之賢士。

他在〈出師表〉中，曾極力舉薦寬濟博愛的費禕和性行淑均、曉暢軍事的向寵。

在選用人才上，他曾反覆勸誡君臣上下：「為人擇官者亂，為官擇人者治」；「親賢臣，遠小人。」

諸葛亮還說：「直木出於幽林，直士出於眾下。」

的確，賢能達士往往蟄伏於普通民眾之間，所以，無論君王，還是一般官人，要選賢納士，應把眼光投向基層。要深入到那些被人遺忘的角落去發掘。這樣，君主和一般官人就擁有了豐

富的人才寶庫，真正的人才就可從中獲得。

2.執政者要力戒信弊

金無足赤，人無完人。執政者既然是人不是神，那麼，其身上總會有些毛病。

諸葛亮曾說：作為一個執政者，須提防八種毛病：

⑴貪心不足，既要名又要利，唯恐官做得不大，深怕利得到太少。當了宰相還想當皇帝，撈到了銀子還想撈金子。

⑵嫉賢妒能，深怕別人比自己強。

⑶輕信讒言，喜歡聽那些心術不正的人打小報告，耳朵根子軟，沒有自己的是非之見。

⑷料彼不料己，談起別人的事振振有詞，而對自身則缺乏應有的了解，既不知道自己的長處，也不知道自己的弱點。

⑸優柔寡斷，遇事不敢拍板，不能當家，如小腳女人相親，前怕狼後怕虎，患得患失，游移不安。

⑹喜好酒色，沉湎其中而不能自拔。

⑺性情奸詐而又膽小怯懦。陽奉陰違，挑撥離間，但真的動起來又畏畏縮縮，遇到難題、麻煩便如縮頭烏龜一般。言語的巨人，行動的矮子。

⑻強詞奪理，不按禮法行事。明知自己錯了，卻死要面子，就是不認錯。

一個執政者若染上了這八種病害，只有迅速而澈底地消除掉，才是一個真正的聰明人，才能成為一個眾心所向的英明領袖。

四、用非常手段解決疑難症

　　毫無疑問，在領導過程中，總會碰到一些疑難雜
症，你不解決它們，管理工作就會陷入泥淖。當然，這
就需要用非常手段加以應對，絕不可有半點鬆懈。

　　李淵的領導心智是：不做不痛不癢的事，要有非常
手段澈底解決大小事。

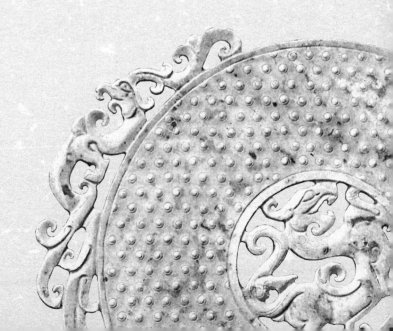

1.強化管理體制

管理體制直接關係到工作成效。李淵作為隋朝官僚貴族集團中的一員，對於隋朝的官僚行政體系自然非常熟悉，於是唐朝的職官制度基本沿襲隋朝，李淵本人主要做了恢復封建國家機器正常運轉的工作。

唐承隋制，隋朝制度又淵源於北周。建立北周的宇文泰在許多方面都刻意仿古，在中央政權建設上就仿效《周禮》中的「六官」之制而設「三公」、「三孤」、「六卿」和上中下大夫，上中下士之官。其中《周禮》中的「六官」，即輔佐天子治國制典的「天官塚宰」，掌管地圖疆域和教化臣民的「地官司徒」，掌管祭祀禮節的「春官宗伯」，掌管行政部門的「夏官司馬」，掌管司法刑名的「秋官司寇」，掌管宮室建設的「冬官司空」，對於隋朝中央機構三省六部的出現，有極大的啟發意義，對於熟悉隋朝制度的李淵來說，自然會有極大的影響。

隋文帝制定的隋朝中樞官制，比秦漢以來歷代中樞官制都更為細密完整。概括而言，隋朝中樞實際有五個「省」，其中尚書省、門下省、內史省與國家行政關係密切，所以並稱三省。至於祕書省和內侍省主要為皇帝個人和家族服務，所以在中國傳統史學家的著作中常常忽略不提。

尚書省掌管一切政令，長官為尚書令和左、右僕射，下屬吏、禮、兵、都官、度支、工這六個部。各部長官稱「尚書」，尚書令、左、右僕射加上六部尚書統稱「八座」。每部尚書下設侍郎若干人分別掌管各曹之事，六部共設二十四曹，有

三十六個侍郎供職。侍郎一般都掌握一司之職，與後代的尚書副手不同。各部主管的內容分工明確，吏部主官吏的任命升遷考績，禮部主國家禮儀、慶典、科舉考試、臣民教化，兵部主軍隊後勤供應及配合各軍事機構的調配工作，都官部主司法刑名，度支部主戶口財賦，工部主國家大型工程建設。為此，尚書省已經是一個機構完整的中樞政務部門。

門下省是對施政方案和具體執行過程中進行監督，並且隨時提出修正意見的部門，在級別上與尚書省相差無幾。長官為納言，下屬有給事黃門侍郎、散騎常侍、諫議大夫等官，還兼轄城門、尚食、尚藥、符璽、御府、殿內六局。

內史省是協助皇帝制訂治國方略和施政方案的機構，長官稱內史監，下屬官員有內史令、侍郎等。

祕書省掌圖書、檔案工作，長官為祕書監，下屬祕書丞、祕書郎、校書郎、正字、領著作曹、太史曹等。內侍省是掌管宮廷內部事務的機構，各級機構都由宦官擔任，長官有內侍、內常侍、內給事等。一方面可以為皇帝傳遞朝中資訊，另一方面管理與宮廷生活有關的各機構，領內尚食，掖庭、宮闈、奚官、內僕、內府等局。

除了「五省」之外，隋朝中樞還設有專門用來糾察百官的御史臺，長官為御史大夫，下屬治書侍御史、侍御史、殿前侍御史、監察御史等官。另有主管水利事業的都水臺，長官為都水使者，下屬都水丞、參軍、河堤謁者等官。御史臺和都水臺並稱「二臺」。

五省二臺之外另設有「九寺」，類似秦代的九卿，計為：太常、光祿、衛尉、宗正、太僕、大理、鴻臚、司農、太府。各寺均有卿、少卿、丞、主簿等官，不過因為中央政事多由三省六部官員承擔，所以九寺的權力和級別都較秦漢時低。

　　九寺之外還有國子寺，掌管中央的學校教育，有祭酒、博士、助教等官，下轄國子學、太學、四門學、書算學等部門。

　　李淵建立唐朝，對傳統政治體制只能是恢復修補，絕對不可能自行其事地重來，為此，唐朝的官制完全是在隋朝制度的基礎上建立。

　　李淵建立的唐朝官僚體系和政治體制是依據隋朝舊制而定，不過還是作了一點改動，如把隋朝的中樞五省改為六省，又在武德三年將門下省的長官納言改為侍中，將內史省改名中書省，其長官也從內史令更名中書令，其下屬給事郎改名給事中。

　　李淵建立的中樞機構雖然號稱六省，實際仍然是由尚書、中書、門下三省掌握主要行政權力，而且仍然是由中書省制策，門下省審議，尚書省執行，尚書省的執行部門仍然分為六部。所以，唐朝的中樞機構仍然被稱為三省六部。

　　唐朝中樞的尚書省負責典領百官，尚書令由李世民擔任。由於後來李世民做了皇帝，尚書令這個職務再不授予他人，尚書省的長官改為由左、右僕射擔任。輔佐左、右僕射的官員是左、右丞各一人。尚書省下轄吏、民、禮、兵、刑、工六部，六部長官為尚書，下屬侍郎、郎中、員外郎、主事等官。部下有司，每部四司，如吏部分設吏部司、司封司、司勳司、考功司、六部共二十四司，各司長官為郎中，員外郎為輔佐官。六部基本行使主要政府職能，為此，尚書省具有宰相府的性質。

　　門下省具有參與中樞決策的權力，與尚書省幾乎有著同樣的地位。長官為門下侍中二人，副手是門下侍郎，再下設有左散騎常侍、左諫議大夫、給事中、左補闕、左拾遺等官。

　　中書省在名義上是輔佐皇帝掌握行政權力的機構，因此也具有宰相的地位。中書省設中書令二人，副手是中書侍郎，

可以參議朝政，再下有中書舍人，任務是「掌侍進奏，參議表章」。再下有右散騎常侍、右諫議大夫、右補闕、右拾遺等官。從李淵把每個省的長官都定為二人，諫官也分為左右兩大體系，說明他有一整套駕馭臣下的辦法，使得左右相互牽制，最後都必須聽命於皇帝。

祕書省有祕書監、少監、丞等官，任務與隋朝相同，掌管經籍圖書。殿中省的殿中監、少監等官，主要掌管皇帝的衣服、日常用品，也兼管皇帝日常生活。內侍省以宦官為首，主管宮廷內部事務。至於御史臺、國子學、九寺和隋朝的情況幾乎沒有什麼差別。

李淵還建立了一整套地方官體系。地方分州、縣兩級，州設刺史，為一州之長、下屬別駕、長史、司馬、錄事參軍、各曹軍事等官。縣設縣令，負責地方行政、刑獄各方面事務。

從唐初官制設立情況看，李淵在行政制度方面確實是頗為精通的政治家，他繼承了隋朝的全部行政體系，又在強化中央集權方面進行許多修補性工作，一方面保證了行政效率，另一方面又保證了對政權的嚴密控制，他作為大唐王朝的開創者是當之無愧的。

2.革除弊端，重新大膽起步

為政之敗在於策略之敗。李淵認為，要想奠定自己的實力，必須革除前朝弊端，重新開始起步，推行新政。

　　從開皇元年，隋文帝代北周稱帝到仁壽四年隋文帝死，共二十四年的時間。在這二十四年裡，隋文帝實行了一系列的改革措施，如職官制度、選拔人才的制度、政權組織機構，兵制、刑法以及田制、賦役制度等，都有程度不同的改革與發展。

　　這些改革與發展，當然是有利於統一國家的鞏固與富強的。但是，自隋煬帝即位以後，形勢的發展急轉直下，正在發展、完備的各種制度又遭破壞了。隋煬帝開運河、修長城、建東都、進攻高麗等，使兵制、田制、賦役制等均遭到破壞；農民起義的迅速發展，摧毀整個國家機器，中止各種制度的發展，更談不上再繼續完備了。李淵就是在這樣的時代背景下走上歷史舞臺的。因此我們認為，如果說隋到唐前期是中國古代史的第二個高潮，那麼，隋煬帝的倒行逆施就是中斷了這個高潮，高祖建唐，正是恢復發展第二個高潮的開始。因此，如果說李淵起了撥亂反正的作用，是合情合理的。

　　李淵認為，劉邦撥亂反正，糾正了秦的錯誤，從而出現了漢初的繁榮；他又撥亂反正，糾正了隋的錯誤，要使唐朝富強。姜謨說：「唐公有霸王之才，必為撥亂之主。」但在舊的史籍中稱頌李世民撥亂反正者不少，而讚揚李淵撥亂反正者卻是鳳毛麟角。

　　當時的撥亂反正，只能是把打亂了的封建秩序再恢復起來，使其遵循著固有的規律繼續前進。誠然，封建制度是束縛勞動人民的枷鎖，但是，人們是不能超越歷史所允許的範圍進行活動的。所以，恢復發展封建制度實際上就是為歷史的繼續前進創造條件。

　　這正是李淵在歷史上所發揮的截然不同作用的關鍵所在。

　　古代任何一個政權，都是建立在通過賦役手段剝削與奴役勞動者的基礎之上的。如果這種剝削和奴役能夠局限在勞動者可

以忍受的範圍之內，歷史是可以繼續前進的；反之，如果像隋煬帝那樣，隨心所欲，興師動眾，勞民傷財，社會的發展就會中斷。因此，制定賦役制度，把對勞動者的剝削與奴役限制在一定範圍內是符合歷史前進的要求的。在這方面，李淵用心良苦。

在戰爭年代，農民起義軍或各地的割據勢力，都沒有固定的財政收入。瓦崗軍最初靠劫奪運河的船隻維持生計，後來奪取了洛口倉、黎陽倉、回洛倉，才使其力量不斷發展壯大。王世充多次與瓦崗軍爭奪糧倉，也是為了在洛陽能夠維持生存。

李淵進據關中，首先占有永豐倉，也是同樣的目的。他到永豐倉後笑謂官屬曰：「吾千里遠來，志在此耳。既為我有，復何憂哉！於是開倉大賑窮乏。」這種喜悅的心情，正說明在戰爭年代一個軍事集團占有物質財富是何等的重要。其他割據勢力，有的劫掠百姓，有的是搶奪隋地方官府，總之，都沒有一定的制度，而是隨心所欲地占有或掠奪。但這種做法只能是暫時的，不能持久。

李淵建國稱帝後，軍隊必須有糧餉，官吏必須有俸祿，政務也要有支出，再靠掠奪和占有就不是長久之計。於是，制定必要的賦役制度就是不可避免的了。

李淵為了鞏固加強自己的地位，即位不久即著手制訂這方面的制度。武德二年二月十四日制曰：「每丁租二石，絹二丈，綿三兩。自茲以外，不得橫有調斂。」另外，杜佑還說：「（武德）二年制：每一丁租二石。若嶺南諸州則稅米，上戶一石二斗，次戶八斗，下戶六斗。若夷獠之戶，皆從半輸。蕃胡內附者，上戶丁稅錢十文，次戶五文，下戶免之；附經二年者，上戶丁輸羊二口，次戶一口，下戶三戶共一口。凡水旱蟲霜為災，十分損四分以上免租，損六以上免租調，損七以上課役俱免。」杜佑雖然沒有提到「絹二丈」，但他卻說「損六以上免租

調」。可見人民對調的負擔是存在的。以上兩種記載雖然都沒有談到徭役，但杜佑說「損七以上課役俱免」，可見人民徭役的負擔也是存在的；否則，《新唐書》卷一〈高祖紀〉中為什麼有武德二年「二月乙酉，初定租、庸、調法」的記載呢！既是「初定」，可能還不完善，既是包括「庸、調」在內，還有「免」的具體規定，就應當承認它的存在。

《通典》卷六〈校勘記〉說：「武德五年，嶺南諸州方先後歸唐，有關嶺南諸州令文，自不能於武德二年制定。」故而判定有關嶺南諸州的令文「誤」。這種判定，對人的因素估計不足。李淵如果像李軌、王世充、竇建德那樣目光短淺，只想割據稱帝於一隅之地，當然他只能看到想到武德二年初他所據有的地盤，這就是關中和今山西的中南部一帶。但事實上李淵與李軌、王世充等人的主要區別，就在於他野心勃勃，一心要取隋而代之，成為中國的正統王朝代表人。他建唐稱帝後，立即緊鑼密鼓地向各方面發展勢力，逐個消滅各地的割據勢力，實現全國的統一，正說明他不是一個滿足現狀者。反之，他是站在長安，看著全國；今天未過，又想著明天的胸懷大志者。因此，武德二年公布的賦役制度，不是僅為當時的關中與河東而制定，而是對全國、對統一的未來。

歷史上有預見或對未來有所期望的人物是不乏先例的。在統一條件尚不成熟的時候，南朝的陳霸先就想「藉將帥之功，兼猛士之力，一匡天下，再造黔黎」。北朝的周武帝也想在破齊之後，「平突厥，定江南，一二年間，必使天下一統」。這些尚且皇帝如此，已經具備了統一條件的唐高祖怎能不為統一以後的事業有所打算呢？

以上記載，可以說明三方面。其一，可謂「自茲以外，不得橫有調斂」。實際上就是明確取消了隋煬帝的一切賦役制

度。在太原起兵時，他就大肆指責隋煬帝「徵稅盡於重斂，民力殫於勞止。」故而形成「十分天下，九為盜賊，荊棘旅於闕廷，豺狼充於道路。」

他做了皇帝，當然要糾正這種現象。由此可見，他的賦役制度首先是針對隋末的橫徵暴斂而言的。其二，建立新的經濟秩序，保證政府的財政收入，以穩定民心，鞏固新建的唐朝政權。其三，爭取民心，使尚未統一地區的人們看到希望，人心思唐；使邊遠地區的少數民族嚮往唐境，願意早日歸唐。這一切說明，武德二年公布的賦役制度，絕不僅是針對關中和河東地區的賦役徵收，而是具有更深遠的意義。

3.施展有成效之舉

做事情必須見成效，此為領導者一大要務。李淵在此方面眼光敏銳，能夠發現問題，大力推行有成效之舉。

武德七年，全國基本上實現了統一。武德二年公布的租庸調法過於簡單，必須進一步完善。這時，已經成為全國皇帝的唐高祖，為了發展國家的實力，加強自己的地位，必然發展完善各種制度，運用社會秩序的力量鞏固新建的政權。因此，他公布了更為詳細的賦役制度。

新的賦役之法規定：每丁歲入租粟二石。調則隨鄉土所產，綾、絹、絁各二丈，布加五分之一。輸綾、絹、絁者，兼調綿三兩；輸布者，麻三斤。凡丁、歲役二旬。若不役，則收其

佣，每日三尺。有事而加役者，旬有五日免其調，三旬則租調俱免。通正役，並不過五十日。若嶺南諸州則稅米，上戶一石二鬥，次戶八鬥，下戶六鬥。若夷獠之戶，皆從半輸。蕃胡內附者，上戶丁稅錢十文，次戶五文，下戶免之。附經二年者，上戶丁輸羊二口，次戶一口，下戶三戶共一口。凡水旱蟲霜為災，十分損四已上免租，損六已上免調，損七已上課役俱免。這些內容，除了最後一部分與《通典》所載的武德二年的租庸調法有所重複以外，其他都是新補充的內容。

武德二年和武德七年兩次公布的租庸調法有顯著不同的特點。首先，是後者比前者更為全面，更加具體。這是由戰爭年代到社會安定時期必然的發展。如果說戰爭年代要靠武裝力量爭權奪勢的話，那麼，在戰爭結束以後，就要靠規章制度來維持社會秩序了。不難理解，後者比前者更為完善，不僅是為了保證政府的財政來源，也是為了提高這項制度對維持社會秩序的作用。

其次，前者是單純的賦役制度，後者是和恢復均田制同時頒布。這樣一來，就把租庸調法和均田制度緊密地連繫起來，從而使均田製成為租、庸、調法存在的基礎。這也容易理解，租和調都是農業生產的成果，徵發力役的多少又和農業生產直接相關。這樣，就必須使勞動者占有一定土地。因此，武德七年把「賦役之法」和均田制同時頒布，正是要把這兩種制度結合起來，使這兩種制度同時為加強社會秩序發揮作用。

均田制的內容為：「以度田之制，五尺為步，步二百四十為畝，畝百為頃。丁男、中男給一頃，篤疾、廢疾給四十畝，寡妻妾三十畝。若為戶者加二十畝。所授之田，十分之二為世業，八為口分。世業之田，身死則承戶者便授之；口分，則收入官，更以給人。」不難看出，均田制中授田是以丁為主，租庸調的負擔也是以丁為主，這正是兩種制度的共同之處。武德

七年，唐高祖把二者結合起來，使其為唐代歷史的發展產生了積極的作用。一直到百年以後，開元二十五年（西元737年），玄宗又重申均田令，並規定，「諸課戶一丁租調，准武德二年之制。」由此可見，均田制和租庸調法的歷史作用是不可低估的。

武德年間所實行的均田制和租庸調制是隋朝均田制和租調力役制的繼續和發展。所謂「繼續」，其內容已很清楚，勿須贅述；所謂「發展」，是因為歷史的前進出現了新的內容。

隋朝遵北齊之制，一個丁男受露田八十畝，婦人田四十畝；另外，每丁又受永業田二十畝，夫婦共受田一百四十畝。但是，一對夫婦所納賦稅卻一倍於單丁。《隋書》卷二十四〈食貨志〉：「丁男一床，租粟三石。桑土調以絹絁，麻土以布。絹絁以疋，加綿三兩；布以端，加麻三斤。單丁及僕隸各半之。」這就是說，單丁受田百畝僅納一對夫妻受田一百四十畝的一半賦稅。這樣一來，就出現了許多不願結婚或隱瞞妻子的現象。「陽翟一郡，戶至數萬，籍多無妻」，正是由於「未娶者輸半床租調」的結果。李淵的均田令中規定婦女不受田，不納稅，正是對這個問題的解決，使制度較合理些，從客觀上促使勞動者生產積極性有所提高。

另外，在北魏、北齊時，各級官僚可以通過奴婢和牛領受大量土地，唐朝明確取消奴婢與牛的受田。這主要是各級官吏可以通過另一個途徑得到大量的永業田、職分田、公廨田，不必再走通過奴婢和牛受田的老路。反之，唐又規定，僧、尼、道士、女冠也可以受田。

這主要是因為隋朝以後，佛教、道教在統治者的倡導下有了進一步的發展，寺院、道觀占有大量的土地，因而法令中不得不承認這種既成事實。

　　實行均田制時國家掌握一定數量的土地，只能是一定時期內特定條件下的暫時現象。國家掌握的土地向私人手中集中是歷史的必然規律。均田制下的土地買賣越來越有發展，唐代均田制的有關內容也展現了這一規律。北魏時，永業田的買賣只限於賣出有餘和買進不足，北齊、隋時稍有放鬆。到了唐代初期，不僅各種永業田只要經過一定手續都可以買賣，就是口分田在遷居、賣作園宅、碾磑、邸店時，也都允許買賣。買賣尺度的放寬，勢必加快了國家掌握的土地向私人手中集中的過程。李淵的均田措施，正順應了這一歷史發展的趨勢。

　　在力役制度上也有改進。隋朝規定：每丁服役二十天，開皇十年（西元590年）五月，「以宇內無事，益寬徭賦，百姓年五十者，輸庸停防。」「輸庸停防」就是五十到六十歲的人可以不再直接戍防，納絹代役。唐朝則擴大了以絹代役的範圍。一般力役，都可以日納三尺絹或三尺七寸五分布而不直接服役。這樣必然有利於廣大農民靈活地安排生產，提高其生產積極性。

　　均田制與租庸調制在唐朝又實行了一百多年，可見其在唐初還是很有生命力的制度。唐朝前期的經濟發展與富強與此制度密切相關。李淵恢復發展這種制度，對歷史的前進起了促進作用。

　　與租庸調制同時並存的另外一種稅收——地稅也是從武德年間開始的。地稅就是義倉或社倉稅。武德元年九月四日，李淵下令「置社倉」。社倉是為了遇到水旱災荒時救災而設置的，義倉稅的徵收物件是「私有田地和均田令所授田地在內的墾田」，畝稅二升。

　　這項稅收，名義上是賑荒濟貧，實際上則是國家的正式稅收。在徵收以丁為物件的租庸調時，另徵收以田地為物件的義倉稅。顯然在占有大量私有土地者和勞動者之間有一定的調節作

用，使勞動者的負擔相對合理一些。例如，玄宗時的王府之費在很大程度上依賴社會，當然比依賴租調的負擔面要寬一些。

唐代的戶稅歷史可以追溯到北齊。張澤咸先生認為：「北齊時的九等戶制，是我國歷史上戶等制的最早記載之一，按戶等高低，分別交納不同數量的錢幣，可以視為唐代戶稅的真正淵源。因為唐代的戶稅，正是按戶等分別高低徵收錢幣的。」《通典》卷六〈食貨・賦稅下〉載：武德六年三月，「令天下戶量其資產定為三等。」武德九年三月，「詔天下戶立三等未盡升降，宜為九等。」杜佑既然把這些內容寫在「賦稅」中，足證它與戶稅密切相關。否則，為什麼後來會出現「富商大賈，多與官吏往還。遞相認囑，求居下等」呢？因此我們認為，唐代的戶稅也開始於武德年間。

唐初的地稅與戶稅，經過發展與演變，到了唐代後期，成為兩稅法的核心。由此可見，李淵開始推行的社倉制與按戶等收稅的制度，在唐代歷史上是起了重要作用的。

4.不納諫則亡

納諫是領導的必修課。李淵十分清楚，隋煬帝身首異處的重要原因之一就是他拒諫飾非，致使眾叛親離，不知死之將至。針對這種情況，他必然要虛心求諫，聽取各種意見。因此，李淵納諫是他順應歷史前進的要求，是鞏固其統治地位的客觀需要。

　　李淵由於意識到秦二世、隋煬帝飾非拒諫所導致的結果，因而他非常重視臣僚們的進諫。

　　武德元年，萬年縣法曹孫伏伽為了使高祖不忘隋亡唐興的歷史，特意講了一套應重視納諫的道理。他說：「臣聞天子有諍臣，雖無道不失其天下；父有諍子，雖無道不陷於不義。故雲子不可不諍於父，臣不可不諍於君。以此言之，臣之事君，猶子之事父故也。隋後主所以失天下者何也？止為不聞其過。當時非無直言之士，由君不受諫，自謂德盛唐堯，功過夏禹，窮侈極欲，以恣其心，天下之士，肝腦塗地，戶口減耗，盜賊日滋，而不覺知者，皆由朝臣不敢告之也。向使修嚴父之法，開直言之路，選賢任能，賞罰得中，人人樂業，誰能搖動者乎？」

　　孫伏伽還告誡高祖說：「陛下勿以唐得天下之易，不知隋失之不難也。」在孫伏伽看來，君主不聞其過就會失去天下。

　　高祖看了孫伏伽的上疏，非常高興，對其賜帛三百匹，以示獎勵。

　　由於李淵認識到納諫的重要意義，所以，對於有益的批評，他都能認真考慮。孫伏伽曾批評他說：「陛下二十日龍飛，二十一日有獻鷂雛者，此乃前朝之弊風，少年之事務，何忽今日行之！又聞相國參軍事盧牟之獻琵琶，長安縣丞張安道獻弓箭，頻蒙賞勞。但『普天之下，莫非王土；率土之濱，莫非王臣』。陛下必有所欲，何求而不得？陛下所少者，豈此物哉。」這就是說，李淵剛做皇帝就接受別人玩樂方面的貢獻，把皇帝降低到一般少年人的水準，皇帝的需求絕不在這些方面。

　　孫伏伽還批評說：「近者，太常官司於人間借婦女裙襦五百餘具，以充散妓之服，雲擬五月五日於玄武門遊戲。臣竊思審，實損皇猷，亦非貽厥子孫謀，為後代法之。」孫伏伽認為「此謂淫風，不可不改」。

　　孫伏伽還根據「性相近而習相遠」的道理，要求慎重選擇皇太子身邊的群僚，絕不能使「無義之人，及先來無賴，家門不能和睦，及好奢華馳獵馳射，專作慢遊狗馬聲色歌舞之人」接近太子，以免對太子有不良的影響。

　　李淵對這些批評和建議都愉快地接受了。這充分反映了李淵很富有進取心。這正是一個開國君主，一心要把國家推向富強，並極力鞏固自己地位的真實反應。太宗正是繼承了這種進取心，才促使其形成「貞觀之治」。

　　富有進取心的精神狀態，還表現在李淵要求臣下如實地反映情況方面。他在〈令陳直言詔〉中，尖銳地批評那些「表疏因循，尚多迂誕；申請盜賊，不肯至言，論民疾苦，每虧實錄；妄引哲玉，深相佞媚，假託符瑞，極筆阿諛；亂語細書，動盈數紙」。這種反對因循守舊，不肯直言，華而不實，空話連篇的求實作風，正是開國君主進取精神的另一種表現。

　　武德四年，唐軍平定了王世充，鎮壓了竇建德起義軍後，李淵先後下過〈平竇建德大赦詔〉、〈平王世充大赦詔〉，表示「大赦天下」，但忽而又「責其黨與，並令配遷」。為此，孫伏伽又批評他道：「臣聞王言無戲，自古格言；去食存信，聞諸舊典。……言之出口，不可不慎。……既云常赦不免皆赦除之，此非直赦其有罪，亦是與天下斷當，許其更新。以此言之，但是赦後，即便無事。因何王世充及竇建德部下赦後乃欲遷之？此是陛下自違本心，欲遣下人若為取則？」在孫伏伽看來，皇帝絕不可失信於人，否則，就會失去民心。李淵接受了批評。同時，孫伏伽還建議設置諫官，以利於李淵納諫，也被李淵採納了。

　　在許多重大問題上，李淵能夠聽取各種不同的意見，然後經過自己的分析，作出決定。例如，由於突厥頻繁的向內地進攻，唐朝經常要勞師動眾，揮兵北上。這樣一來，運送軍糧就是

一個很大的問題。為了解決運送軍糧的困難，并州大總管府長史竇靜上表請求在太原「置屯田以省饋運。時議者以民物凋零，不宜動眾，書奏不肯。靜頻上書，辭甚切至。於是征靜入朝，與裴寂、蕭瑀、封德彝等爭論於殿庭，寂等不能屈，竟從靜議。歲收數千斛，高祖善之，令檢校并州大總管」。為了屯田問題，把持不同意見的雙方集中於殿庭，當面討論，最後，既採納了竇靜的意見，收到了實效，也沒有責怪固執己見的裴寂等人。

這種做法，顯然有利於統治集團內部發表有益的意見。

由於按照竇靜的主張進行屯田的效果很好，所以當秦王李世民提出增置屯田於并州（治所在今山西太原）境內的建議也得到了李淵的支持。

李淵不僅能做到聽取各種意見，集思廣益，然後再作出決策，而且當有人和他本人的意見不一致，有所爭執時，他也能夠考慮別人的意見，適當予以採納。例如，武德二年，李淵曾命殿內監竇誕和右衛將軍宇文歆幫助齊王元吉鎮守太原。當時，李元吉驕奢淫逸，殘暴異常，任意田獵，蹂踐百姓禾稼，奪民財物，還隨意射人，觀其避箭。竇誕聽之任之，隨聲附和。宇文歆則如實向李淵反映道：「王在州之日，多出微行，常共竇誕遊獵，蹂踐穀稼，放縱親昵，公行攘奪，境內獸畜，取之殆盡。當衢而射，觀人避箭，以為笑樂。分遣左右，戲為攻戰，至相擊刺，疵傷致死。夜開府門，宣淫他室，百姓怨毒，各懷憤嘆。以此守城，安能自保！」

果然不出所料，當劉武周兵臨太原城下時，李元吉棄城逃跑，奔赴長安。太原失守，李淵怒不可遏。他對禮部尚書李綱說：「元吉幼小，未習時事，故遣竇誕、宇文歆輔之。強兵數萬，食支十年，起義興運之資，一朝而棄。宇文歆首畫此計，我當斬之。」李綱不同意這種看法，當面反駁道：「賴歆令陛下不

失愛子，臣以為有功。」李淵認為宇文歆有罪，李綱認為他有功，顯然是針鋒相對的。反駁皇帝的意見，當然非同小可。

因此，李綱又進一步解釋他自己的看法說：「齊王年少，肆行驕逸，放縱左右，侵漁百姓，歆曾無諫止，乃隨順掩藏，以成其釁，此歆之罪。宇文歆論情則疏，向彼又淺，王之過失，悉以聞奏。且父子之際，人所難言，歆言之，豈非忠懇。今欲誅罪，不錄其心，臣愚竊以為過。」

李淵認為李綱之言頗有道理，遂於第二天「召綱入，升御座」，並對他說：「今我有公，遂使刑罰不濫。元吉自惡，結怨於人。歆既曾以表聞，誕亦焉能制禁。」經過李綱的解釋，李淵好像恍然大悟，既不再追究宇文歆的責任，又指出了李綱的片面看法。因為李綱認為李元吉之過，在於竇誕不諫。李淵明確指出：「歆既曾以表聞，誕亦焉能制禁。」這樣一來，解脫了所有的有關者，而只認為「元吉自惡，結怨於人」，當然可以使臣僚們心悅誠服，忠於自己。

古代的皇帝有至高無上的權力，掌握生殺大權，很少有人敢冒犯他的尊嚴。唐初的皇帝對此有所認知。太宗曾對長孫無忌等人說：「夫人臣之對帝王，多順從而不逆，甘言以取容。」所以，他要臣僚們對他的發問「不得有隱，宜以次言朕過失」。這一點，也和李淵有共同之處。

例如，武德四年，諫議大夫蘇世長在披香殿（在武功慶善宮）侍宴時，他指桑罵槐地說：「此殿隋煬帝所作耶，是何雕麗之若此也？」李淵立即指責說：「卿好諫似直，其心實詐。豈不知此殿是吾所造，何須設詭疑而言煬帝乎？」

蘇世長又說：「臣實不知，但見傾宮、鹿臺（均為紂王所造）琉璃之瓦，並非受命帝王愛民節用之所為也。若是陛下作此，誠非所宜。臣昔在武功，幸常陪侍，見陛下宅宇，才蔽

風霜，當此之時，亦以為足。今因隋之侈，民不堪命，數歸有道，而陛下得之，實為懲其奢淫，不忘儉約。今初有天下，而於隋宮之內，又加雕飾，欲撥其亂，寧可得乎？」蘇世長是在王世充失敗後才投降唐朝的隋臣，他居然敢當面把唐高祖比作亡國之君殷紂王、隋煬帝，真可謂膽大妄為。但是，李淵並沒有因此而有任何不悅，反而「深然之」。

在這方面，李淵比李世民更高明些。李世民雖然要求臣僚們「言朕過失」，但他真正碰到有人當眾批評時，就怒不可遏。有一次，他罷朝大發雷霆說：「會須殺此田舍翁。」當長孫皇后問他為誰而發怒時，他說：「魏徵每廷辱我。」長孫皇后對他大加讚揚說：「主明臣直，今魏徵直，由陛下之明故也。」這樣，太宗才又高興起來。

李淵則截然不同，當殷紂王早已遭人唾罵，大家又都對隋煬帝深惡痛絕的時候，蘇世長竟敢把他和殷紂王、隋煬帝相比，他竟毫無責怪之意，更顯得難能可貴。這主要是由於他體會到「隋氏以主驕臣諂亡天下」，從而「虛心求諫」，並要求臣僚們「有懷必盡，勿自隱也」的結果。由此看來，在怎樣對待自己的過失方面，從李淵到李世民是一脈相承的。

5.重用可用之人

羅致人才，重用人才，是成大事者的基本功。隋煬帝因為眾叛親離而敗亡，李淵不僅耳聞目睹，而且自己就是背叛隋煬帝而起家的，對此更有深切體會。正因為如此，李淵從太原起兵到統一全國，不放鬆任何機會發現人才、羅致人才、重用人才。

由於李淵這種求賢用能愛才重才的思想發揮了重要作用，故而使來自各個方面的文臣武將，都能為唐初的政權盡心盡力。

李淵為了實現其政治上的奮鬥目標，一開始就非常注意蒐集網羅可以利用的各種人才。大業十三年七月，從太原起兵時僅三萬人，到十月兵臨長安城下時即達二十多萬人，發展之迅速，十分驚人。在他準備起兵時，就非常注意發現人才。除了自己「接待人倫，不限貴賤」以外，還命「皇太子於河東潛結英俊，秦王於晉陽密招豪友。太子及王俱稟聖略，傾財賑施，卑身下士，逮乎鬻繒博徒，監門廝養，一技可稱，一藝可取，與之抗禮，未嘗云倦，故得士庶之心，無不至者」。參加太原起兵的重要人物，大都是李淵千方百計爭取來的各種人才。大業末年的晉陽鄉長劉世龍，經常出入於太原副留守王威、高君雅家中，對王、高的情況了如指掌，後經裴寂推薦受李淵重用。在李淵與王、高的矛盾激化時，李淵通過他充分掌握了王、高的動態，致使李淵順利地除掉了王威、高君雅。

李淵在起兵前，為了充分掌握長安的情況，遂命避仇太原的李思行赴長安偵察，對情況很有見解，李淵非常滿意，遂「授左三統軍，從破宋老生，平京城，累授嘉州刺史，封樂安郡公」。

大業末年，鷹揚府司馬許世緒，很有見地的分析了當時的形勢，勸李淵抓緊有利時機，起兵反隋，從而得到李淵的重用。武德年間為蔡州（治所在今河南汝南）刺史，封真定郡公。

在向長安進軍途中以及在後來的統一戰爭過程中，只要可行，李淵就盡力網羅各類人才，于志寧、顏師古、長孫無忌、

房玄齡、姚思廉、李靖、李綱、屈突通、蕭瑀、褚亮、尉遲敬德、魏徵、秦叔寶、李世勣、宇文士及、薛收、劉洎、岑文本等人，都在這一時期先後加入了李淵的勢力。這些文官武將，在武德、貞觀年間，都從不同方面對唐朝政權的鞏固與發展發揮了重要作用。

另外，出身於皇家隸人的錢九隴，儘管其社會地位不高，甚至貪財與婚的許敬宗也感到恥辱，從而在修史時為其「曲敘門閥，妄加功績」，但由於其善騎射，從而得到李淵的信任，並常置左右。後來由於屢立戰功而授金紫光祿大夫，又拜左監門郎將，右武衛將軍等職，又封郇國公。貞觀年間死了以後，還贈左武衛大將軍，潭州都督，陪葬獻陵。

還有一個出身於皇家隸人的樊興，也因戰功卓著而除右監門將軍，並封榮國公，賜物二千段，黃金三十錠。永徽年間死後，也陪葬獻陵。

以上事例都說明凡是在實際活動中能發揮作用的人，李淵都非常重視。

在武德年間的統治勢力中，有原來隋朝的官員，有農民起義軍的將領，有從敵對勢力中轉化過來的文官武將，也有從下層社會中因有戰功而凸顯出來的各類人物，還有少數民族的上層成員。李淵能夠兼收並蓄，使各種人物發揮其作用，都能為唐朝的建立與鞏固各盡其力。貞觀年間，以上各種力量雖然又進行了重新組合，但只不過是在武德年間形成的基礎上因秦王勢力的勝利而打亂了太子勢力的結果。這樣重新組合，並沒有改變組成唐初統治集團的各種成分。因此，在讚頌「貞觀之治」的同時，必須重視李淵為其打下的基礎。

6.有典則有則

典則即為法規，可以把人們的行為秩序化。李淵認識到：「萬
邦之君，有典則有則。」法律是判斷言行是非和進行賞罰的標
準，也是君主權力的所在。輕視法律，則功不立，名不成。只
有重視法律，使大家都遵守，才能治理好國家。

　　但如何將法律掌握得寬猛適度呢？李淵總結了秦漢以來的
各朝用法的經驗教訓，認為秦朝滅禮教，恣意實行嚴刑酷法，殘
害百姓，結果是民不堪命，爆發了農民大起義，秦朝被推翻；漢
朝以秦為鑒，實行「務從約法」的方針，廢除了肉刑、連坐收孥
法、誹謗妖言法，但不澈底；魏晉時期，是前朝的流弊相沿，恩
威失度，綱維無序，結果是政散民凋；隋朝雖然有所改革，但
損益不定，而且隋文帝晚年刑罰更加嚴酷，詔令盜一錢者判死
刑，盜邊糧一升以上者，本人死刑，家口沒官，甚至三人共竊一
瓜也要處死。隋煬帝時任意為法，不依科律，濫肆株連，殺戮
無辜，法外用刑，慘絕人寰，結果激起了百姓的反抗，隋朝瓦
解。他從中認識到，律令應當簡約，恩威並施，依律定罪，一斷
於法，恤刑慎殺，勿施酷刑。

　　大業十三年十一月，李淵率軍攻入長安，立即與民約法
十二條，規定殺人、劫盜、背軍、叛逆者處死刑，其餘皆廢
免；宣布廢除隋朝的苛禁嚴刑，在當時起到穩定局勢的作用。

　　武德元年六月一日，李淵剛稱帝一個月，便命劉文靜和有
識之士，修訂《隋開皇律令》，而且提出修改律令的原則是：
「本設法令，使人共解，而往代相承，多為隱語，執法之官，緣

此舞弄。宜更刊定，務使易知。」「務從寬簡，取使於時。」也就是立法不僅應當由繁而簡，而且應當去重從輕，律令的語言要易懂、準確，防止官吏在文辭上弄虛作假，要盡削隋朝的煩峻之法。同年十一月四日，頒新格五十三條，其中官吏受賄、犯盜、詐取官府財物之罪，不可赦；規定正月、五月、九月不行刑，因為這時正是春節、春耕、秋收的季節，行刑會影響正常的生活和生產。同時，又令左僕射裴寂、吏部尚書殷開山、大理卿郎楚之、司門郎中沈叔安、內史舍人崔善為等重新撰修律令。十二月十二日，又加內史令蕭瑀、禮部尚書李綱、國子博士丁孝烏等亦參加修訂。武德七年三月二十九日，《武德律》修成，仍為五百條，僅刪除《開皇律》中的苛法五十三條，又新加五十三條，流刑的里數各加一千里，在流放地戴刑具服勞役，三流皆為一年。

　　李淵以隋朝為鑒，從中接受到一條重要教訓，就是官吏貪贓受賄，枉法曲情，不但削弱官僚機器的效能，而且激化了社會矛盾。所以，他主張嚴懲貪官污吏。在武德元年新頒布的五十三條中規定官吏受賄要嚴懲不赦。而《武德律》對受賄罪的懲處更詳盡，《貞觀律》、《永徽律》也都受其影響，一脈相承，其懲處的規定極為詳細。如主管長官非因公事而接受管內的財物，一尺絹笞四十，一匹加一等，八匹判徒刑一年；接受財物而不枉法，一尺杖九十，二匹加一等，三十匹判加役流；接受財物而又枉法，一尺杖一百，一匹加一等，十五匹判絞刑。主管官員借本管內的財物，百日不還，也以受賄罪論。朝官出差地方，接受「送饋」，離職後接受舊僚佐的饋與，也都要給予處罰。不是主管官員因為牽連事情接受別人財物，一尺笞二十，一匹加一等，十匹判徒刑一年。對行賄者也要給予處刑。

　　李淵不但在立法的過程中實行寬簡的原則，而且在執法的

過程中亦注意寬簡。為此，他結合重大事件實行赦免。武德元年五月，李淵即皇帝位，大赦。武德四年七月，平定王世充，大赦百姓。武德七年四月，江南平定，大赦天下。武德九年六月，立李世民為皇太子，大赦天下。

　　李淵有時也親自審查囚犯，了解是否有冤案或錯案。武德二年二月，嚴甘羅因搶劫被官吏逮捕。李淵審訊他，問為什麼要搶劫，嚴甘羅毫不迴避地說：「飢寒交迫，所以為盜。」嚴甘羅的回答使李淵受到很大震動，管仲在《管子·牧民篇》中說：「倉廩實而則知禮節，衣食足而則知榮辱。」只有使百姓免於挨餓受凍，然後才能談得上禮義法度，如果不注意發展生產，而空談禮法，社會永遠也不會安定。孟子教晦要「制民之產」，使每家能有五畝之宅，一百畝之田，使其足以事父母，養妻子，樂歲終身飽，凶年免於死亡，這樣才能使他們走向善良，遵守禮法。李淵內疚地說：「吾為汝君，使汝窮乏，吾罪也。」遂命將其釋放。武德四年、武德八年，他兩次親審囚徒，多有寬恕。

　　可見李淵在領導與管理中，時刻注意落實他的「有典有則」的主張。

7.擇善任能，推賢進士

　　有能力、有賢識者一定要重用，此為領導學的人才要義。

　　李淵總結歷史上王朝興亡的教訓，認為「擇善任能，救民之要術；推賢進士，奉上之良規」。這是強調人才的作用，對

於如何造就人才，他認為關鍵在於要通過學校進行培養教育。「自古為政，莫不以學為先，學則仁義禮智信五者俱備，故能為利深博。」所以，他對教育頗為重視，極力把學校辦成封建官吏的養成所。大力興辦學校，建立較完備的教育體系。

武德元年五月，李淵稱帝後的第一件大事，就是下令在長安設置國子學、太學、四門學，招收學生三百多人；郡縣也要設學校，招收學生。十一月，詔命於祕書省外別立小學，讓皇族子孫及功臣子弟入學。

教育的行政管理機關初稱國子學，設祭酒一人，從三品，掌管學校的訓導政令，每歲終考核學官的教學訓導成績，主持學生的畢業考試。設丞一人，從六品下，掌管學校的日常行政管理。還有主簿一人，從七品下，掌管印章，管理學籍。教師有博士分經主講；助教輔助博士分經講授；直講協助博士和助教講授經術。

教學內容和各門課程的學習年限有明確規定：《禮記》三年，《春秋左氏傳》三年，《易經》二年，《詩經》三年，《尚書》一年半，《春秋公羊傳》一年半，《春秋穀染傳》一年半，《孝經》、《論語》共一年，《周禮》二年，《儀禮》二年。同時學習書法，每日寫字一幅，學習時務策，讀《國語》、《說文》、《三蒼》、《爾雅》，另外還學習吉、凶二禮。另外設有專科學校，開設各種專業課。書學：是專攻書法的學校，學《石經三體》三年，《說文》二年，《字林》一年。算學：是專攻數學的學校，學習分為二組：第一組的學習《孫子算經》、《五曹算經》共一年，《九章算經》、《海島算經》共三年，《張丘建算經》、《夏侯陽算經》各一年，《周髀算經》和《五經算術》共一年。第二組學生學習《綴術》四年，《緝古算經》三年。《記遺》、《三等教》二組皆兼習之。

　　各類學校的教學方法，一般是先讓學生熟讀經文，然後由教師講授，並強調教師的講授要提其綱要，博大精深，同時兼有答疑和討論。平時考試在旬假前一天舉行，每月考試三次，年終考試在仲冬前舉行。考試分筆試和口試，成績分上、中、下三等。在州縣學校的年終考試時，當地的長官必須親臨考場監試。

　　學生每十天放假一日，稱「旬假」。五月放「田假」、九月放「授衣假」。學校內嚴禁喧鬧，但可以彈琴和習射。對無理取鬧、不接受師長教訓和超假者，皆令其退學。三次年終考試為下等，或學業無成就不能貢舉者，也令其退學。

　　學校對教師有嚴格要求，博士和助教每講授課程必須講完，不得中途停講改業，年終要統計講課多少、效果如何，然後評出講課的等級，作為升遷的依據。

　　還把學校管理的如何，作為考核學官的重要內容，所謂「訓導有方，生徒充業，為學官之最」，並要求州縣長官必須過問學校的大事，如學生的入學要由州縣長官審批。

　　另外，各鄉里也辦學，還允許私人辦學，其畢業生可以參加科舉考試。

　　武德二年六月，詔令在國子學立周公、孔廟各一所，四季要尊祭。命尋訪他們的後人，當授於爵位。詔書對教育的作用，周公、孔子的貢獻進行闡述。

　　武德四年正月，新年一開始，便在門下省置修文館。內設大學士、學士、直學士。講論諸經文義，商討政事。並招收學生三十人，主要是貴族子弟，在此攻讀學業。

　　武德七年二月，李淵為表示對教育的重視，弘揚儒學，帶領朝官視察國子學。首先由李淵主持祭周公、孔子，然後由國子學祭酒講學。講學之後，開始辯論經義。學官和大臣之間互不

相讓，各抒己見，往往爭論得面紅耳赤。李淵又詔以周公為先聖，以孔子為配祀。

武德九年，詔改修文館為弘文館。

李淵不但重視教育，對其他文化事業也頗為重視。大業十三年十一月，李淵攻克長安，立即命主符郎宋公弼收集圖書典籍。武德四年五月，唐軍攻克洛陽，授命房玄齡收聚隋朝的藏書。次年，由司農少卿宋遵貴負責將書運往長安，可惜運書的船隻行經砥柱時，八千多卷書籍多被漂沒，存者十不一二。李淵採納令狐德棻的建議，詔令用重金收購書籍，並組織人員繕寫，數年間群書略備。至武德九年，在弘文館共收聚四部書二十餘萬卷，搶救大批文獻典籍，使一些重要書籍得以保存下來。

武德七年九月十七日，給事由歐陽詢奉敕編撰的《藝文類聚》書成，共一百卷。內分天、歲時、地、州、郡、山水、符命、帝王、後妃、儲宮、人、禮、樂、職官、封爵、政治、刑法、雜文、武、軍器、居處、產業、衣冠、儀飾、服飾、舟車、食物、雜器物、巧藝、方術、內典、靈異、火、藥香草、寶玉、百穀、布帛、果、木、鳥、獸、鱗介、蟲豸、祥瑞、災異等四十六部。每部下又分若干細目，全書共七百二十七目，約一百萬字。書中所引用的有關經、史、子、集各類古籍一千四百三十一種。此書所收的內容上至天文，下至地理，旁及社會生活，科學技術、文化知識，無所不收，實為一部百科全書。

李淵也很重視修史，以古為鑒。武德初年，在祕書省設史館，負責修史工作。

武德四年十一月，起居舍人令狐德棻對李淵說：「近代以來，多無正史，梁、陳及齊，猶有文籍。至周、隋遭大業離亂，多有遺闕。當今古猶接，尚有可憑，如更十數年後，恐事跡

湮沒。陛下既受禪於隋，復承周氏歷數，國家二祖功業，並在周時。如文史不存，何以貽鑒今古？如臣愚見，並請修之。」李淵覺得他說得很有道理，修史提供借鑒，這是有利於人的功業。於是，詔命中書令蕭瑀、給事中王敬業、著作郎殷聞禮修《魏史》；侍中陳叔達、祕書丞令狐德棻、太史令庾儉修《周史》；中書舍人顏師古修《隋史》；大理卿崔善為、中書舍人孔紹安、太子洗馬蕭德言修《梁史》；太子詹事裴矩、兼吏部郎中祖孝孫、前祕書丞魏徵修《齊史》；給事中歐陽詢、秦王文學姚思廉修《陳史》。在詔書中一再強調，修史的原則為：「務加詳核，博采舊聞，義在不刊，書法無隱。」他遺憾的是這些史書還沒有修成，自己便退位，做了不問政事的太上皇。

李淵很注意借鑒歷史的教訓，感到魏晉南北朝以來的「九品中正制」弊病太多。這種制度是以門第為標準選拔官吏，結果是門閥世族壟斷了擇官的大權，只重門第，不重人才，造成「上品無寒門，下品無勢族」的局面。出身寒門的有才之士被排斥，家世顯貴的庸才卻得高官，朝中擠滿腐敗無能之徒。而且由於世家大族把持擇官的大權，門生故吏滿天下，往往仗勢對抗朝廷。所以，他決定廢除「九品中正制」，通過科舉考試的方法選拔官吏。

武德四年，戰爭形勢發生很大變化，關中和巴蜀地區已經鞏固，平定了薛舉、李軌、劉武周，洛陽戰事大局已定，全國統一已經提到歷史的日程上來。他認為推行科舉制的時機已經成熟。於四月十一日，敕命各州縣學的學生或自學者，學業有成、為鄉里所稱讚，可參加明經、秀才、俊上、進士等科目的考試。先由各縣考試合格，然後由州的長官審核，取成績上等者，每年十月隨朝集使一起赴京師參加考試。同年七月，平定王世充，大赦天下，詔令：「奇才異行，隨狀薦舉。」

　　武德五年三月，又下詔獎勵有才能者自舉，並根據才能加以任用。

　　武德八年，取秀才一人，進士五名。李淵在位九年，由於處在戰爭狀態，僅舉行四次科舉考試，取進士十九人，秀才四人，俊士十四人，上書拜官一人。雖然取士人數不多，但奠定了唐朝用科舉制度擇選官吏的基礎。這不僅為封建官僚機構輸送了人才，在一定程度上也改善了封建官僚的文化狀況。因為科舉是當時人們走上仕途的重要途徑之一，個人的前途，家族的興旺都與科舉有關。所謂：「三百年來科第之設，草澤望之起家，簪紱望之繼世。孤寒失之，其族餒矣；世族失之，其族絕矣。」而要科舉及第，就得有才學，才能和學識成為走上仕途的敲門磚。這樣就造成一種崇拜科舉、注重學識的風氣，人們為了一線希望，埋頭讀書。所謂「父教其子，兄教其弟，無所易業」，這些措施從客觀上促進了唐代文化的發展。

8.從精神之道入手加強控制

　　控制之術離不開精神指導。抑制佛教的氾濫和尊崇儒學是一個問題的兩面，都是為了加強皇權。

　　唐初，最早反佛的是傅奕。傅奕是相州鄴（今河北臨漳西）人，隋末李淵為扶風（治所在今陝西鳳翔）太守時即與其相識，李淵建唐稱帝後，先以其為太史丞，後為太史令。武德七年，他上疏建議滅佛。他認為佛教宣傳「不忠不孝，削髮而

揖君親」，佛經是妖書，迷惑百姓，使其相信因果報應：「布
施一錢，希萬倍之報，持齋一日，冀百日之糧。」有些愚昧之
人，「造作惡逆，身墜刑網，方乃獄中禮佛，口誦佛經，晝夜忘
疲，規免其罪。」這是「乃追既往之罪，虛規將來之福」，完全
是欺騙。

在傅奕看來：「且生死壽夭，由於自然，刑德威福，關之
人主。乃謂貧富貴賤，功業所招，而愚僧矯詐，皆云有佛。」這
是「竊人主之權，擅造化之力，其為害政，良可悲矣」。

顯而易見，傅奕認為佛的作用和君主的權力是相互對立
的。人的生與死是自然現象，刑德威福是人力所致。視富貴貧賤
為佛的作用就是竊奪了君主的權力，為害於政。他還說：「禮本
於事矣，終於奉上，此則忠孝之理著，臣子之行成。而佛逾城出
家逃背君父，以匹夫而抗天子，以繼體而悖所親。」是「無父
之教」。為了尊君奉親，以行忠孝，他主張「今之僧尼，請匹
配，即成十萬餘戶，產男育女，十年長養，一紀教訓，自然盈
國，可以足兵」。這樣一來，「四海免蠶食之殃，百姓知威福所
在，則妖惑之風自革，淳樸之化還興。」實際上這是以行忠孝的
手段，達到鞏固唐朝政權的目的。這是儒家思想的根本所在。由
此可見，佛教和儒家思想的衝突是政治上的分歧，正因為這是事
關唐朝政權的問題，所以，李淵接受了這個建議。後因玄武門之
變發生，才未能澈底實施。李世民即位後，傅奕又向太宗說：
「佛教於百姓無補，於國家有害。」也得到了太宗的贊同。

李淵對傅奕的建議雖然未曾澈底實施，但他和傅奕的思想
是一致的。他尊崇儒學，正是和傅奕不謀而合的地方；他同意反
佛，是為儒學的發展創造有利條件。

春秋戰國時期道家學派的代表是老子，他主張宇宙間的萬
物都源於神祕玄妙的「道」。

　　「道」無形無名，自然無為，既不能被看見摸到，又不可言說，是天地開闢之前宇宙渾沌的原始狀態，是超越現實世界一切事物的宇宙最高法則。由道化生出最初的元氣物質，元氣分為陰陽，陽氣上升為天，陰氣下凝為地，天地陰陽衝和交感生成萬事萬物，而人為萬物的靈長。道教淵源於古代的巫術，先秦時的陰陽五行學說，秦漢時的神仙方術，東漢時開始形成。道教繼承了道家的思想，並把「道」神化為具有無限威力的宗教崇拜偶像，成為具有人格的最高神靈。太上老君（即老子）便是「道」的化身。道教相信人經過修煉可以長生不死，成為神仙。東漢時張道陵倡行「五斗米道」，奉老子為教主，奉《道德經》為主要經典。中經三國、兩晉、南北朝，得到進一步發展。

　　李淵出身於關隴世族，但與山東世族、江東世族相比，其社會地位還有很大差距。他為抬高李氏的門第，尊道教祖師老子李聃為自己的祖先，稱自己是神仙後裔，藉以製造「君權神授」的輿論。一些道教上層人士為迎合李淵，也到處製造「老君顯靈」降授符合的宗教神話。道教茅山派的第十代宗師王遠知，據說曾密告李淵將受符命。

　　樓觀臺道士岐暉，雖入道脫俗，卻關心時局。大業七年，隋煬帝親駕攻戰高麗，把社會經濟推向絕境。傳說他對弟子云：「天道將改。」還預言：「當有老君子孫治世，此後吾教大興。」

　　武德三年，相傳晉州（今山西臨汾）人吉善行，在浮山縣羊角山見一騎白馬的老者，對吉善行說：「為吾語唐天子，吾汝祖也，今年平賊後，子孫享國千年。」據說白馬老者就是太上老君。李淵聽到吉善行的奏言，便在羊角山立廟祭祀宗祖老君，改浮山縣為神仙縣。

　　武德七年，曾當過道士的太史令傅奕上疏請廢除佛教。他從維護封建倫理、道德出發，指斥佛教不講君臣父子之義，對君不忠，對父不孝；痛斥他們不從事生產，剃髮逃避賦役，剝削民財割截國貯；指出佛教帶來的危害，使百姓通識者少，不察根由，信其詐語。李淵為壓抑佛教，推崇道教，讓群臣討論。太僕卿張道源支援傅奕。中書令蕭瑀反對說：「佛，聖人也。傅奕的議論，誹謗聖人無法，請處以嚴刑。」傅奕駁斥說：「禮本於事矣，終於奉上，此是忠孝之理，臣子之行成。而佛逾城出家，逃跑背其父，以匹夫而抗天子，以繼體而悖所親。蕭瑀乃遵天父之教！」蕭無法回答，但合掌說：「地獄所設，正為此人。」李淵同意傅奕的觀點，以此壓制佛教，推崇道教。

　　武德八年，李淵親撰〈大唐宗聖觀記〉刊於石。同年，正式下詔定三教次序：道教最先，儒教次之，佛教最後。道教由於得到李淵的尊崇，處於至高無上的地位。

五、做事要從根本著手

　　領導做事必須要從根本著手，不能做表面工夫，否則就會「治標不治本」。這種管理弊病，應當在最短的時間內加以解決，絕不可疏忽大意。

　　李世民的領導心智是：做事不能浮於表面，必須從根本加以澈底解決，否則就會達不到應有的效果。

1.把百姓利益看成大事

得民心者得天下，這是領導學中的一條原理。李世民認為，不
把百姓利益擺在首位，等於自失根基。

民以食為天。李世民即位之初，正是唐朝連年遭遇水旱霜
凍等嚴重自然災害時期。

從貞觀元年到三年，關東、關中各地連續發生水、旱、
霜、蝗之災。關中饑饉尤甚，人民被迫賣兒賣女，出現了茫茫千
里、人煙斷絕、雞犬不聞、道路蕭條的殘破景象。頻頻發生的自
然災害不僅威脅到百姓生存，也威脅到李唐王室的安危。民不聊
生，君王又何以為命？為此，李世民憂心如焚。作為一位富有責
任感的帝王，他不能不關心他的臣民的生活，同時他深知一旦農
民流離失所，必會造成社會的動盪和不安。古往今來統治者的暴
政再加上嚴重的自然災害，往往使人民雪上加霜，走投無路，終
至揭竿而起，統治者因此喪失主權。

歷史和現實的深刻教訓使他體會到，災荒之年必須對百姓
布以恩德，使百姓衣食有所保證，方能遏亂於未發之際，使民心
得安。由此，李世民對賑災濟民極為重視，每每大加慰撫，屢表
姿態。

貞觀二年，關中地區出現嚴重的乾旱，鬧大饑荒。李世民
對身邊的侍臣們說：「水旱不調和，都是因為國君喪失德行。我
德行修養不夠，蒼天應責罰我，老百姓有什麼罪過，竟遭到這麼
多窮困之苦。聽說有賣兒賣女的，我非常同情他們。」於是派
遣御史大夫杜淹去巡查，用皇家府庫的錢財贖回那些被賣出去的

兒女，還給他們的父母。其後，針對接連不斷的水、旱、霜、蝗等自然災害，李世民又頒布詔書說：「若使年穀豐稔，天下又安，移災朕身，以存萬國，是所願也，甘心無吝。」四月再次頒布詔書：「隋末亂離，因人饑饉，暴骸滿野，傷人心目，宜令所在官司收斂掩埋。」

這些策略無疑安撫了民心，緩和了當時的階級矛盾。

李世民還把賑災與國家興亡連繫起來。貞觀二年，他對黃門侍郎說：「隋文帝開皇十四年，天下大旱，很多百姓遭受饑荒，當時國家的糧倉儲滿了糧食，可是朝廷竟然不肯拿出來賑濟，而命令老百姓向有糧之處遷徙。隋文帝不憐惜老百姓的痛苦反而吝惜倉庫裡的糧食，到開皇末年，全國官庫儲存的糧食可以吃五、六十年。隋煬帝恃仗國家的富庶，所以奢侈豪華，荒淫無道，最後導致了國家滅亡。由此可見，凡要治理國家，最為重要的是讓人民有積蓄，豐衣足食，而不在於只把自己的倉庫堆得滿滿的。古人說：『百姓若不富足，又有誰能讓國家富足呢？』國庫儲糧只是為了防備荒年，如果不是為此，何必費事來儲蓄呢？後繼國君如果賢明，自然能夠保住天下；如果後繼之君不成器，國庫儲積得再多，也只是徒然助長他們奢侈腐敗，反而成為國家危亡的根源了。」思想上有了這樣的認識，李世民頻頻派官員撫災的行為就不難理解了。

據史載，其在位的近二十年裡，李世民有十八個年頭都曾對受災百姓進行過賑撫。貞觀元年八月，關東及河南、隴右沿邊諸州霜害秋稼，九月，李世民就派溫彥博、魏徵、孫伏伽等人分往各地，在詔書中要求他們迅速趕往災區，巡察各地災情，了解各地損失程度和缺糧戶生存狀況，要他們掌握具體詳細的情況，迅速向朝廷彙報，以便及時予以救濟。

如貞觀元年六月，山東大旱，李世民便下詔令各地進行救

濟撫恤，並免除山東地區災民當年的租賦。

貞觀三年大旱，李世民又派中書舍人杜正倫等人往關內諸州慰問安撫。貞觀八年，山東、河南、淮南大水，李世民派使臣前往救濟撫恤。貞觀十一年七月，洛陽暴雨成災，加上洛水氾濫，幾百戶人家被淹沒。李世民一邊廢明德宮和飛山宮玄圃院，分給遭水難之家，一邊賜給災民絹帛。

困頓之時，時有朝延要員前來查看、慰撫和救濟撫恤，百姓沐浴到皇恩之愛，雖有疾苦，卻無怨恨。這勢必有利於民心安定，從而得以防民生變。

為示其恤民之意，李世民還頻頻默念蒼天，檢討自己的言行，以示悔過。

貞觀十一年，天降大雨，洪水橫溢直沖到洛陽城門，湧進洛陽宮中，平地大水都有五尺深。大水沖毀了很多宮殿寺院和百姓人家。對此李世民深感不安，他對身邊大臣說：「這是朕的失德以致上天降下災禍；或是由於朕視聽不明，刑罰過度，因而使天道發生錯亂，雨水反常。憐惜百姓，歸罪於己，心中憂慮擔心，朕又有何情緒獨享滋味？可令尚食官停止做肉食，只進蔬菜素食，文武百官各上奏章，盡量指出朕的過錯。」

貞觀二年，長安附近大旱，蝗蟲四起。李世民到苑中視察禾苗遭害的情況，看到到處蹦飛的蝗蟲，他抓住幾隻，詛咒道：「百姓以穀物為生命，你們這些可惡的東西卻把禾苗都吃掉，這是禍害百姓。百姓有什麼過錯，都在我一人身上，你們如果有點靈性的話，不要禍害百姓，就咬我的心吧！反正今天我非吃了你們不可！」說著張口就要吃掉手中的蝗蟲。左右侍衛急忙勸阻說：「吃下去恐怕要生病，不能吃。」李世民卻說：「我這樣做是希望能把百姓的災難轉移到我身上，怎麼會怕得病呢？」說完，又吃了幾隻蝗蟲。李世民亦假亦真地吃掉蝗蟲，

並請求上天只罪其一人而勿害百姓，演出這樣一幕愛民責己之戲，百姓聞知，又怎能不生感動之意，又怎能不同心同德地擁戴李唐江山呢？

賑災撫危，就必須有足夠的物質基礎來作保障。因此，積儲糧食，發展倉廩事業，就被提上了日程。

貞觀二年，正是國計民生十分困頓的時期，尚書左丞戴胄奏請開設義倉，他指出可按農戶的實際情況向他們徵集糧食，以備荒饉。義倉的糧食是專為當地群眾救濟災荒儲備的，不得挪作他用。發生災荒時，才可以開倉賑濟災民。這樣既可以減少災荒時國家財政上的壓力，又能使百姓生活有所保障。李世民認為這是一個好辦法，他說：「既然是為百姓預作儲備，官府只是替百姓掌管，用來防備凶年，不是由於我的需要而搜刮百姓，這是有利於人民的事，很值得稱賞。應該交給有關部門，商議制訂相關條例。」同年四月，「初詔天下州縣，並置義倉」。這樣，每次賑災救撫之際，政府便派員前去慰問，開倉濟糧，保障了百姓基本的生存需要，使之不必再為逐糧而離鄉背井，流離失所了。同時，義倉制的設置又含有「羊皮出在羊身上」之義，雖賑撫了災民，昭顯了國家的恤民之意，卻又絲毫沒有加重政府的財政支出。義倉之制的設置，確實是一項高明之舉。

然而，災荒之襲，鋪天蓋地，僅有義倉一制，對於挽救掙扎在水深火熱之中的災民仍然不夠。為此，李世民又在其執政期間，發展了一種百姓之間的互救互助機制。這種機制的內在精神即是，當自然災害侵襲某一地區時，就安排此地居民到糧食豐收之地就食，勸導百姓互相救助。這種機制設置的靈感源自貞觀初年，當時關中地方大旱，而儲糧又少，因此為讓災民有所安置，官府就勸該地區的富裕之戶分糧於貧戶，實行相互支援以度災荒。李世民聞知之後十分贊賞，認為這樣做不僅可以實現救民

於水火的目的，又可以「變澆薄之風，敦仁慈之俗」。於是他特別下令讓官員記錄那些德行仁厚的人，並免去他們一年的調稅。

這樣一來，不僅安撫了災民，又倡導了仁厚之風，一時，百姓民風優異，成為各朝榜樣。李世民此舉，獲一箭雙雕之效。

正因為李世民對賑災工作的重視，在貞觀初年，災荒嚴重，百姓極度貧困，四處乞討的情況下，卻毫無怨言，無不各自相安。到了貞觀三年，糧食豐收，百姓便又都回到了自己的故鄉，而無一人逃散，顯示李世民政策之得民心的程度。

對此，馬周的話可以給我們一個極好的解釋，他說：「自古以來，國家的興亡並不決定於積蓄的多少，惟在於百姓的苦樂。就拿近代之事驗證，隋朝國家糧倉洛口倉，後來為李密所擁有；王世充占據了東京洛陽的布帛之倉；西京西安的各種府庫後來也為我使用，至今還未用完。在貞觀初年，普天之下歷年遭災，但那時天下卻很安定。百姓知道陛下十分擔憂和憐愛他們，所以人人自安，不曾有半點怨言。」

李世民的種種憐恤之舉，大概也是皆出此意吧！

2.採取減輕負擔的措施

作為領導者，一定要能發現問題的實質，從根本上加以解決。李世民為此採取了一系列減輕百姓負擔的措施，力圖開拓天下新局面。

　　隋煬帝橫徵暴斂破壞社會生產，激化了社會矛盾，導致隋朝的滅亡，這一切為李世民親見親聞，對他影響很大。鑒於這一深刻的歷史教訓，即位之後，他推行輕徭薄賦政策，以恢復民力。李世民明確指出：「隋煬帝求覓無己，內則淫蕩於聲色，外則剿人以黷武，遂至滅亡。朕睹此，但以清靜撫之。」所謂「清靜撫之」，就是減輕人民負擔，發展農業生產，使百姓「家給人足」。他意識到輕徭薄賦意義重大。「今省徭賦，不奪其時，使比屋之人，恣其耕稼」，也就是說減輕徭役可以使農民不至於因服役而耽誤農時，可以全力以赴地做好農業生產，從而使人民富庶而安康。

　　對於橫徵暴斂之事，應當說李世民是有著深刻體認的。即位之初，他便對群臣說：「皇帝依賴於國家，國家依賴於人民。剝削人民來奉養皇帝，好像割肉充飢，肚子飽而身死，皇帝富裕而國家滅亡。所以做皇帝的禍患，不從外來，常從自身產生。皇帝貪欲強盛，浪費就嚴重；浪費嚴重，人民的賦役負擔就沉重；賦役負擔重，人民就愁怨；人民愁怨，國家就危險；國家危險，皇帝就會喪失天下；我經常這樣考慮問題，所以不敢放縱自己的欲望。」

　　貞觀初年，他又一次向大臣申明了自己的這一思想，並以割股啖腹之喻來自我警惕。他說：「身為一國之君，其治國之道，必須首先保障老百姓的生存利益，如果以損害老百姓的利益為代價來供奉皇帝一己之樂，那就好像割自己腿上的肉來充飢，肚子雖然飽了，可命也就沒有了。」

　　貞觀九年，他又一次闡明橫徵暴斂的利害時說：「我近來讀周史和齊史，發現末代的亡國之主，作惡情況大多相類似。齊後主高緯特好奢侈，把所有府庫裡的財物都揮霍殆盡，以至於關市上都無不橫徵暴斂。我常說這好比嘴饞的人吃自己身上的

肉，肉吃光了，自己也就死了。國君賦稅斂取不停，老百姓被搜刮盡了，自己也就要滅亡了，齊後主就是這樣。」

正是在這種潛在的思想意識的一再警惕下，李世民在其執政期間，處處以輕徭薄役為念，多次下達免賦詔令，並一再減輕百姓徭役負擔。

貞觀二年九月，突厥寇邊，有的大臣請求修古長城，調集百姓築堡設障，駐守邊境。對這種修長城防備邊患的老辦法，李世民不以為然，他知道秦代修長城勞民傷財，給百姓造成的災難有多大，所以他說：「突厥連年遭受天災人禍，頡利可汗不怕亡國滅種而不施仁修德，反而更加殘暴，以致內部分裂，骨肉相攻，離滅亡的日子不遠了。我正要為你們大家掃清沙漠，哪裡用得著勞擾百姓到遙遠的邊境地區去修築長城障塞呢？」

減免租賦，只能暫時與民休息，而無法創造出新的物質財富，只能作為一種權宜之計。真正的長久之策，乃是盡量少征徭役，以使百姓減少勞役之負，從而有更多的時間去從事生產，大力增加社會財富。

租庸調制便是減免徭役負擔的一項重要措施。唐朝建立之初，這一制度便得以頒行，貞觀時期李世民又進一步加以修正。這種制度規定：受田戶每年每個丁男繳納二石粟，叫作「租」；每個丁男每年服役二十天，如果沒有或不服徭役則以絹代役，每天折合三尺絹，這叫作「庸」；根據各地的不同情況，每年每丁交納兩丈絹（或綾絁）、三兩絲綿；或者兩丈五尺布、三斤麻，叫作「調」。如果國家有特殊情況，需要丁男服役超過規定的二十天，稱為「加役」，凡加役十五天以上的，免除他的調；三十天以上的則全年的租、調全免。但加役也不許沒有節制，一年中通常的正役不得超過五十天。租庸調制內中含有可以絹代役或以庸代役之義，這樣，不僅保證了國家的財政收

入，也使百姓可以根據自己的情況選取服役方式，予以靈活變通。這樣他們就有可能免除或減少力役，以使自己有更多的時間從事農業生產。

隋煬帝時，以徭役繁重著稱。他利用自己手中的權力，強制人民從事各種無償的勞役，「大興土木，濫用民力」，以致造成「耕稼失時，田疇多荒」，「百姓困窮，財力俱竭」。

同時，他「驅天下以從欲，罄萬物而自奉，採域中之子女，求遠方之奇異。宮宇是飾，臺榭是崇，徭役無時，干戈不戢」，再加上三犯高麗，「大肆徵調，轉輸之期」，終至「民不堪命」，將人民推上了死路。親眼目睹了這一切的李世民，時時提醒自己盡克己欲，躬行節儉，而不敢輕用民力。例如，貞觀元年，本來想營造一座宮殿，材料都準備好了，但一想到秦亡的教訓，於是就「鑒秦而止」。貞觀二年八月，群臣再三建議營造一座高燥的臺閣，以改善「宮中卑溼」的條件，但是李世民堅決不允許。貞觀四年，又對大臣們說：「崇飾宮宇，遊賞池臺，帝王之所欲，百姓之所不欲。……勞弊之事，誠不可施於百姓。」

同年，李世民發卒修洛陽乾元殿，在大臣張玄素的勸諫下作罷，「所有作役，宜即停之」。貞觀五年，李世民將修洛陽宮，民部尚書戴胄表諫：「亂離甫爾，戶口單弱，一人就役，舉家便廢。」他的話提醒了李世民，於是，李世民便賞而納之。

這樣力減大量「勞弊之事」，在很大程度上增加了百姓在自己土地上勞動的時間，這無疑對經濟的復甦極為有利。李世民所謂的「輕徭薄賦，務在勸農，必望民殷物阜，永給人足」的意圖也就不難實現了。

除此之外，李世民還大力運用法律手段，來對役使民工的行為加以限制。《唐律疏議》卷十六規定：「修城郭、築堤防，興起人功，有所營造，依《營繕令》，計人功多少，申尚書

省聽報，始合役功。或不言上及不待報，各計所役人庸，坐贓論
減一等。」

《唐律》對違令者予以刑事處分，顯然也是為了防止濫用
民力，這與上面的種種策略可以說有殊途同歸之意。

百姓希望休養生息，但各種徭役卻無休無止；百姓已經窮
困潦倒，但奢侈的事務卻一刻不停，國家的昏衰破敗，常常由此
而起。徭役最為百姓所懼恨，因而過分苛重必致紛亂四起。反
之，輕徭薄役又最易使百姓感恩，由此，百姓得以休養生息，方
能富而思治。作為一代明智之君，李世民選擇後者，並使國家富
強、百姓安樂，政權亦得穩固。既然民富即為國富，既然「普天
之下，莫非王土」，那麼，他又何苦勞神費心，去做一些吃力不
討好之事呢？自割其肉的傻事李世民自然不會為之。

3.吏治清濁，直導天下治亂

領導者都忌諱一個「亂」字，其中吏治之亂尤為重要。李世民
還認為天下之亂始於吏治之敗，故必須用強硬手段抓緊抓好，
不得生出亂子來。

為了明察官吏治政得失，除在官員的任命上精挑細選之
外，李世民還建立了監察制度，他說：「致治之本，惟在於
審。」如果沒有審查監督制度，官吏遠離中央，倘若胡作非
為，勢必會使政令阻塞，問題林立，社會難以清明，招致民
怨，乃至民怒，終至國家敗亡。為確保國泰民安，李世民於立國

之初，便設制了監察制度。同時，為確保監察制度能見效，李世民一方面對監察官精挑細選，另一方面又賦予其極大權力，使其無往不利，無所不察，使之能真正成為自己的耳目，協助自己懲奸除惡，進而疏導中央與百姓之間的關係，使自己的政令能準確無誤地傳達給老百姓，而不使惡吏恣意為害。

此外，李世民還令臣下制定了嚴格的考核制度，以對官員的功過、品德、才幹等予以考核。考核主要以政績為主，通過對政績的考察來對官員施以賞罰升降。

唐朝時的考核制度極為嚴密，由吏部專門設置考功司負責京官、外官的考核。考核每年都要進行一次，每人四年還有一次大考。考官一般由德高望重的京官擔任，以確保考核質量，考核的具體標準亦規定得十分清楚。這樣，通過考核，對官吏的政績李世民便可了如指掌，即使在千里之外，李世民仍可運籌於帷幄之間，政績卓著的官員終得獎賞之勵，貪贓枉法者則難逃廢黜之懲。這樣做，勢必增強官吏的責任心，使之益發克己盡守，勤政愛民，起到極大的促進作用。

有了考核和監察制度，李世民依然放心不下。鑒照古今，他清醒地認識到吏治污濁會給百姓帶來的深刻影響，於是除了考核監察之外，他還頻頻派大臣到全國各地去巡視，以「察長吏賢不肖，問民間疾苦，禮高年，賑窮乏」，並以此為據，來黜陟官吏。他對這種由大臣分行巡察的治吏方式極為重視，甚至在貞觀十五年，屢派杜正倫、李大亮等朝廷重臣親往察視，在整頓吏治上可謂是用心良苦。

吏治清濁，直系天下治亂。因此對於貪贓枉法的官員，李世民向來絕不姑息縱容。貞觀七年，李世民到蒲州辦事，當時趙元楷任蒲州刺史。趙元楷為了迎駕，精心安排了歡迎儀式：徵集老年人服徭役，讓他們身著黃紗做的單薄衣服跪在路邊拜見皇

帝，並大肆修飾官署的房屋，修整城樓、城牆，以討好皇帝李世民。除此之外，還收取了幾百隻羊、幾千條魚暗地裡飼養著，準備把牠們送給那些陪同李世民巡察的皇親國戚和王公大臣們。李世民知道這件事情後，十分生氣，他把趙元楷叫來斥責他說：「朕巡察黃河、洛水之間的地方，經過幾個州，凡是我們必須用的東西，都是拿官府的物資供給的。你給我們飼養羊、魚，還大力裝飾我們休息的庭院屋宇，這樣做是效仿隋朝的壞風氣、壞習慣，現在絕不能再像隋朝那樣做了。你應當理解朕現在心裡的想法，改變隋朝遺留下來的壞風氣。」

趙元楷在隋朝任職時就阿諛奉承、不正派，李世民早就知道這些，所以才這樣嚴厲地批評他，要他知錯能改。然而，趙元楷在聽了李世民的訓斥後，又慚愧又害怕，幾天吃不下東西，最後竟然鬱鬱而死，這倒是李世民不願看到的結果。

貞觀十年，治書侍御史權萬紀上奏說：「宣州、饒州的山上有許多銀礦，開採它大有利益可圖，每年可以收入銀錢幾百萬貫。」李世民說：「我是尊貴的天子，什麼東西都不缺。只是需要採納好的意見，做些好的事情，以造福於百姓。況且國家多收入幾百萬貫錢，哪裡比得上得到一個德才兼備的人？沒有看見你推薦賢人、建議好事，也不曾看見你檢舉違法的人和事，從而使權貴豪族震驚敬肅，只見你說出採賣銀礦獲取利潤的事。從前唐堯虞舜把玉璧拋進山林，把明珠投入深谷，因而美名被稱頌千載。東漢時期漢桓帝、漢靈帝好利忘義，是近代的昏庸國君，你想拿我去比桓、靈二帝嗎？」當天下令將權萬紀削官為民。

貞觀三年，右衛將軍陳萬福從九成宮趕赴京城，途中違反法令擅自取用了驛站的幾石餵軍馬用的麥麩，按說取幾石麥麩算不上什麼大不了的事，可李世民卻未因此予以放縱，為示懲誡，他便親自賜給了陳萬福一些麥麩，命之背還驛站。以羞代

懲，同時也向其他官吏敲響了警鐘。

官吏貪污腐敗，李世民自然會對其嚴加懲治，而官員如果思奇技淫巧，行誤國傷民之事，李世民亦是毫不容情地加以貶斥。

貞觀七年，工部尚書段綸引薦一個名叫楊思齊的手藝人到宮裡，李世民命令考考他，於是段綸讓他製作演木偶戲用的道具。李世民看了楊思齊的表演，對段綸說：「引薦上來的能工巧匠將為國家做事，你讓他弄這些玩藝，這是讓工匠們相互監督、製作奇巧無益之物嗎？」李世民於是詔令降低段綸的官級，並下令禁止玩這種把戲。

對惡吏嚴懲不貸，而對那些愛民惜民、勤勉為政的官吏，李世民則是加倍愛惜，賜之殊榮以示勉勵。

鄧州刺史陳君賓初上任，時州邑百業不興，百姓流離，陳君賓說：「是以日昃忘食，未明求衣，曉夜孜孜，惟以安養為慮。」僅經一個多月的治理，逃亡在外的百姓便重返故土。貞觀二年，許多州縣遭受災害，惟有鄧州豐收，於是陳君賓便以天下為己任，積極安排來此逃難的災民，走時還給他們帶上糧食，贈送布帛。李世民知道這種情況後，馬上要求考課官員將陳君賓錄為功最，並以免除當地一年租調的方式支持他。

李世民尚為秦王時，代州都督張公瑾在任職期間，組織民兵開荒屯田，為國家節省了大量軍費開支，後來調任襄州都督之後，他仁愛百姓，清廉為政，深受百姓擁戴。李世民聞其名聲，儘管其當時官職低下，李世民卻將他請來諮詢為政之道，以示重視。在其死後，李世民還親往哭之，以表對良吏的珍惜之情。

只有吏治清明，百姓方得安寧，政權方不會腐變。安民之道，當以察吏除暴為先。正是認識到了這一點，李世民對官吏的

貪污穢濁行為才如此痛恨。獎優罰劣，賞罰分明，不以善小而不褒，不以惡小而容情，督促官吏安分守業，克己愛民，百姓方能愛之、敬之，方能感受到皇恩之浩蕩。如此，百姓才能安靜祥和，國家方得長久太平。

六、成大事必須有幾個切入點

什麼叫「切入點」？即出手就能「打」到關鍵處。領導者在做管理工作時，必須找對切入點，不做則已，要做就要有好效果。

朱元璋的領導心智是：提前預防可能出現的隱患，以免後患無窮。

1.嚴禁防範大小漏洞

漏洞有大小，但不可不防範。朱元璋為了加強專制統治，利用特務對臣民進行監視、防範。明朝的特務機構叫錦衣衛，因賦予緝查、刑獄之權，其勢力日益顯赫。其下屬有鎮撫司，掌理詔獄，無所不用其極，文武百官聞之喪膽，被稱之為特務衙門。這是朱元璋的防範漏洞術。

錦衣衛由皇帝親自指揮控制，長官指揮使在習慣上仍採用漢代名稱，叫執金吾。金吾有兩種解釋，其一是說它是一種用黃金塗飾兩端的金棒，象徵權威；其二說牠是一種不祥的鳥。漢代執金下面，領有身穿赤黃色戎裝的騎兵，叫作「緹騎」，因此，明朝錦衣衛校尉也被稱為「緹騎」。錦衣衛下設南北鎮撫司，南鎮撫司掌管本衛內部刑事，北鎮撫司專治詔獄，也就是特種監獄和法庭。它不受任何外廷法司和法律約束，直接聽命於皇帝。

朱元璋稱帝之後，因其出身低微，心裡常感自卑和不安，但皇帝的尊嚴又促使他必須獲得臣僚忠誠的擁戴，於是派人窺探臣僚私下的言行，任用不少心腹做特務，稱之為檢校，察聽在京大小衙門官吏不公不法及風聞之事，並奏明朱元璋知道。

朱元璋的心腹特務，文官中有高見賢、僉事夏煜、楊憲、凌說等人。武官有禁衛軍官，如兵馬司指揮丁光眼，金吾後衛知事靳謙、毛驤、耿忠等。可以這樣說，檢校的足跡無所不至，勳臣小吏連將官家屬均在監視之列。

史載：朱元璋曾派檢校察視將官家屬，發現有女僧引誘華

高，又發現胡大海之妻敬奉藏僧，行「金天教法」。朱元璋獲知後發怒，下令把這兩家的婦人及女僧全都丟進水中淹死。北平離京城路遙千萬里，但朱元璋通過特務對北平的事情及動靜瞭如指掌。洪武三年，朱元璋對徐達等人發令：「北平城內有個黑和尚，常出入各官門下，與各官們說些笑話，一點也不防他，還有一名和尚是江西人，秀才出身，前元應舉不中，出家做了和尚，見他在城中與各官說話……又有隱下的高麗不知其數，遣文書到時，可讓人把他們都送來，及那些北平、永平、薊州、密雲、遵化及真定等處鄉市舊有僧尼，全都送來。又有一名太醫，江西人，前元提舉，即日在各官處用事。」朱元璋又指出：「指揮孫蒼處有兩個回回，也快速押送來。」

　　國子祭酒宋訥有一天生悶氣，面帶怒色獨坐，被特務發現，便偷偷為他畫了一張像，第二天上朝時，朱元璋便問他為何生氣，宋訥大吃一驚，忙答道：「有一國子監生走路太快，不慎摔了一跤，撞碎了茶具，我氣惱自己有失教誨，正在自責呢。但是皇上是如何知道的呢？」朱元璋把他的畫像拿來，他才方然大悟。

　　曾經在朱元璋手下做過兵部和吏部尚書的吳琳，洪武年間告老還鄉，朱元璋對這位已退休的官員不放心，於是派錦衣校衛前去察看，被派之人按朱元璋指點來到了吳琳的老家黃岡，遠遠地就發現有一農民打扮的老人從小凳上站起插秧，被派之人前去問道：「這裡有一個吳尚書在家嗎？」老者忙停下手裡的活回答：「我便是吳琳。」那人忙寒暄幾句告辭，回來後向朱元璋做了彙報，朱元璋聽了十分高興。

　　對於仍在朝中為官，對皇帝忠心耿耿，而且言行一貫謹慎的開國元勳，朱元璋也是備懷戒心，派特務監視。如大學士宋濂，為人一貫謹慎小心，為官時從不講別人一句壞話，自己在牆

壁上貼著「湯樹」兩個大字，作為座右銘。家中如有人來訪，問起宮庭裡的事，宋濂就指牆上的字，從不回答。連朱元璋都曾讚譽他說：「事朕十九年，為嘗有一言之偽，清一人之短，始終無二，非止君子，真可謂大賢。」就是這樣的賢人，朱元璋也會派人暗中偵察他的言行。有一次宋濂在家中請客吃飯，朱元璋派人偵察。第二天朝罷，朱元璋便問宋濂昨日喝酒了沒有，請些何人，喝些什麼酒？吃些什麼菜？宋濂都如實地一一回答，朱元璋得到了滿意的答案，笑著對他說：「你說的一點也沒錯，你沒有騙我。」說完之後，拿出一張由錦衣衛繪製的宴席座次圖給宋濂看，將這位大學士嚇得出了一身冷汗。

　　不僅僅如此，朱元璋還經常私訪，親自偵察大臣們的情況。《明史‧羅復仁傳》記載，羅復仁原是陳友諒的部下，做編修工作，後投奔朱元璋，被命為弘文館學士，與劉基同位。他秉性剛直，能言敢諫，在朱元璋面前敢於直陳得失，朱元璋喜歡他耿直的性格，稱他為「老實羅」。一日，朱元璋突然微服私訪，來到羅復仁家。當時，羅復仁住家破爛不堪，而羅復仁正在家中打掃房屋，自己親自爬梯粉刷牆壁，一見皇帝駕臨，慌了手腳，不知所措，忙讓妻子端個小凳子請皇帝坐。朱元璋見羅復仁住房如此窄小簡陋，窮得可憐，很是過意不去，說：「大賢人怎麼能住這樣破爛的房子？」下令賜給一座寬大宅第。後來，朱元璋微服私訪，突然來到徐達家中，徐達當時病得很重，見他來了，從枕褥下抽出一把寶劍對他說，要是碰上別人，就把他殺了，以後千萬小心！

　　自此，朱元璋再也不私訪功臣之家了。史書還記載，有一老儒名錢宰，被調到京師編輯《孟子節文》，一日罷朝回公館，閒而吟詩：「四鼓冬冬起著衣，午門朝見尚嫌遲。何時得遂田園樂，睡到人間飯熟時。」被便衣特務聽到並向朱元璋報

告，第二天，朱元璋在文華殿宴畢，他召集群儒，並質問錢宰說：「昨日作得好詩！不過我並沒有『嫌』你，何不把嫌改為『憂』字？」錢宰被嚇出一身冷汗，忙磕頭謝罪。朱元璋沒有放過他，還是遣送他回老家了，說：「朕今放汝去，好放心熟睡矣。」可見錦衣衛的特務對借調人員的監視也非常厲害。

另外，錦衣衛派人偵察諸司得失，發現禮部皂隸白天睡覺，兵部晚上不設巡警守夜，於是把禮部皂隸的漆巾和兵部門前的門額偷走，以示懲罰。禮部和兵部發現後不敢作聲，從此，禮部皂隸不戴漆巾，兵部門前也沒有了門額，成為典故。

除此之外，朱元璋還以功臣有功，各賜率一百二十人做衛隊，並設百戶一人統領，頒有鐵冊，子孫得襲，稱為鐵冊軍，實際上是防止功臣有二心，特設鐵冊軍進行監視。朱元璋把重大案件一般都交給錦衣衛處理，並親自掌握。詔獄用刑也非常殘酷，臣民提起都聞之色變。同時，錦衣衛還負責巡察、緝捕京城內外盜賊的任務，緹騎也時常四出，偵察臣民活動，檢校也是橫行霸道，如兵馬司指揮丁光眼巡街生事，遇上沒有通行證的行人，就捕去充軍。

高見賢、夏煜等人則專作告發人家隱私的勾當，連開國元勳李善長也懼他幾分。可朱元璋對他們卻非常欣賞說：「有這些人，好比惡狗，則教別人害怕。」朱元璋還給一些緝查有功的檢校升官，如毛驤從管軍千戶升為都督僉事，掌錦衣衛事，典詔獄；耿忠也做到了大同衛指揮使；楊憲也做到了中央中書省右丞、左丞。連和尚吳印、華克勤，也允許他們還俗做大官。朱元璋從洪武十五年開始，就運用這批特務、法庭和監獄，把全國的重要犯人，交給他們審判和處刑。

洪武二十年，朱元璋認為錦衣衛的詔獄用刑過於殘忍，同時，鎮壓臣民圖謀叛亂的任務基本上完成了，於是下令焚毀錦衣

衛刑具，把犯人移交刑部審理。洪武二十六年，胡惟庸和藍玉案全部結束，朱元璋再次申明此禁，詔令京師外罪囚，不得交錦衣衛，無論罪惡輕重，全都經三法司。應該說朱元璋此舉，當為一時善政，他在位期間，再也沒有恢復這慘無人道的詔獄。他還使用一種和錦衣衛有關的廷權制度，凡是因進諫觸怒了朱元璋的文武大臣或有過失，當廷就杖責，由錦衣衛負責。

朱元璋為了進一步控制臣民，在地方上設置巡檢司，主要設在地方府州縣關津要害處。

設置巡檢、副巡檢，均為九品官，主要職責是盤查奸偽，緝捕盜賊、往來的奸細以及販賣私鹽販和逃犯等，凡無通行證、面生可疑之人都在盤查、緝捕之內。朱元璋規定：「凡軍民等往來，但出百里即驗文引，如無文引，必須擒拿送官。並規定了處罰的具體條例。」如規定「若軍民出百里之外不給引者，軍以逃軍論，民以私度關津論」。

顯而易見，朱元璋的這些規定，把軍民的行動範圍嚴格地限制在百里之內。

洪武十九年，朱元璋又兩次下手令加強對臣民的限制。第一次手令，是關於里甲、鄰里互相知丁的義務以及對無業遊民連坐法的規定；第二次手令是針對流動人口、手工業者和商人，其目的是對這些流動人口進行規範和限制。朱元璋將通行證制和里甲制結合起來，加強了對各類人口的管理和控制，有利於鞏固統治秩序和社會的安定。

明朝建立後，統治階級內部的矛盾日益顯露，除封建社會固有的皇權與相權、皇權與將權的矛盾之外，在統治階級內部還存在著淮西集團和非淮西集團、南人和北人之間的激烈鬥爭，另外，還存在著封建文人與新王朝之間的鬥爭。這一矛盾在洪武一朝表現得尤為突出，這和朱元璋的經歷有著緊密的關係。

　　朱元璋出身貧苦，完全憑著個人的聰明才智，奮鬥闖蕩江湖，才平定天下並當上皇帝，所以他十分自信，甚至自信到剛愎自用的程度。他稱帝以後，逐漸顯露出，他由一乞食遊僧到當上至尊無上的皇帝，其內心深處有一種隱隱作怪的自卑心理，低微和高貴的反差，使他常常神經過敏。由貧苦農民出身的皇帝，最怕別人瞧不起他，怕那些投降過來的臣民武將對他不服，又怕那些跟著他南征北戰的戰友們對他不忠，還怕那些有知識的儒士們不肯為他所用，這種自卑的心理始終伴隨著他，尤其朱元璋又是個權欲極重的人，他絕不允許人們染指皇權，這種背景和複雜的心理，不僅激化了他與丞相、功臣之間的矛盾，也導致了洪武朝的文化專制。

2.以專制控制人

　　自秦朝以來，歷代統治者無不推行文化專制政策，朱元璋也不例外。可以說在秦始皇之後，明初的文化專制十分嚴厲，帶有濃重的血腥氣息，儒士在肉體上和精神上都受到極其嚴重的摧殘，這是一種嚴厲的控制術。

　　朱元璋的時代，儒家思想被確立為官方的意識型態，已有一千五百年，歷時既久，深入人心，朱元璋自然也要高舉這面大旗。明朝剛建立，就下令以最高規格在國子學祭孔子，還派人到曲阜孔廟致祭。朱元璋說：「孔子之道，廣大悠久，與天地並立，所以後世統治天下的人，莫不致敬盡禮，隆重祭祀。」作為

孔子的嫡系後裔，歷代冊封的衍聖公可以說是孔子在世上的代表。

朱元璋登上皇位不久，就派人宣召孔子第五十五世孫、元朝冊封的衍聖公孔克堅入朝，孔克堅稱病，讓兒子孔希學代自己入京，朱元璋很不高興，給孔克堅寫了一封措辭嚴厲的親筆信，說：「我率領中原士人，驅逐了胡虜，安定了華夏，雖說是平民出身，可漢朝的高祖，就是由平民而登上帝位的。你無病稱病，慢待朝廷，是不可以的。」孔克堅見信惶恐，急忙入朝，朱元璋對他十分優待，說：「你的祖宗闡明先王之道，立教經世，萬世之下，維護君臣、父子關係，都要依賴他的教誨。」他賜給孔克堅六千頃土地、住宅一所，每月給祿米二十石。

朱元璋提倡閱讀儒家經典，他把儒家思想的要旨概括為「敬天」、「忠君」、「孝親」三項，認為「君能敬天，臣能忠君，子能孝親，則人道立矣」。他讓儒臣按照這三項標準，輯錄儒家經典中的有關論述，書編成後賜名《精誠錄》，他還說：「《五經》是記載聖人之道，就像糧食一樣，每家都不可缺少。人沒有糧食，就沒有吃的，不讀《五經》、《四書》，就不會明白道理。」

朱元璋宣揚「敬天」，是要表明明朝的建立是天意，他是「奉天以君臨兆民」，即代上天治理億萬百姓，所以敬天的目的還是為了尊君。至於「忠君」，則宣傳「君為臣綱」、「為臣竭忠」，即要求臣民們無條件地服從君主的絕對意志。倡導「孝親」，是因為儒家一向認為「君子之事親孝，故忠可移於君」，也就是說，「孝」是「忠」的基礎，正如朱元璋所說：「如果一家之內，長幼都能安守本分，事事循理，這個家庭就治理好了。各家都治理好了，在此基礎上治國平天下，也就輕而易舉了。」

　　因為從社會底層奮鬥出來的朱元璋性情頗為褊狹和固執，他不能容忍任何權威踞於自己之上，所以在對待孔孟的態度上，他表現得非常獨特。孔子在前代一向是通祀天下的，朱元璋建國後雖用最高規格祭祀孔子，心中卻有些不快，他覺得孔子不曾做過帝王，給的禮遇太高了，有違君臣之大體。為了突出皇帝身分的至高無上，洪武四年，朱元璋借京城文廟落成之機，下令讓儒臣們討論祭孔禮儀，並表明了自己的看法以作為議禮的綱領，應取消全國各地普遍祭孔的做法，以後祭禮只在曲阜舉行。詔旨一出，舉朝震驚，儒臣們紛紛上書，謂「孔子垂教萬世」、「集群聖之大成」，理當通祀天下。朱元璋見反對意見太過強烈，深知孔子在民眾心中的地位崇高，不敢貿然行事，只好收回成命。

　　打孔子的主意不成，朱元璋又打起孟子的主意。他閱讀《孟子》時，見到「民為貴，社稷次之，君為輕」，「君視臣如草芥，臣視君如寇仇」等話，不由得怒火中燒，拍案罵道：「使此老在今日，豈可免我一刀！」他降下詔旨，說孟子的這些話不是臣子應當說的，下令將孟子牌位撤出孔廟，不得配享。他還宣布，敢有以此事進諫者，以大不敬論。刑部尚書錢唐挺身而出，跪在宮門外，要求進見皇帝。朱元璋讓人傳諭說：「誰敢提孟子的事，朕就親手射死他。」錢唐說：「臣為孟子而死，死有餘榮。」錢唐入宮走向朱元璋所在的奉天殿。朱元璋一箭射中錢唐左臂，錢唐不肯停步。朱元璋再發一箭，射中錢唐右肩，錢唐還是不肯停步。朱元璋憤怒，發箭射向錢唐胸部，錢唐摔倒在地，但還是向著御座爬行。朱元璋見錢唐為了孟子不怕死，真有些感動，讓人把錢唐抬出去治傷。雖饒了錢唐一命，但孟子配享的事，他仍不肯放棄。過了一陣子，欽天監奏稱天上文星昏暗，有些迷信的朱元璋害怕這是因為孟子的緣故，便下令把孟

子的牌位放回孔廟。朱元璋總覺不是滋味，後來還是讓人刪節《孟子》成《孟子節文》，共刪去八十五條，保留一百七十來條，那些帶有君民本色的話都被從書中刪掉。

朱元璋雖知道治理天下離不開讀孔孟之書的儒士們，而大力招攬選拔，可在心裡，他是很瞧不起這些人的，常常加以摧辱誅殺。中國古代在改朝換代時，士人們無不面臨著是為舊朝盡忠，還是為新朝效力的矛盾與痛苦。明初的士人們，抉擇尤難。因為朱元璋標榜「忠君」，可這「忠君」在他手裡是柄雙刃刀，可以兩面傷人。你若堅持不肯出仕，那麼就是對新君不忠，理應受到懲處；可你若是歸順了新朝，又是對舊君不忠，理應受到折辱。如果士人不在舊朝滅亡時自殺殉國，是無法擺脫這種兩難困境的。

元朝著名學者危素，做過參知政事、禮部尚書、嶺北行省左丞，主持過《宋史》、《遼史》和《金史》的編纂工作。明軍攻破大都時，他想跳井殉國，被一位僧人救起。歸順明朝後，朱元璋知道他有才學，任命他為翰林侍講學士，後又兼弘文館學士，還經常向他請教元朝滅亡的經驗教訓，讓他起草〈皇陵碑〉等文稿。但因危素是個降臣，朱元璋覺得他對元朝不忠，對他心存鄙夷。有一天，朱元璋召危素到東閣，危素不知朱元璋坐在屏風後面，走路的聲音重了些，朱元璋問：「是誰？」危素答：「老臣危素。」朱元璋諷刺說：「我還當是文天祥來了。」

元順帝有一頭大象，會在殿庭中舞蹈朝拜，被運回南京。有一天，朱元璋宴請群臣，讓人把大象牽來，可大象就是不肯起舞。朱元璋命人把大象牽出去殺了，又認為大象有「不事二主」之志。第二天，他讓人製作了兩塊木牌，一塊寫著「危不如象」，一塊寫著「素不如象」，掛在危素兩肩上，以示羞辱。御

史們也跟著起鬨，彈劾危素是亡國之臣，不宜留在皇帝左右，朱元璋遂把危素發到和州，去給為元朝盡忠而死的余闕守廟，危素不久就鬱悶而死。

危素是因為歸順了新朝而有罪，可不肯歸順的也要受到懲罰。名儒戴良在朱元璋攻取浙東時，曾被徵聘授官，但他不久就溜走了。明朝建立後，他一直隱姓埋名，但還是被找到，徵召到南京，授以官職。他以老病為由，不肯接受，後又尋機溜走。朱元璋對這位大名士不再客氣，派武士訪拿，捉到後用鐵絲穿入鎖骨，牽回南京，這位七十六歲的老翁不堪折磨，痛楚而死。江西貴溪儒士夏伯啟叔侄二人，為了表示不當官的決心，各自剁去左手大拇指，朱元璋認為他們這樣做是對自己「反元為君，意有不然」，下令將二人梟首處死，抄沒家產。

朱元璋為了控制思想言論，還大搞文字獄。各地奏進的表箋，本來都是例行公文，裡面堆滿了歌功頌德的辭藻，可朱元璋偏偏雞蛋裡頭挑骨頭。如浙江府學教授林元亮為海門衛官所作〈謝增俸表〉中有「作則垂憲」，北平府學訓導趙伯寧為都司所作〈萬壽表〉中有「垂子孫而作則」，這本是吹捧朱元璋「以身作則」的好話，可朱元璋偏把「作則」讀成「作賊」，說這些人是罵他作過賊。常州府學訓導蔣鎮為知府所作〈正旦賀表〉中有「睿性生知」，吹捧朱元璋是「生而知之」的聖人，可朱元璋偏把「生知」讀作「僧知」，說這是諷刺他當過和尚。

懷慶府學訓導呂睿為本府所作〈謝賜馬表〉中有「遙瞻帝扉」，是表達對皇帝的感激依戀之情，可朱元璋偏把「帝扉」讀作「帝非」，說這是諷刺他老犯錯誤。尉氏縣教諭許元為本府所作〈萬壽賀表〉中有「體乾法坤，藻飾太平」句，是吹捧朱元璋取法天地，把天下治理得太平美好，可朱元璋偏把「法坤」讀作「髮髡」，把「藻飾」讀作「早失」，說這是諷刺他剃光過

頭髮，並詛咒明朝早早滅亡。像這樣的事情，當時發生過許多
起。這些表箋的作者，都被朱元璋殺了頭，有的還被處以腰斬的
酷刑，真是千古奇冤！

　　朱元璋厲行專制，使明朝的思想界、文化界陷入沉悶、僵
化的境地。以文學為例，洪武初年，一批由元入明的文人活躍於
文壇，他們「各抒心得，雋皆名篇，自在流出」，維持了文學的
繁榮。但沒多久，在朱元璋嚴酷的專制政策下，這些文人便遭到
致命摧殘，很少有人倖免，文學領域一時間變得暗淡無光，極度
寂寥、平庸、乏味，與元末戰亂時依然紅火的文壇景觀相比，真
使人有「流水落花春去也，天上人間」之嘆。

3.清官是最好的官

　　「權力導致腐敗，絕對的權力導致絕對的腐敗」。法國學者白
　　樂日（Etienne Balazs）在一本研究中國古代官僚制度的專著中
　　指出，「由於對官員們的行動缺乏來自下面的任何監控，他們
　　從社會上攫取國家沒有提供的東西是不可避免的」。可以說，
　　缺乏民眾監督是造成貪風蔓延、出現「結構性腐敗」的重要原
　　因之一。

　　崛起於社會最下層的朱元璋，從自身的經歷中深刻認識
到，僅僅依靠官僚系統的內部監控是無法澄清吏治的，便想借
助民眾的力量，完善對地方官吏監督的機制。在〈御制大誥〉
中，有一條「民陳有司賢否」規定：「自布政司至於府、州、

縣官吏，如果不是遵奉朝廷號令，私自巧立名目，害民取財，允許境內的耆宿老人以及各處鄉村市井的士人君子等，連名赴京奏狀，狀中要詳細寫明有關官吏的過失惡行，事實明確，朝廷將據以定罪，更派賢良官吏以撫育百姓。如果所在布政司及府、州、縣官吏，有清正廉潔、撫民有方、使百姓生活安定者，上述人等也可連名赴京奏狀，使朕知道當地官吏的賢能。」

在〈御制大誥・耆民奏有司善惡第四十五〉中，朱元璋號召說：「今後所在布政司、府、州、縣，若有廉能官吏，切切為民造福者，所在人民必深知其詳。如果廉能官吏遭到不良官吏和同事們的誣陷排擠，一時不能明其公心，又因遠在數千里外，實情不能上達，允許本地城市鄉村的耆宿老人們赴京面奏，以使廉官吏得到保全。自今以後，若想根除民間禍患，最好的辦法就是鄉間年高有德的人們，或百人，或五六十人，或三五百人，或千餘人，年終時共同商議確定，本境禍害百姓的有幾人，造福百姓的有幾人，赴京師面奏，朕一定根據耆老們的奏狀，褒獎好官，罷免壞官，情節嚴重者治罪。嗚呼！所在城市鄉村耆民智人等，能按照朕的話，切實舉行此事，天下就會太平了。民間如果不主動揭露奸頑，表彰廉能，朕就不可能及時知道，所以囑託民眾幫助我做這件事。如果城市鄉村中有包攬訴訟、把持官府或挑撥煽動官吏害民者，允許四鄰及當地人民赴京，據實面奏，朕將加以清除，安定百姓。嗚呼！君子一定要把朕的話放在心上，千萬不能坐視縱容奸惡官吏人等害民。特此囑託。」

在中國漫長的封建王朝時代，儘管統治者們常把「民為國本」掛在嘴上，但從來只有以官治民，沒有以民制官。現在朱元璋竟別出心裁，讓老百姓監察官吏，品評官吏，並把老百姓的意見作為黜陟獎懲官吏的直接依據，在中國政治史上確定是一件破天荒的事，可以說是將中國傳統的民本思想真正落實到了實處。

　　朱元璋當然希望官員們都能把各自部門中的官吏管理好，因此他曾頒布法令，規定「若吏卒之徒，背禮而違法者，治以死罪」。朱元璋還告誡官員，不要以為「吏卒小人，其於治亂何干」，吏卒奸貪害民，正是致亂之由。況且，從人數上說，吏要比官多出幾倍，他們與百姓直接接觸的機會也遠比官多，如果管理不好，吏給百姓造成的危害自然會比官大得多。當時吏胥的狀況很令朱元璋不滿。他認為，自己再三要求嚴厲治吏，而各處卻依然存在吏胥害民的現象，是因為各級官員本身都是貪官，自己有把柄掌握在吏卒手裡，自然對吏卒的不法行為不敢過問。

　　既然「人皆貪官」，以官治吏收效不大，朱元璋便想以民制吏。他在〈御制大誥〉中規定耆民百姓可以到京師面奏官員善惡，而對於吏，則不必經過這種程式，老百姓可以徑直捉拿、綁縛害民吏胥，送到京師治罪。在〈御制大誥‧鄉民除患第五十九〉中，他規定：「今後布政司、府、州、縣在職和賦閒的吏胥，以及城市鄉村中老奸巨猾的頑民，有專門包攬詞訟、教唆害人、通同官吏禍害百姓者，允許城市鄉村中賢良正直、願意為民除害的豪傑人士，共同商議，將害民者綁縛起來，送到京師，以安良民。敢有邀截阻擋者，一律梟令。途中經過關津渡口，把守人員不得阻擋。」所謂梟令，就是用鐵鉤鉤住人的背，懸掛起來，屬於法定刑罰之外的酷刑。

　　在〈大誥三編〉中，朱元璋又寫上一條「民拿害民官吏」，進一步闡明了讓百姓捉拿害民吏胥的意義，並加重了對邀截阻擋者的懲罰。誥文說：「以前任用的官員，都是不才無籍之徒，上任後，勾結吏員、皂隸、不才耆宿及一切頑惡潑皮，夤緣作弊，害我良民多矣。像這類無籍之徒，貪心無厭，作惡不止，若不加以禁止，民何以堪。此誥發布後，你們高年有德的耆民，以及青壯年豪傑，務必幫助朕，給良民創造一個安定環

境。如果想依靠官員們替百姓辨別曲直，朕即位十九年來，還未見到一個這樣的官員。今後各地官吏，若有在辦理訴訟時以是為非、以非為是、受冤枉的人可以邀集四鄰，到衙門捉拿刑房的吏胥，送到京師來；若有採買物品不按價付錢的，就把禮房的吏胥捉來；若有賦役不均、差貧賣富的，把戶房的吏胥捉來；若有借舉保人才擾害百姓的，把吏房的吏胥捉來；若勾捕逃軍時有賣放正身、用同姓名者頂替的，鄰里對證明白，就幫助被害人家將兵房的吏胥捉來；若有借工程科斂、賣放應役工匠的，把工房的吏胥捉來。如果百姓遵從朕的命令，切實舉行，不出一年，貪官污吏就都變成賢人了。為什麼這樣講？因為良民都能辨別是非，奸邪官吏難以橫行，這樣官吏們就會都被逼得變成好人了。各地官員，敢有阻擋百姓拿送害民吏胥的，一律誅滅他全家。」

在這道諡之中，可以看出，朱元璋認為發動百姓捉拿害民吏胥是澄清吏治最有效的方法。為了保證這項措施的順利進行，他竟動用族誅酷刑，而按法律規定，這種刑罰只有在對付謀反、謀叛等罪大惡極的犯罪時才能使用。在朱元璋的號召下，從洪武十八年開始，全國掀起了捉拿害民吏胥的高潮，大量吏胥被綁送到京師，除情節嚴重者處死之外，絕大多數被發配到邊遠地區充軍。後來，朱元璋制定「合編充軍」條例，專門列有「積年害民官吏」一款，為將捉拿的害民吏胥發配充軍提供了明確的法律依據。在百姓的嚴密監督下，官吏們確實大為收斂，不敢像以前那樣肆無忌憚了。

七、攻擊一點，旁及其餘

　　領導在管理過程中，要能「攻擊一點，旁及其餘」，即抓住一個關鍵，用智慧加以澈底清理乾淨，避免留下後患，給日後工作帶來隱患。

　　雍正的領導心智是：做好每一項工作，並以此為突破口攻下其他堡壘。

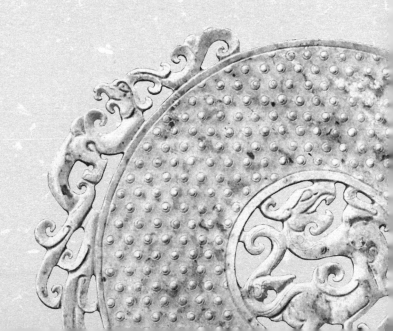

1.虛假之人，不能成大事

得大勝之法，須在用人，用人則需知人，知人才以善任。皇帝
的權力是天賜的，但天賜就能管用，就能長久，就能歸心嗎？
大膽使用賢能之才是雍正吏治思想的核心。他用人的原則一直
本著官得其人、人盡其職、不拘成例、不限資格的原則。

　　不拘成例、不限資格的意思就是，只要你有能力，即便你
官職低微，也可以將你破格提拔任用到重要的工作崗位上。為
此，他曾說：「即府縣等官員階局遠者，果有真知灼見，信其可
任封疆大吏，亦准列於薦牘之內。」

　　雍正大帝討厭只會做表面文章的俗儒、腐儒，他認為那些
人「筆下雖有千言，胸中卻實無一策」。因此，他鄙棄這些雖能
下筆千言，卻根本不知道「吏治及一篇文章」的腐儒，自然不會
重用他們。

　　雍正思賢若渴，但他本人也知道真正的賢良之材是不可多
得的。為此，他曾講：「蓋自古迄今，大抵中材居多，欲求出類
拔萃之賢，世不屢遇，故理國之道貴儲材有素。」

　　這段話的意思是說：從古至今，才智居中的人比較多，要
想選拔出類拔萃的賢才，就很難找到了。因此治國之道應該貴在
能夠在平日裡多儲備一些人才，儲備亦即培養，好不斷從中進行
選拔。

　　從雍正這番話裡，我們可以看到他已經初步具備了一種新
型的用人思想，即對人才的培養和儲備。而對人才的培養和儲
備，從現代意義講就是「人才庫」理論的雛型。這就是說，幾百

年前的雍正大帝已經提出人才庫這一觀點了。

雍正這種高瞻遠矚的心智，帶動了整個社會向前邁進，推動歷史的改革進程。下面讓我們看看雍正是怎樣儲備人才的。

在當時的情況下，雍正大帝儲備人才的方式主要有兩種：

一種是設立和借助科舉教育制度把可造之材送進政府機關培養和訓練。用雍正的話來說就是：「培館閣之材，儲公輔之器也。」意思是說，我們之所以注重培養館閣人才，就是為了使他們有朝一日能成為輔佐國家的王公委臣。這主要是指選翰林而言。

雍正說，選翰林「必人品端方，學問純粹，始為無忝厥職」。就是說要把那些人品、學問都很優秀的人儲備充實到中央政府的樞要部門去鍛鍊。

為此，雍正還特地設立了朝考制度。即對每年殿試中舉的進士再進行一次考試，由皇帝親自主持，從中選出最優秀的人選，委以提拔和重用。這個制度之後一直實行下來。清代許多有名的宰輔都從這裡開始嶄露頭角。

另一種方式是注重在實踐中儲備從事具體工作的實幹人才。比如河防水利，雍正就經常講：「是通曉河務人員不可不預為儲備也。」並時常選拔優秀的官員到治河第一線去學習治水之術。

書到用時方恨少，人才又何嘗不是如此？

小到一個單位，大到一個國家，整天都在喊缺乏人才。

正如雍正所說，世間大抵中材居多。所以對人才的培養訓練就顯得格外重要。與其臨淵羨魚，不如退而結網，有遠見的領導人，大都明白這個道理。

由此可見，在用人一事上，雍正的確是不拘一格的。也就是說無論你有沒有文憑學歷，只要你有能力又實心辦事，那我就

可以破格錄用你。

　　但人到用時方恨少，特別是在管理一個國家的事務上，像田文鏡這樣的得力幹才實在是不夠，因此雍正時常慨嘆：「天下唯人才難得！」

　　人才既難得，就要加大選擇人才的力度，為此雍正主張「進賢勿避嫌，退不肖勿避怨，知其賢而不言是謂蔽賢，知其不肖而不言，是謂黨惡。」

　　意思是說：舉薦賢才時不能懼怕嫌疑，就算他是你的親朋至友，只要他確有賢能，也要大膽舉薦，但對那些不肖之徒，一定要揭發他，不要怕因此遭到他們的怨恨，假如你知道某人不肖卻不揭發，那你們就是朋比為奸了。

　　雍正曾明確下令：「凡為督撫者，當為國家愛惜人才，而於參劾之間，尤當加意慎重，若誤去一干員，其過更在誤薦一劣員之上。」這就是說，各省督撫，應當懂得愛惜人才的道理。在對部下進行彈劾時更應當謹慎。若因為查人不明，誤將一個有用的人才罷了官，那就比誤薦一個不肖的官員所造成的危害還要大。

　　應該說，雍正的上述認識非常客觀而深刻。而深刻地認識事物的客觀規律，必得有深遠的眼光和超人的心智才行。

2.不講嘴上勁，而要講實力大小

做人首先要正己，萬不可不按規矩辦事；第二是要能根據實力辦事。這些都與個人的修養有關。假如一個人能做到這兩點，可以講早晚有一天勝局在手。

俗話說，身正不怕影子歪。雍正大帝認為，一個人只有為官清廉，才能主持公正。這就是「正己正人，修煉自我」的心智繁重為此，雍正告誡官員：「以循良為楷模，以貪墨為鑑戒……操清廉乃居官之大本。故凡居官者，必當端其操守以為根本，乃可以勉為良吏。」

意即：做官的當以廉明者為楷模，以貪污者為鑑戒，這才是做官的根本，因此，做官的必須注重自己的品德節操，只有這樣才能算一名基本上合格的官吏。

雍正大帝雖然要求官吏必須清廉，但同時還反對某些官員借清廉之名而沽名釣譽。為此他指出：「取所當取不傷乎廉，用所當用不致於濫。固不可剝削以困民，亦不必矯激以沽譽。」

這就是說，做官的取自己應當取的錢財不能算作不廉，用自己應當用的錢物不能算是濫用。所以，既不要剝削老百姓，也不要偽飾清廉而沽名釣譽。

既然如此，怎樣才能使群臣把廉明視為一種時尚呢？為此，雍正大帝以身作則，以實際行動號召群臣提倡節儉。在即位後的十三年中，雍正大帝從未去過承德避暑山莊，也沒到江南做過巡幸活動。就算他不得不去拜祖陵時，都不同意在沿途安放過多的臨時設施，不求安逸，稍有花俏，就認為是過奢之舉。此外，他對群臣進獻的稀世珍寶也大不以為然，反倒認為「行一利民之政，勝於獻稀之珍也；薦一可用之才，勝於貢連城之寶也。」

意即假如你們能實行一項有利於老百姓的政策，豈不比獻給我一件稀世珍寶更好？假如你們能給我舉薦一名有用的人才，豈不是比獻給我一個價值連城的寶物更好？

雍正大帝不但嚴於律己，而且還以此帶動群臣。他明確指出：「世人無不以奢為恥，以勤儉為美德，若諸臣以奢為尚，又

何以訓民儉乎？」

　　許多人都不明白，作為一名泱泱大國的君王，國家再窮也是瘦死的駱駝比馬大，還獨獨少了皇上用的？既然如此，雍正為什麼如此注重節儉呢？他自己解釋說：「朕深揆人情物理之源，知奢儉一端關係民生風俗者至大！」

　　這就是說，雍正清楚地看到了奢侈給國家造成的重大危害和勤儉廉潔給國家帶來的好處。通過奢儉這種表面現象看到由此帶來的損益，說明他並沒把眼光放在表面上，而是通過表象看到了事物的本質。雍正如此倡導、崇尚甚至嚴令節儉，自然以奢儉來考察和任用幹部，將其作為識人用人的標準。節儉則用，奢侈則除。

　　節儉是中華民族的傳統美德，而雍正能以身作則來告誡臣下節儉，可以說是一代英明君皇。

3.打出恩威這兩張有力的牌

如何推廣權力，是操縱勝局的大問題。對那些以「恩」、「威」炫耀自己的官吏，有一條原則是「恩威二字萬不可偏執」。

　　在雍正統治期間，皇權對政治生活的干預面不斷擴大。雍正元年，雍正提出代行大學士之事，稱：「國家政治，皆皇考所遺，朕年尚壯，爾等大學士所應為之事，尚可勉力代理，爾等安樂怡養，心力無耗，得以延年益壽，是亦朕之惠也。」意即我正

當年富力強之際，什麼都能幹，你們就去圖個清閒，頤養天年吧。就這樣，雍正輕輕鬆鬆地削奪了諸大學士的權力。

到了五、六年間，雍正又以諸臣對所交事務可否施行不予復奏，表示代為處理一些部院事務，並稱：「倘不能辦理，應將事件呈送朕前，朕代諸臣辦理。況朕竟日坐勤政殿，又不憚暑熱，欲辦理事務，竟無事辦，諸大臣如此因循遲延不奏，其意將推諉乎？」意思是說，凡你們認為辦不了的事，就都交給我來辦吧。我每日裡坐在勤政殿中，又不怕熱，又想處理問題，卻沒多少事兒可做，而你們卻將許多該辦的事拖延著不辦，究竟是什麼意思呢？就這樣，雍正又將三部院職責範圍內的部分事務攬在自己手中。

幾乎在此同時，雍正又把權力的觸角伸向了各王公大臣的私生活領域，竟以諸大臣為家人妻子所惑、不能明辨是非為理由，降旨訓飭：「大臣的家裡人凡有嫁娶宴請之事，必須由大臣本人同意。如果互相結黨、結為拜把兄弟，彼此常在一起聚會喝酒、相互委託辦事的，一旦抓住，我一定要從重懲處。另外，大臣的妻妾借互相宴請、做擲色子遊戲之類，互相拉攏關係，並且大臣有妻管嚴之害懼內病，凡事都答應的，是不要臉的行為。對此，大臣們要提防著點，把自己的老婆和下人看管嚴一點。要是因為某些原因、某些為難的事而無奈於他們或受他們的刁難威逼，可寫出密摺呈奏於我，我替你們這些大臣來處分他們。我雖然日理萬機，但大臣們家裡這點事兒還是能辦的。」

在這段話的最後，雍正大帝不很客氣地說：「你們現在都看到我的諭旨了，別怪我言之不虞，有上述這些毛病的人如果還不努力改正，那就請便吧。」

雍正皇帝之所以如此，是從一家一戶小事看到了潛在的危機。別小看家庭主婦間的打麻將、做遊戲，吃吃喝喝，內有乾

坤。許多大臣與大臣、衙門與衙門的交易凡用人調度、打擊報復、坑誰害誰、送賄受賄之類，都是在麻將桌、撲克堆、酒肴飯菜之間做成的。別的不說，就說雍正大帝之後，乾隆晚年的和珅，慈禧太后的李蓮英、崔玉貴，斂了多少財、坑了多少人，幹了多少壞事吧！

由此可見，雍正大帝將權力觸角探向大臣家裡是何其洞明。他大概知道「一個好大臣身後站著好女人」、「一個奸臣背後必有一個刁婦」的道理。當然，話說回來，一位泱泱大國的皇帝竟公然提出要幫助某些大臣管束老婆，除大唐李世民之外，此舉在中國歷史上似乎是絕無僅有的。

此後，雍正又頒布了嚴禁大臣的僕從間彼此吃酒唱戲、結黨營私的命令。命令指出：「家僕結黨雖屬細事，但關係非輕，嗣後仍有群聚結黨、生事亂行者，經朕聞知，必將此等惡僕正法。」

由此看來，雍正在為政期間，倒真是家事、國事、天下事，事事操心。但他的這分操心並不是一時的興之所至，而是為了達到他的最終目的，即加強中央集權，以穩固自己的統治地位。

4.牢記為政第一要

「導民務為第一要政」是雍正的基本國策。雍正貴為一國之君，以九鼎之尊來推行改革。其號召力、影響力是歷史上的改革帝皇所無法比擬的，這是雍正實施改革的最大優勢，也使其有機會直接切入改革的核心問題。

　　康熙末年，由於康熙主張寬仁政治，同時也因為老年康熙倦於政務，致使吏治不清、官員貪贓枉法橫徵暴斂的行為時有發生。因此，到康熙末年，清廷出現了國庫空虛，財政吃緊、經濟委靡不振的現象。這些在相當程度上為繼承者的改革帶來了很大的困難。

　　一代改革皇帝雍正，在一個似乎還不至於一團糟的國家裡，開始了皇朝的「中興」試驗。由此，也為後人留下強人治國的種種心智。

　　雍正即位不久，就說：「我國家休養生息，數十年來，戶口日繁，而土地止有此數，非率天下農民竭力耕耘，欲家室寧止，治不可得。」他較清楚地看到人口繁多、墾田有限而食糧不足的問題，還有，他更清楚到康熙末年，清廷出現了國庫空虛、財政吃緊的現象。為此雍正提出了重農務本，裕國安民的重要治國方略。

　　對於一個封建帝王來說，能在當政的十三年間，始終堅持這種政治方針確實難能可貴。

　　中國自古以來就是個農業大國，兼之幅員遼闊，人口眾多，老百姓的衣食住行歷來就是關係國家存亡的大事，看不到這一點，不懂養民，即是誤國昏君。因此，雍正一上臺就說：「莊稼是生命的關鍵，農業是君主們按天意養活百姓、安定邦國的根本之所在，離開它，人就不能生活了，其他的都是次要的。做帝王的人就是受上蒼之命，指點老百姓種田養家，以使國家達到長治久安的目的。」

　　為了實現這一思想，雍正提出了以下措施。

　　大力推行墾田：雍正充分認識到人口增長過快所造成的地少人多的現象。因此，他大力推廣和獎勵墾田，以擴大耕地面積的計畫。雍正二年，雍正說開墾能夠解決民食問題，「於百姓最

有裨益」。這固然是盡人皆知的道理，問題是他試圖克服墾荒中的一些難題。過去民間報墾，官員勒索費用，以致墾荒之費比買田價格還高，故而農民不願報墾。雍正下令，允許人民自墾自報，官吏不得勒索和阻撓。從前報墾，水田六年，旱田九年起科，雍正命水田照舊，旱田推遲為十年，並著為定例。山西、河南、山東閒曠土地，人民無力開墾的，官給牛具，起科後官給執照，水為世業。墾荒令下達後，各地陸續推行，而以田文鏡在河南實行最有力。據記載，他嚴飭墾荒，在雍正元年至八年，墾荒和自首的隱田共五萬四千一百頃，而康熙九年至六十一年的五十三年中，報墾和首隱的為十二萬六千九百頃。這就是說康熙間河南每年平均增加墾首田近二千四百頃。雍正間為四千六百多頃，後者比前者增長速度高出一點六七倍。記載又說，雍正十年河南稅田為六十二萬九千多頃，以八年的首墾田論，它占到墾田總數的百分之八點二，可見河南墾首田增加的速度之快，幅度之大。在這報墾荒田中也有弄虛作假的。有的地方官為顯示政績謊報墾田數位，「以虛糧累民」。有的按現耕田加賦，以多徵之稅，虛報墾田。當王士俊接任河東總督後，這個問題更突出了。雍正在晚年也意識到事情的乖張，他說地方上報墾荒，有的以多報少，有的以少報多，或將已墾之地重報，荒熟地畝不分，混行造報，要給予不同的處分。他死後，反對報墾荒的人很多，乾隆帶頭指責王士俊的墾荒是「並未開墾，不過將升科錢糧飛灑於見在地畝之中，名為開荒，實則加賦」。

給事中曹一士請禁州縣捏報墾荒，勿使「仁民之政，反啟累民之階」。他說得很好，雍正號召墾荒，原想增加生產，也起了一些好作用，但副作用很大。

在墾荒中，雍正有組織地做了兩件事。一是搞直隸營田。

三年春天，直隸總督李維鈞奏報在保定挖溝渠、興水利的

事，雍正責怪他，說「此事必通盤將地之高下，水之去來，明白繪畫審視，斟酌而後可定」。他贊成修水利，但主張審慎，先作考察，了解河水來龍去脈，地形高低，以便設計優佳的施工方案，取得預期效果。李維鈞想做就做，因而不合他的心意。這一年直隸大水災，促使雍正下決心早日經營畿輔地區的水利，當即派怡親王允祥、大學士朱軾率員考察，經過他們一冬和次年春天的勘探，製成水域圖進呈。雍正見到，大為欣賞，讚揚他們「於直隸地方東西南三面數千里之廣，俱身履其地，不憚煩勞，凡巨川細流，莫不窮究竟委，相度周詳，且因地制宜，准今酌古，曲盡籌畫，以期有益於民生」。於是設立營田水利府，下轄四個營田局，委派允祥、朱軾董理其事，興辦直隸水利田。

　　為加速工程的進度，朱軾提出四項建議：一是人民自行營田，照畝積多寡，給予九品以上、五品以下的頂戴，鼓勵人開墾；一是到水利府工程處效力的人民，視其包辦完成的工程量的大小，錄用為不同職務的官員；一是降級、革職的官員赴工程處效力者，工成准予開復；一是流徙以上的罪犯效力者，准予減等。這是開捐納，借人民和官員的力量興造水利，但朱軾說是為收「諳練之員效力營田」、「集眾力厚民生」，不是國家捨不得出工本。雍正批准了朱軾的建議，在五年就大力開展起來。營田工程有兩項內容，一是修治河道，疏浚建閘，一是造田，主要是水田。

　　據擔任營田觀察使的陳儀表示，工程中注意「留湖心毋墾」，即建設水庫，宣泄洪水。當時要增加墾田，留湖心與它矛盾，從長遠利益看還以留湖心為宜，所以陳儀說這是措施中的妙著，「舍尺寸之利，而遠無窮之害」。北方農民不懂得種水田，雍正命招募江南、浙江的老農進行教耕，所需水田農具和水利工具，則延請江浙工匠製造，並命直隸工匠跟從學習，以便

把技術傳接下來。營田很快收到一些效果，五年，官私墾田八千多頃，每畝可收稻穀五至七石。北方人不習慣吃稻米，雍正命發官帑平價收購，不使穀賤傷農。有的地方官強迫農民出賣，雍正對這種劣員非常痛恨，說他們「較之一切貪劣之員，尤為可惡」，命直隸總督嚴參治罪。雍正對與事官員嚴格實行獎懲制度，以期務實事。知縣李正茂在洪水爆發時，奮力防護堤工，擢為知府。知縣魏德茂專務虛名，防守工程廢弛，革職。雍正堅持直隸營田，直至末年。乾隆對此不熱心，認為營田是地方上的事，決定撤銷水利局，將它的業務交所在州縣官管理。促成乾隆作出這個決定的原因，可能是捐贖事例。清制，捐納監生，需要用銀三百兩，而直隸營田捐贖例規定，營田一畝，相當於交銀一兩，開渠建閘用銀一兩作營田一畝計，只需用一百兩銀子建設營田，就可成為監生，比定例交銀，減少了三分之二的費用。其他營田捐納職員，州同的費用，也比單純交銀子的少。

雍正原意是以此招徠，加速開墾，但實行一長，就同捐納成例產生較大矛盾，因有「名器濫觴」之譏。當然，營田要能堅持下去，必須根治直隸河道，這是雍正、乾隆父子做不到的，所以只能行於一時，而不能持久。直隸水利田問題，為一些帝王和地方官留意，北魏幽州刺史裴延儁、唐朝瀛州刺史盧暉、宋代制置河北屯田使何承矩、明代汪應蛟都搞過引水灌溉，元代郭守敬、明朝徐貞明之論畿輔水利更為著名，但以帝王而傾注巨大心血的，要數雍正了。僅此一事，不能不說他關心農業生產。

雍正還組織了寧夏墾荒。二年，雍正命川陝總督年羹堯到寧夏察看河渠，三年，改寧夏左、右衛為寧夏府，下轄四縣，五年，增置新渠縣，七年，又設寶豐縣。設府添縣，反映寧夏地區的發展。雍正聽說該地若得水利，可墾地二萬餘頃，若每戶授田百畝，可安置二萬戶。特派大臣單疇書到寧夏，與陝西總督、甘

肅巡撫共同治理渠道，募民墾種，官給牛具種子銀兩，所闢土地，永為世業，還號召寧夏籍的文武官員在原籍盡力開墾。七年，單疇書死在寧夏工程上，就派右通政使史在甲前往接任，不久又派兵部侍郎通智主持其事。寧夏原有大清、漢、唐三條水渠，但年久失修，水道淤淺，雍正命集中力量疏浚，又命開溶惠農、昌潤二渠，工程取得一些進展。

十年，因西北用兵，使用民力較多，顧不上寧夏河工，撤回通智、史在甲，將其事交寧夏水利同知專管，即按常規進行。乾隆三年，撤銷新渠、寶豐兩個縣的建制，說明寧夏水利工程未達預期效果。

在墾田方面，雍正還注意到四川的開發。當時四川仍處地廣人稀的狀態，農民生產技術較低，雍正命地方官勸諭開墾，招聘湖廣、江西在四川的老農教授土著居民墾荒的方法，給予老農衣糧，等到開墾有成效了，給以老農官位。六年，湖廣、江西、廣東、廣西四省民人數十萬進入四川，雍正命根據各地區流來人口的多寡，分給三四十畝、五六十畝不等的荒地，並給牛種口糧，以事安置。

雍正還修築了浙江、江南海塘。元年，他指出康熙間建築浙江海塘，官員沒有實心辦事，仍使海潮妨害杭嘉湖三府民田水利，二年就派吏部尚書朱軾往江浙會同巡撫何天培、法海商議修治辦法，朱軾提出動用帑銀十五萬築浙江海塘，十九萬築松江海塘，雍正予以批准。松江海塘開始修築的是土塘，雍正說不牢固，東南是財賦重地，應保證安全，改築石塘。後來在石塘之外，增修貼石土塘一道。在施工中，浙江總督先行搶修，隨後奏聞，雍正同意照辦。浙江、江南修了海塘，而江北鹽場出了大事。一次海潮沖決范公堤，沿海二十九個鹽場被淹，溺死鹽民男婦四萬九千餘人。

從中可以看出雍正辦事不免主觀而不尊重實際，也說明他救荒心切，不管辦法可行與否，總想一試。但他能注意到使老百姓休養生息，擴大再生產的這根本問題是得世人肯定的。

5.走求富之路

從歷史上看，歷代比較明智的帝王，大都在災害發生後，對當地百姓實行賦稅減免政策。然而雍正意識到，僅減免賦稅還是不能根除災區人民的艱難生活，為此，雍正推行了一種防患於未然的救災辦法，即提倡社倉——籌畫民食為第一要政。

提倡社倉是救荒的辦法，早在宋代，朱熹著文大力鼓吹，然難於實行。康熙時有官員建議推行，但康熙一概不准。雍正同乃父態度大不一樣，即位就諭令湖廣督撫楊宗仁等設立社倉，官員迎合他，強令百姓輸納倉糧，規定凡交正賦銀一兩的，外納社倉穀一石，並以存儲多少，作為州縣官的考成。這等於是新的加派，而且很重。

雍正的這一方針下達後，並未收到預期的效果。主要還是因為地方官員執行不力。雍正五年，湖廣總督傅敏盤查社倉，發現倉穀儲藏不多。據他分析，可能是被地方官侵吞或挪用了，也可能是州縣為迎合上級，故意虛報存糧數目。

為此，傅敏將這一情況如實報告雍正。

雍正歷來就相信有治人無治法，他認為只要合適的人來辦，社倉還是可以搞好的。因此，他任命田文鏡為河南總督，

要求他「詳加考慮地方備儲之計，如常平、社倉等事，責令有司，力行修奉」。接著，陝西總督岳鍾琪也奉命設立社倉。為此，他將國庫存銀發到各州縣，命令地方官「採買四十萬石穀麥以備社倉之用」。不想，各州縣官吏卻借此向民間勒索，引起地方百姓的不滿，稱之為「皇糧」。

得知這一情況後，雍正下令把社倉條約刻成碑石，立在老百姓那裡，讓家喻戶曉，明令禁止官吏的舞弊行為，同時也向社會說明了建立社倉的本意。但他的這一做法，仍未達到預期的目的。

由於種種歷史條件的限制，整個來說，在舉辦社倉這件事上，雍正所採取的一系列措施並不得力。但是，他為解決民間飢荒問題所動的良苦用心卻值得後世學習。另外，社倉的舉辦無疑是一件極其有意義的公益事業。社倉就是民間捐集的救災專用糧庫，即使在當代，這種公益事業仍不斷被有識之士提倡。如「捐款救助失學兒童、捐款救助災區」等。

另外，從舉辦社倉一事，我們還能看出中華民族千年來的優良傳統和美德，即憐貧惜老和扶危濟困。雍正舉辦社倉一事，無疑也有發揚中華民族傳統美德的目的。

6.安穩人心最要緊

所謂安穩人心，即用得人心之策贏得人心。

差徭和田賦是封建社會臣民應盡的兩大義務，歷年來都是

分別徵收。由於徭役很重，無田的平民難以承受，加上歷年來紳衿免於丁役，造成了差徭不均的局面。這樣迫使平民百姓只能隱匿人口來逃避差役。弄到最後，政府的征徭也沒有保障。

差徭制度的不合理，已成為必須解決的社會問題，改革役法已是勢在必行。

康熙末年，已有人提出「丁隨糧行」的建議，即把丁銀歸入田糧中一起徵收，完全按田地的面積來收取，不再按人口來繳納。

並且在個別地區也進行了試驗性的推行。但終康熙之世，改變役法與維持舊法之爭一直不絕於耳，卻難定斷。

當初，康熙實行滋生人丁永不加稅的政策以後，人口稅總數固定下來，但是人口的新陳代謝在所難免，操作起來困難重重，隨意性很大，這為官吏的貪贓舞弊提供了機會。

雍正即位後，馬上就面對這棘手的但又必須解決的問題。

最早上疏觸及這問題的是山東巡撫黃炳，他提出丁銀分徵造成地方上隱匿人口、貧民逃亡的嚴重現象。

黃炳主張丁銀攤入地畝徵收，有地則納丁銀，無地不納丁銀，貧富均平才是善政。話說得很有道理，改革之心切切。但是，黃先生卻不懂得改革的策略，也不知雍正的策略。

雍正沒有接受他的提議，反倒指責黃炳說這種不該說的話。雍正說：「攤丁之議，關係甚重。」在最後決策之前，他把問題交給眾大臣，讓他們積極討論，提出意見。

反對派的意見主要是：丁歸田糧以後，必然造成對人口的管束放鬆，使得對遊民的管理更難了。因為丁歸田糧實行久了，人民就會以為只有糧賦沒有丁銀了，為以後官僚們再加稅提供了藉口，最終使老百姓受苦。

一個月後，直隸巡撫李維鈞以有利於貧民為理由，奏請攤

丁入糧。

李維鈞比黃炳聰明，他深知有錢人家肯定不樂意，會出來阻撓。而政府機構戶部又只知按常規辦事，公文律行不知到何年何月也不會同意。

因此，他奏請雍正乾綱獨斷，批准他在轄區實行。

雍正這回的口氣軟了許多，說這件事應該往後推一推，等到「豐年暇豫民安物阜」時，再實行也不遲。

雍正把李維鈞的奏章交給戶部及九卿詹事科道一起討論，並明確要求，要謀畫最好的辦法，來達到最好的效果。雍正定下的指導原則就是，對國家收入沒有影響，又能對貧民有益，讓人挑不出毛病。

雍正最後批准了李維鈞丁銀按地畝等級攤入的改革設想，並對李維鈞的詳細規畫深感滿意，鼓勵他要相信自己，大膽地去改革。

康熙年間懸而未決的問題，到雍正時，僅經過半年的討論，雍正就很快就作出選擇。雍正果斷的性格以及為政的務實，由此略見一斑。

之後，山東、雲南、浙江、河南等省隨之進行改革，丁歸田糧在全國全面展開。浙江在全面實施攤丁入糧的時候，因為對田多的富人的利益損害較大，而貧民又期望能早日實行，兩種勢力鬥爭異常激烈。

雍正四年，浙江發生了紳衿鬧事、商人罷市的嚴重事件，反對丁歸田糧。最後巡撫李衛採取了強硬措施，制服鬧事者，強制在全省推行。

攤丁入糧實行以後，由於納糧人完成丁銀的能力，大大高於無地的農民，所以政府徵收丁銀也有了保障。由此，國庫也就有了保障。

　　由於不再按照人頭來收稅，百姓也不再像以往那樣為了逃稅而隱匿人口、四處逃亡了，社會處於平穩狀態，這為生產力的發展創造良好的環境。

7.籌畫一定要得當

雍正對西南地區的土司改土歸流，也為後世人讚譽。所謂改土歸流，就是取消西南地區的土司世襲制，中央政府設置州縣建立政權，並派官員輪流去做官，加強統治。

　　雍正時，雲南、貴州、廣西以及同它們鄰近的湖南、湖北、四川居住著許多少數民族，他們的經濟落後，生產方式也不盡相同，與中央政府關系也疏密不一。這些少數民族，實行內部自行徵納賦役，自定成文和不成文的法令，對屬民以土司、土舍和頭人的稱號進行統治。土司、土舍是大大小小的割據者，由於他的積壓各自為政，因而產生了中央要加強對他們轄區的統治與他們維護舊制度的矛盾。

　　明朝以來，中央政府就在條件成熟的地區，取消土司世襲制，設置府廳州縣等地方政權，派遣一定時間進行調換的流官前往治理，這就是改土歸流。這種辦法，明朝和清初偶或實行，所以土司制的問題嚴重存在。到雍正時期，由於弊端的積累，暴露得更清楚了。

　　這些土司、土舍和頭人對屬民任情役使，賦稅是一年四小派，三年一大派，小派計錢，大派計兩。他們掠奪的比向中

央上貢的要多得多。如雲南鎮遠土知府刁澣，於雍正初年每年向朝廷進貢銀三十六兩，米一百石，而向土民徵收的銀子即達二千三百四十八兩、米一千二百一十二石，強徵的比上貢的多幾十倍。

再者，土司盜賊恣意虐殺屬民，對犯其法而被殺害者的家屬，要徵六十兩、二十四兩不等的銀子，還名之曰「墊刀銀」，實乃兇惡至極殘無人道。屬民們對土司無官民之禮，而有萬世奴僕之勢，子女財帛總非本人自有，他們的一切包括生命都是土司的。

還有，土司之間為了爭奪土地、人畜而時時互相廝殺，經年不解，世代為仇。

在明朝時，土司還發動過對中央的戰爭，清代雖無這種事，但是土司、土舍到鄰近州縣搶劫、屠殺漢民的事卻屢有發生，於是出現雙重矛盾：一是土司屬民與漢民的對立，屬民往往成群結夥騷擾漢民，有的在夜間乘人不備，焚屋屠戮，但他們又害怕漢民，一離開村寨，就怕被漢人殺害。土民、漢民問題從根本上說還是土司造成的。

此外，土司與地方政府也是矛盾重重。有的犯罪漢人逃到土司那裡，得到好處的土司就將其保護起來，除非州縣官用銀錢買求，才能得到，這就破壞了地方政府的司法權。但有的地方官也無端欺凌土司，土司上告，需要州縣官轉呈，有的州縣官就借機勒索，否則多方刁難。有的土司向州縣官送禮，若被上司知道，州縣官反誣土司賄賂鑽營，而若不送禮，則加以傲抗之名，找些小事，申報上司，使土司左右不是。由於總有地方官向土司要錢，致使土司不敢到府縣城裡，怕被拘留勒逼這些弊端。而中央政令不能統一貫徹，也是產生地方吏治敗壞的一個原因。

　　另外，在土司家族內部，為爭奪繼承權，也經常發生戰爭。如雍正三年，川陝總督岳鍾琪曾多次奏報大小金川土司爭位仇殺。

　　由於土司制度的存在，嚴重妨礙國家的統一，也破壞地方經濟文化的發展，不利於社會的安定，是阻礙社會進步的一個重要因素，取消土司制就成了歷史發展的必然要求。

　　到了雍正時期，土司制度的罪惡已暴露無遺，益加不能為土民與漢民所容忍。土民們有著脫離土司統治的強烈願望，有的全村離開土司、土舍，呈請改歸地方政府統轄。但對於如何解決土司問題，朝中大臣的看法各自不同。雍正初年，對取消西南地區的土司制，有的大臣認為時機還不成熟，有的認為應盡快將土司制改土歸流。

　　作為一名銳意進取的皇帝，雍正對土司的惡行十分清楚。

　　雍正二年五月他指示四川、陝西、湖廣、廣東、廣西、雲南、貴州等省督撫提鎮說：「土著人也一樣是皇帝的子民，天下人都享受太平，安居樂業，獨獨讓同是子民的土著在偏遠的角落裡受土司的欺凌，我作為皇帝是於心不忍的。」

　　至此，雍正皇帝下定決心要取消西南地區的土司制，他不忍心那裡的人民受苦，要讓那裡的人民共享樂利。

　　雍正時期，對桂、滇、黔、湘、鄂、川六省少數民族地區施行的改土歸流，廢除了千百年來的土司制度，解放了西南地區的土民少數民族，這是歷史一次較大的社會變革。

　　從改土歸流的實際效果來看，把土司、土舍的利益分給廣大的土民，與天下共享樂利。然而雍正改土歸流的成功有一個過程，鞏固成果也需要繼續努力。

　　改土歸流，革除了土司之後，新任的流官就對安定改土歸流地區起著重要的作用。流官是否清廉，直接關係到地方的安

危。改土歸流後，烏蒙地區總兵劉起元私派公費，侵欺糧餉，客民被劫，引起了當地少數民族的憤怒。在這種情況下，原來的烏蒙土司利用民怨進行叛亂。

雍正皇帝對此十分清楚，他在諭旨中寫道：「凡屬番夷苗猓雜處省分，若能使文武弁員清正自持，絲毫不敢不利於彼，可保無一事也。是乃探本尋源上策，當竭力勉此。」

鄂爾泰針對流官為政苛刻的問題，也在奏摺上感慨萬分地說：「欲使人民相安感戴，實不在法而在人，得人之難，難於任事。」因此，雍正皇帝和鄂爾泰一方面要加強對流官的選任，一方面又要加強對流官的監督和考察，一旦發現有不利於地方安定的流官就撤換和治罪。這種做法放在當今的社會也是難得的。由於雍正、鄂爾泰君臣二人的努力，改土歸流地區的第一任流官大多數基本上是清廉的，對安定地方、發展地方的生產起到了良好的促進作用。

改土歸流後，清廷大規模清理錢糧，變革賦役，統一稅收，出現了「較之土司陋十不及一」的徵稅現象。土民所受的剝削大大減輕了。清廷在此基礎上又大行丈量土地，鼓勵土民屯田墾荒，並分配給土民牛種、房屋，或給以銀兩，更加激發土民發展生產的熱情。東川府畫歸雲南後，鄂爾泰捐發銀三千兩，買水牛一百頭，蓋房六百間，分配給來墾荒種地人，使這一地的農業生產更上一層。可惜像鄂爾泰的人太少，若有上個萬鄂爾泰，一切事情就解決了。

為了發展生產，清廷在改土歸流後又興修水利，開發水陸交通的舉措更是令人振奮，使道路暢通，促進各民族的交流，加快少數民族地區經濟的開發。漢族先進生產技術的傳人和推廣，促進當地的種植質量，特別是朝廷又在這裡建立學校，傳播漢族的先進思想，提高了西南少數民族的文化素質。

　　真難以想像，在當時的封建社會裡，雍正怎麼會產生這些心智呢？什麼改土歸流、興修水利、開發水陸交通等等。也許是屬於實踐出真知吧，否則在關於少數民族地區的治理和改造上，古人和今人為什麼會有相似之處？

八、從身邊趕走沒有責任心者

　　沒有責任心，要想為別人做好工作，是無稽之談。作為領導者，應當發現這類人，謹防因用人不慎而亂了自己的布局。

　　乾隆的領導心智是：做人必須要有責任心，做事必須以做人為先。離開這兩點，一切無從談起。

1.須具坐在此、想在彼的本領

「須具坐在此、想在彼的本領。」

　　乾隆一向尊崇「朝綱獨攬」，但久居深宮，又怎能通曉庶務、明察官吏呢？於是，他採取了「廣布耳目，收取資訊」這一才智。主要採用以下兩種辦法：一是實行密摺制度，使資訊充分流通，將巨僚完全置於皇帝的監督與控制之下；二是恢復軍機處，促成皇帝對國家政權的高度獨裁。

　　乾隆為了加強奏摺的保密程度，還採用了一些保密措施：一是堅持滿族官員奏事用滿文，而不是用漢文；二是嚴禁將奏摺中皇上的批語洩漏出去；三是為防奏摺呈送途中洩密，把奏摺放在匣子裡，匣子只有送摺人和皇帝才能開啟。

　　對密摺的批閱，乾隆非常認真，只要屬於絕密的奏摺，他總是親自拆封。有的非常絕密，乾隆索性將內容記在心裡，把原摺燒毀。到了乾隆十三年後，乾隆廢止了奏本文書，密摺的作用就更加突出了。如果官員們有了機密的事情要彙報，往往先以密摺形式報告皇帝，在明白皇帝明確的意圖後，再以題本的形式向專職部門請奏。這時候的請奏僅是形式而已，最重要的還是奏給皇帝的密摺，這完全保證了乾隆能把大權獨攬於懷中。

　　除了祕密奏摺制度，乾隆另一個獨攬朝綱的措施即是在乾隆二年裁撤雍正喪期內設置的總理處，恢復軍機處。在剛即位時，乾隆把軍機處當作前期政治之弊來撤銷，但頭腦敏銳、頗有遠見的乾隆很快就意識到：真正的弊端並不是軍機處的設立，而是由親王和重臣把持政務要職。於是，為了充分削弱他們的權

力，乾隆又重新恢復軍機處並制定相關制度，使皇權牢牢地掌握在自己手中。

乾隆是一個勤於政務的皇帝，可想而知，天下庶事繁多，每天都有大量的奏摺和問題需要皇帝閱覽處理，僅靠一個人又怎能應付得了。然而這時的軍機處，說白了，其實只是皇帝個人的一個祕書處而已，裡面的大臣所做的事也不過是些能夠貫徹皇帝意旨、通曉文字工作、工作效率也比一般官僚高的高級祕書工作而已。拿乾隆的話來說，「各位綸扉，不過委蛇奉職領袖聯班」。與歷史上的丞相權力根本不能相比。如果有什麼重大決策，完全是由乾隆一個人拿主意出決策，而軍機大臣只需要把乾隆每天說的話從口頭上移錄到紙上，保證無誤詳實即可。他們本身的種種建議僅供皇帝參考，根本就不能左右局勢。在軍機大臣的人選上，乾隆完全把皇族拒於門外，但為了保證滿族人在清政權中占重要地位，規定首席軍機大臣必須為滿人。因為乾隆往往只是一人說了算話，便擔心軍機大臣們有二心，為了澈底收買他們為自己賣命，又規定凡為軍機大臣者可不以資歷高低為標準提拔自己的親信。但重要的用人權當然還是在乾隆自己手中掌握著，他曾說過：「朕臨御以來，用人之權從不旁落。」

即使是乾隆晚期，極其寵信放縱的權臣和珅也未曾左右過皇帝的用人決策，更何況其他臣子了。

在乾隆時期的清朝官制中，軍機大臣還都是兼職的，不是正式的職務。到了乾隆十年，為了能更牢固地牽制軍機大臣的權力，乾隆出人意料地把他的大舅子，年僅二十五歲的傅恆提拔為首席軍機大臣，這樣，傅恆可以稱得上中國歷史上最年輕的宰相了。雖然乾隆稱傅恆「籌畫精詳，思慮周到，識見高遠」，但傅恆畢竟只是一個二十五六歲的毛頭小伙子，再有遠見卓識，也還不大成熟。蒙乾隆如此抬舉，他自然會拚上一條命也得為皇帝分

些勞苦，並且還可以保證對皇帝言聽計從，不會有任何異議，讓皇帝放心地在幕後指揮，自己只做個最忠實的傳達人。在傅恆之前，乾隆在軍機處提拔的還有訥親，訥親當時是一個年紀輕輕的滿人，也是考慮到諸多因素而被特殊提拔，可見乾隆用人確是費了心機。

為更牢固地獨攬大權，乾隆一改雍正時軍機大臣不超過三人的慣例，而讓六個軍機大臣分割軍機處的事務和許可權，使他們互相監督、互相牽制，不能有任何越軌之舉。他還規定軍機大臣不能同時入見皇帝。當時傅恆不認識漢字，特許他可以和其他大臣一起入見。對於象徵軍機處權力的大印，乾隆對其管理極嚴，印文鑰匙分別由值事太監和軍機章京保管，為了保密起見，還規定只能由十五歲以下不識字的少年充任軍機處聽差，還派御史往來檢查，不許任何人在外窺探。

在建立健全軍機處及其管理工作制度後，乾隆通過各種方式大肆削弱中央和地方其他機構的權力，把權力集中於軍機處，由皇帝親自領導。實質上，軍機處權力的擴大，就是皇帝權力的擴大，它不僅將傳統的議政王大臣會議的權力剝奪，使之名存實亡，也使內閣形同虛設。過去的公文處理要經過眾多環節，有了軍機處之後，皇帝的諭旨可以直接從軍機處發出，下面的奏摺也直接從軍機處遞入，這樣大大提高了辦事的效率。

乾隆時的軍機處職責主要是幫皇帝撰寫上諭、處理奏摺、審查內閣和翰林院所擬的詔旨、討論施政方針、為皇帝準備政事參考資料、參與科舉考試的工作、奉旨出京查辦事件、陪皇帝出巡、記錄和積累有關檔案事務性工作、對中央到地方各級官員的使用任免提出參考意見等等。其實軍機處已成為輔佐乾隆行使強權的常設中樞機構，成了全國的政務中心。

乾隆時密摺制度和軍機處，著實為乾隆獨攬朝綱，統領國

家政務做出了極大的貢獻。在乾隆的督促下，密摺制度和軍機處制度得到了空前的完善，而乾隆的皇權也得到了空前的集中和鞏固。

2.官官相護，積習最為惡劣

乾隆有一句名言：「官官相護，積習最為惡劣。」可見他看穿了古代官場的本質。的確，官官相護，這一直是封建專制官場的一大弊端，這一弊端能蒙蔽統治者的視聽，使其作出錯誤論斷，危及統治基礎的穩固。於是，乾隆在懲處黨庇問題上採取了「一追到底，弄清真相」的才智。

乾隆三十年十二月，兩江總督高晉奏報，說蘇州同知段成功縱容家人欺詐、擾累小民一事，經他審訊後，得知是段成功患瘧疾時常常昏迷，未能檢點其家人的行為，並非有意讓他們恣意索取民財。

乾隆看過奏本，馬上有了疑問：段成功不過時患瘧疾，也不至於因此而昏迷，使下屬家人勒索民財吧。而高晉這樣奏報，一定是有意庇護段成功。

乾隆的確聰明，一眼就看出其中蹊蹺，於是傳旨對總督高晉嚴行申飭，提出正告，念他初任兩江總督，寬恕其罪，並讓他和江蘇巡撫明德及侍郎四達一起將此案審訊清楚。

在審訊中，得知辦理段成功累民案的蘇州知府孔傳珂、按察使朱奎楊明明知道段成功是裝病用昏迷脫罪責的，但是仍對他

免於追究責任。而高晉雖也知其中有隱衷，但他礙於協辦大學士莊有恭的面子，才如上面那樣報奏乾隆。高晉在受到乾隆申飭後，馬上又奏明原委，說莊有恭在同年八月參段成功之罪時，就有段成功抱病被家人所欺蒙之說。

　　乾隆得知此奏後不免暗暗驚奇，因為案中還審出段成功家人索賄的證據，上面多有段成功的親筆字跡，這證明莊有恭在八月時參奏段成功時已知道段的所作所為，但他又為何對其包庇，說段成功「抱病被蒙」呢？在了解了莊有恭的實際情況後，乾隆終於明白原委。原來在乾隆三十年八月，莊有恭雖仍留任江蘇巡撫，但已接旨應召回京準備接受另封其職。所以，莊有恭有此舉就是因為他離任在即，不願與江蘇官僚同事結怨，便故意留下餘地，認為這樣不但可以保住自己是察吏安民的好官，還可以博得段成功對他的好感，而不至於離任前還結怨於地方官。

　　了解到這些情況，乾隆不禁勃然生怒。他訓斥莊有恭：「此等卑瑣居心行事，尚安得為純臣乎！是有心欺朕矣。」乾隆對莊有恭是十分信任和賞識的，讓他一升再升，並且在莊有恭五十二歲之時被召回京，馬上就可能入閣拜相，不意卻鬧出如此黨庇醜聞，實在是得不償失。莊有恭做官也並不是毫無政績，甚至可以說他政績突出。他一向「以清廉自勵」，史稱他「撫江浙，治海塘，重水利，有惠於民」，在民間能有這樣的好名聲，不流汗操勞，自然是得不來的。像他這樣被乾隆重用的狀元郎竟會負恩庇黨，乾隆難免發火。所以乾隆說：「莊有恭受朕深恩，特加擢用，乃敢為此巧於市恩之術，實在是太令人失望。」於是下令將莊有恭革去協辦大學士和刑部尚書之職，交刑部嚴查。

　　事情本來可以就此結束，然而案情的發展又使乾隆有了更

清晰的思路，由此引出了山西吏治腐敗。被乾隆派去審查段成功一案的侍郎四達奏說，在知府孔傳珂和按察使朱奎楊的供詞中，均有莊有恭出面要求從寬處理段成功一事。乾隆聞知後更加生氣，他又指責莊有恭「居心欺詐」，「此案之上下相蒙，俱有莊有恭授意指使，以致臬司、知府扶同欺混」，如果姑息其過，何以督率改正天下督撫哉！

在申飭莊有恭的同時，乾隆敏銳地抓住了整個事件的最終癥結，即莊有恭並非袒護段成功，而是為了有意避開曾保舉段成功的另一名官員和其衷。和其衷是新任江蘇巡撫明德的兄弟，所以，莊有恭因「恐事發累及舉莊，有礙顏面，遂爾心存瞻顧。上司屬員，意會色授，各相喻於不言」。

乾隆由此認為，莊有恭自為巡撫，其下面的屬員自然是看他的意願而行事，這敗壞了官場風氣，是不可饒恕的敗風敗德行為。為了打擊官官相護，於是莊有恭被判斬監候，於秋後處決。其屬員朱奎楊、孔傳珂寬免其死罪，發往軍臺效力。

在審結莊有恭一案時，乾隆抓住典型事例，進行現身說法，對官場上下庇護之習進行了嚴厲的訓責：「外省上下和同，官官相護，積習最為惡劣，若不急為整飭，將啟黨援門戶之弊，於世道人心，深有關係。朕力挽頹風，遇有此等案件，惟有嚴加懲創以飭紀綱。內外大小臣工，各宜守法奉公，痛自湔洗，務使痼習一清，毋蹈覆轍。」

本要結束，孰料一波未平，乾隆接著又查出段成功以前在山西陰曲縣當知縣時，曾虧空銀一萬兩。當調任為蘇州府同知時，段的原上司為他把虧空銀補上。段成功的上司，就是前面已提過的原為山西巡撫移任陝西巡撫的和其衷。為此，乾隆下達長諭，痛斥和其衷及有關官員，全部把他們革職拿問。

段成功在山西任內虧空銀兩，其上司同事不但不揭發他的

罪行，還幫助彌補虧空，這使乾隆感到山西官員之間「非尋常徇庇可比」，於是他又連下數諭，痛斥和其衷等人徇私庇護，下令將和其衷判為斬監候，一併革去山西布政使文綏、太原知府劉墉的職務。將那些幫助段成功彌補虧空的知州縣官員九十名，全部嚴加以議處，並馬上處死段成功。

在這一大案中。乾隆明察秋毫，不為任何假相所迷惑，他從段成功縱容家人詐擾的小事，竟清查出一大批黨庇營私的官員。此舉對整飭官場惡習，影響可謂深遠。

3.懲一儆百，不容異己

乾隆希望建立新政，但想實現以寬代嚴的轉變，不是輕而易舉之事。因為前朝許多大臣和官僚都是靠著刻薄而發跡崛起的，要推行寬仁，勢必會遭到這些官員的極力阻撓和堅決反對。為此，乾隆採取了「懲一儆百，不容異己」的才智，以期證明「安良必先除暴，容惡適足養奸」觀點的正確性。

乾隆即位後，戶部尚書史貽直極言河南墾荒之弊，揭露「小民鬻兒女以應輸將」的社會現實。乾隆聞知下諭，對雍正苛嚴政治的積極執行者田文鏡予以譴責，說：「河南地方，自田文鏡為巡撫、總督以來，苛刻搜求，以嚴厲相尚，而屬員又復承其意旨，剝削成風，豫民重受其困。」王士俊繼任河東總督兼河南巡撫後，督促州縣開墾更加嚴厲，為此，乾隆撤消了王士俊的官職，把王士俊調任四川巡撫，實際上是降了王士俊的職。王士俊

看到乾隆一上臺人心思變，陳規不存，遺軌不遵，極為慨嘆，於是便進言指斥時政，說：「近日條陳，惟在翻駁前案，甚有對眾揚言，只須將世宗（雍正帝）時事翻案即系好條陳之說，傳之天下，甚駭聽聞。」

看過王士俊的密摺後，乾隆十分憤怒，馬上在奏摺上嚴批申飭，將原摺發於總理事務王大臣和九卿傳閱，又在養心殿召見他們，嚴厲駁斥王士俊的欺君悖理之行為。他揭露王士俊所說話的實質，說王士俊是「大悖天理」，侮罵皇上。乾隆還詳細論證了康熙、雍正和乾隆三朝方針的一致性，強調說：「皇祖、皇考與朕之心，原無絲毫間別。如無法久自必弊生，奉行每多過當，不得不因畸重畸輕之勢，而為之維持調劑，以歸於正直蕩平之道，此至當不易之理。乃王士俊皆為翻駁前案，是誠何言，是誠何心耶？」

違反祖制，這是多麼重大的失德之行，乾隆當然不會容忍這一指責，他痛罵王士俊「險邪小人」、「巧詐之習，牢不可破，外飾鯁直，以便己私，敢將悖理之言，妄行陳奏」，即令將王士俊革職拿京。原擬斬決，後來又因寬容之策，免他死罪，驅逐回籍為民。

在雍、乾政治交替時，甘肅巡撫許容也是以刻薄而聞名的封疆大吏。當乾隆下令賑恤災民，樹立自己仁君形象的時候，許容卻按雍正時的舊規，僅借給貧民三月口糧，大口每日三合，小口每日二合。乾隆對此甚為不滿，下諭說：「政莫先於愛民，甘肅用兵以來，百姓急公踴躍，今值欠收，當加恩賑恤。汝治事實心，而理財過刻。國家救濟貧民，非較量錙銖時也。」但是，許容仍遲遲不予照辦。

乾隆對許容甚為不滿，只好將其解任，為此降諭說：「上年聞甘肅固原、環縣等處收成歉薄，貧民乏食，朕知許容性情

偏隘，識見卑庸，但知節省錢糧，不思惠養百姓，屢次親批諭旨，今其寬裕料理，勿使災民稍有失所。又今資其安插之費，寬其散賑之期，朕之訓諭已頻，朕之心力亦竭矣。乃許容刻核性成，不但無恫矜乃身之意，並朕旨亦不祗遵。不過循照往例，苟且塞責，罔計百姓之實能安堵與否，是以正當賑濟之時，流移他郡者尚千百為群，相望於道。」從災民的困苦出發，予以嚴厲譴責。緊接著，大學士查郎阿秉承乾隆旨意，疏劾許容匿災殃民，結黨營私。乾隆下令將許容押解來京，交刑部治罪，部擬杖徒，後來也被緩免了。此後，許容雖也復出為官，但經歷這次打擊，名聲已經掃地，鬱鬱而死。

在對其他較為嚴苛的官吏中，乾隆反覆闡明寬仁，讓他們以休養百姓為己任。廣東布政使薩哈諒奏辦理徵稅情形，乾隆下諭說：「徵稅擾民之弊，朕深知之，看汝辦理情形，仍蹈苛刻之習矣，但朕特降寬大之旨者，原欲使百姓實沾恩澤，若汝等稽察不力，徒飽官吏之私，而百姓不被其惠，則汝等地方大員之罪不可逭矣。將此旨傳爾督撫知之。」除此諭外，乾隆還分別給四川總督黃廷桂、廣東巡撫楊永斌、福建布政使張廷枚等下諭，要他們減輕百姓負擔，不要做那些急功近利，苛刻百姓的事。他說，對那些「以苛為察，以刻為明，以輕為德，以重為威，此則拂人性、逆人情者」，要嚴以查辦，不能姑息養奸，擾害良民。

在清除嚴苛的官僚時，除王士俊、許容外，因「嚴刻」被處置的官員還有很多。山東文登知縣王維幹杖斃二命，「殘忍刻薄，如瘋如狂，肆無忌憚，且創設不經見之非刑，草菅民命」。乾隆聽說後，讓巡撫岳嚴審定擬具奏，斥責說：「似此酷劣之員，身為巡撫，何以不行查參？著伊明白回奏。以次奉旨嚴審，不得回護前非，絲毫容隱，自干嚴譴。」

對一批推崇嚴刻政治的官僚加以處分，表明了乾隆通過法紀來維護自己政治革新的決心。他決計殺一儆百，讓其他對新政不滿或存有疑慮的大臣官僚們明白，不守新規、不行新政的人下場會和王士俊等人一樣。對嚴苛官員的處置，為他施行新政進一步廓清了道路，使新政在短時間內就收到很好的成效。乾隆曾反覆強調過：「安良必先除暴，容惡適足養奸，此為察吏之法。」也正是在這種謀略之下，他對奸者毫不留情，對惡者懲除務盡，從而促進臣民的向心力、凝聚力的生成。

4.不容敷衍了事

敷衍了事，是欺人行為。乾隆力戒大臣有欺隱行為，他對那些苟且塞責以圖了事的大臣，絕不寬容。

在明清兩朝交替之際，有許多明朝降將在前朝政治腐敗、軍事瓦解的情勢下棄暗投明，成為新朝驍將，為推翻明朝，建立大清帝國立下了不朽功績。在當時，是降清之臣，還是抗清之臣原是清初衡量人們政治立場的主要標準，為此，乾隆採取了「秋後算賬，以正視聽」這一才智，卻把這個標準改成忠君與否，即捨棄了政治色彩，變成了實用主義的道德準則。

在乾隆四十一年，乾隆決定按照忠君標準，重新評價那些降清的明朝官僚為貳臣，編纂《貳臣傳》。乾隆不以功利主義評論他們為清朝立下的汗馬功勞，反而斥責這些變節之臣「大節有虧」，就這些人「遭際時艱，不能為其主臨危授命，輒復畏

死幸生，面見顏降附，豈得復謂之完人？」也即對他們的品質提出質疑。《貳臣傳》專把在明清兩朝做官的人收錄其中，以為「萬世子孫樹綱常」。乾隆還指出「所以致有二姓之臣者，非其臣之過，皆其君之過也。」原因即是明朝皇帝昏庸無能，而使那些有才有德的明朝臣子投靠了新主人。《貳臣傳》又分甲乙兩編：甲編中是那些效忠於清朝的明朝降官；乙編中是在明清兩朝雖都為官，卻兩不孝忠的厚顏無恥毫無建樹之輩。在《貳臣傳》中共收明末清初人物一百二十餘人，其中人物又可分為五種類型。乾隆下諭要編纂人員對這些降臣加以區別：「入貳臣傳諸人詳加考核，分為甲乙二編，俾優者瑕瑜不掩，劣者斧鉞凜然。」

　　列入甲編的人物中有原為明朝低級官員，後因功而被清朝升遷的降臣；也有在明朝時已居高官，而降清後仍受重用的降臣。如李永芳是明朝萬曆末年的一個小遊擊，清軍進攻撫順，李永芳未戰即降，成為明朝官吏降清的第一人。李永芳降清後為清軍滅明獻計策，功勳昭著，曾被免死三次，他的兒子也為清軍重要將領。到了乾隆朝時，李永芳的四世孫李侍堯又深得乾隆信任，任為督撫大員。即使對清朝有這樣多貢獻，李侍堯世家幾代人仍因李永芳降清一事而被乾隆列入貳臣之行。乾隆對此的說法是：「律有死無貳之義，不能為之諱。」

　　洪承疇乃是在《貳臣傳》甲編中讓乾隆心裡有些矛盾的人物。洪承疇在明崇禎朝，官至延綏巡撫、陝西三邊總督加太子太保，他曾為明朝撲滅農民起義而立下大功，深受崇禎推崇。為抗清，洪承疇又臨危受命奮勇殺敵，卻戰敗兩次被俘，最後，終於在被捕中降清。降清後，又因受皇太極賞識，成為清軍統一全國的得力幹將。因崇禎帝對洪承疇也極為重視，在對清軍的戰役中，崇禎帝曾因誤聽說洪承疇戰死，竟賜祭十六壇，並在城外建

祠，準備親臨祭奠亡靈。可見洪承疇確實為一代將才，竟受兩朝皇帝推愛。對於洪承疇的評議，乾隆也比較為難，他既指出洪承疇投降叛節，又說他「雖不克終於勝國，實能效忠於本朝」，「則於洪承疇等可深譏焉」。

以洪承疇這件事可以得出乾隆評價忠臣時，連誓死效忠於大清並對大清做出傑出貢獻的降臣，仍不願屈就稱他為忠君之士，而把他列入《貳臣傳》，可見所宣揚的忠臣的要求又有多高。為本朝和後世的正統道德著想，他為做人臣之道立下了十分嚴苛的規矩。

被編入《貳臣傳》乙編中的人中，有在明清兩朝均為高官，卻是兩朝奸臣的馮銓等人；也有雖在兩朝做官，卻在暗中又詆毀清朝的，其中最為出名的是錢謙益。

馮銓在明朝曾賣身投靠大宦官魏忠賢，官至文淵閣大學士，後因魏忠賢倒臺而受牽連，被削官為民。清軍入關後徵明官入朝做事，馮銓又以大學士原銜入內院佐理機務，但他仍舊習不改，聲名狼藉。乾隆對馮銓之類甚為反感，說對他們只是「不得不加以錄用以靖心」，可惜「再仕以後，唯務靦顏持祿，毫無事績足稱」。

錢謙益是明末清初的著名詩人，明朝萬曆年間的進士，官至禮部侍郎，後為禮部尚書。

清軍進入南京時，錢謙益是迎降清軍的明臣中官階最高的人，他降清後仍為禮部侍郎，並任明史館副總裁，但在錢謙益所著的書中，卻攻擊清廷統治。對他的人品乾隆極其厭惡，譏諷他的詩作只配去蓋酒罈子，根本沒有資格自比高潔。早在編纂《貳臣傳》之前，乾隆就說：「錢謙益果終為明臣守死不變，即以筆墨謄謗，尚在情理之中。而伊既為本朝臣僕，豈得復以從前狂吠之語刊入集中！其意不過欲借此掩其失節之羞，大為可鄙可

恥。」在他的〈觀錢謙益初學集因題句〉一詩中，乾隆寫道：
「平生談節義，兩姓事君王。進退都無據，文間那有光。真堪覆
酒甕，屢見詠香囊。末路逃禪去，原為孟八郎。」

除此之外，乾隆還下令在全國範圍內燒毀錢謙益的作品。
指出：「錢謙益輩，尤反側儉邪，更不齒於人類矣。」

乾隆十九年九月，乾隆東巡歸京時途經寧遠城，見祖氏石
坊，有感於祖氏兄弟祖大壽、祖大樂二人立於明而降清，便作
〈題寧遠祖氏石坊〉詩嘲諷之。詩云：「火遂謹寒更烽侯，鳩工
何暇尚逍遙。若非華表留名姓，誰識元戎事兩朝？」原來這是
明崇禎十一年，皇帝為祖氏兄弟建了兩座石坊表彰他們的忠孝
節，可是崇禎十五年松山之戰時，祖氏兄弟卻叛明降清。乾隆認
為這兩人已經變節，旌表石坊猶存，這簡直是歷史笑柄。而事實
上，祖氏兄弟降清後，對清朝忠心耿耿，並無二意，可乾隆仍
對他們心存譏諷。在事清的漢族官員中，像祖氏兄弟這樣的貳
臣，有不少人以死效清，然而乾隆為標榜其正統忠君思想，仍把
他們列《貳臣傳》中，讓後人評說其是其非，可見他臧否人物之
用心仍在於維護清朝統治利益，他這一代清朝的利益，卻以封建
傳統道德和思想來封鎖不利於自己的一切言行。

九、敬業是成大事之本

任何人缺乏敬業精神，都不可能做好工作。領導者也是這樣，而且要比一般人更加敬業，才能凝聚成一個強大的團隊。這一點是無可爭議的，更是不能不做到的管理關鍵。

紀曉嵐的領導心智是：做事必須以敬業為本，不能敷衍了事。只能精益求精，就可以贏得信任。

1.越謹慎越放心

「謹慎」二字永遠是智慧型領導者不可丟的關鍵。你想，你過
於隨意，就可能走上險道。反之，你謹慎了，想一步走一步，
就能夠避免麻煩。

　　作為重臣的紀曉嵐屬於那個時代，經歷「精神凌遲」的文
網之劫，落馬者比比皆是，網外的更是惶惶度日，如履薄冰，
紀曉嵐屬於後者，以致「立久心茫茫，悄然生恐懼」。因此他認
為：對自己越謹慎，才能對自己越放心。

　　紀曉嵐編纂《四庫全書》之時，總有如履薄冰的感覺，這
不僅僅是乾隆對編纂工作的挑剔，更嚴重的是在編纂《四庫全
書》過程中大興文字獄。

　　文字獄的興起幾乎是與編纂《四庫全書》同步。乾隆編纂
《四庫全書》名義上是為了「稽古右文」、「嘉惠士林」，對歷
代典籍進行整理，以方便士子閱讀。實際上，他還有一個更重要
的目的，就是統一全國的思想，為其集權統治服務。

　　所以，在乾隆三十七年正月發布諭令，在全國範圍內「搜
集古今群籍」之後不久，就開始了查禁「違礙」書籍的運動。

　　乾隆三十九年八月初五，乾隆降下這麼一道嚴厲的諭旨：
「為什麼各省進呈的一萬多種書籍中竟然沒有稍有忌諱之書？豈
有這麼多的遺書中竟無一違礙字跡之理？況且明季野史甚多，其
中必有牴觸本朝之語，正當及此一番查辦，盡行銷毀。」在上
諭末尾，乾隆以嚴厲口吻宣布：「若此次傳諭之後，再有隱諱存
留，則是有心藏匿偽妄之書，日後別經發現，其罪實不能宥，承

辦之督撫等亦難辭咎！」

　　此後文字獄案掀起高潮。幾乎每月都有文字獄案，罪不容赦的大案一年也有十幾起。乾隆上諭的當年九月即有直隸人王珣進獻書帖案，並牽涉總纂官紀曉嵐。

　　由於當時實行高壓政策，編纂古籍面臨著極大的危險，稍有不慎，誤將禁毀書編入四庫全書中，都可能被視為有意隱瞞禁書，對本朝不滿，更何況哪些該禁該毀，並沒有一個標準尺度，完全憑乾隆的旨意。

　　面對如此形勢，紀曉嵐特別小心謹慎，他先是積極回應獻書號召，將自家幾代人積攢下的善本貢獻朝廷。據記載，當時全國朝野獻書超過五百種以上者有四家，超過百種者共九家，而且絕大多數為江浙人。北方藏書之富者首推紀曉嵐，進呈書籍共一百零五種，其中著錄者六十二種，存目者四十三種，因此獲頒賜內府所印《佩文韻府》一部。紀曉嵐給乾隆的印象是盡職盡忠。儘管如此，王珣的獻書案險些將紀曉嵐打入地獄。

　　《四庫全書》編纂時，各家私人著述經纂修官審訂後也收入其中，這當然是一件光宗耀祖的事。因此，在編纂期間，不斷有人將自己的家藏書或私家著述送呈書館。

　　王珣是直隸鹽山縣回民，乾隆三十九年，他派其兄王琦進京投遞字帖於戶部侍郎金簡，內有詩文三本，又稱家中有神書系〈滕王閣序〉文，又有神聯一對。由於當時文字獄已興，金簡對此十分敏感，就上奏朝廷。乾隆立即將王琦逮捕，隨後又將王珣押至京師審訊。王珣在供詞中牽連紀曉嵐：

　　　我祖上有乩仙的字圍屏十扇，為乩仙所書，上寫〈滕王閣序〉，……還有「鬼神咸欽」四大字。固有翰林紀昀是獻縣人，我平素慕他才學，又當日講鸞時乩仙有云：「紀翰林與王珣

俱是聖門弟子，紀昀是子貢轉世，王珣是顏回轉世」之語。我想紀昀如今做了翰林，遂欲將仙書仙字給他。三十七年差家人張文禮送與紀翰林，因我備一單帖，紀翰林說我小看他了，不肯收下。張文禮回來告訴我，因此我就擱起來了。

去年十二月內，有紀翰林家先生趙子建也是鹽山縣人，與我交好，他到我家說，紀翰林現在纂書，叫我將這字仍送給他，只要用手本，不可講價錢，他自然收了。我於三十九年正月，又將仙字及所做的一篇文章，仍差張文禮送來。紀翰林說：「『這鸞字是四十餘年之字體，因何不早送來？』」仍然不收，發回來了。因此，我因紀翰林不肯收，只得各自做文各自進呈，遂按字跡做了書四本，這四本書是從前紀翰林沒有見過的，其中俱是申明四書大義的意思。又有對聯一幅，也是仙筆寫的，我也抄錄下來……我進這書，原為皇上是孝友之君，我句句都是尊君明大義的話，皇上必定賞我追封先人之意。再，我因紀翰林不收我字，原心裡氣他，隨於文內寫出「求皇上差紀翰林去取神書神聯上來」之意，並無別的情由。

十一月大學士於敏中等定擬具奏，以王珣「讀書不就，遂捏造乩仙對聯字幅，希圖哄騙銀錢，甚至敢於編造悖逆字跡，妄肆詆毀本朝，尤為喪心病狂，情實可惡」，應照「造作妖書律」擬請旨即行正法；王琦發往烏魯木齊給兵丁為奴；陳洪書以失察，照溺職例革職；千總張成德、外委張仁德曾接書，應杖罰。狂悖書詞四本燒毀。得旨：「王珣著即處斬。餘依議。」

或許因紀曉嵐近來表現不錯，或是考慮到正是用人之際，乾隆皇帝這次並沒有深究此事。但此案讓紀曉嵐大為恐懼。

在編纂《四庫全書》整個過程中，紀曉嵐幾乎每夜寒燈閃亮，做每字必親自審閱，不敢有絲毫的馬虎和懈怠，或許他有忌

諱，但作為一個大興文字獄的時代，稍有不慎，被文網之劫罩住的事情在所難免，不能不說紀曉嵐發出「立久心茫茫，悄然生恐懼」的感嘆是可以理解的。

2.進退維谷，嚴字當頭

編纂《四庫全書》，歷時十幾年，紀曉嵐明白，他猶如獨木橋上的一輛獨輪車，腳下就是萬丈深淵，在這進退維谷的十幾年，紀曉嵐只有謹小慎微，事必躬親，「嚴」字把關。

　　乾隆皇帝為顯示自己的高明，賞罰往往出乎人意外。在編纂《四庫全書》的十幾年歲月裡，紀曉嵐時刻感到他的頭上懸著一把劍，他隨時有可能成為冤鬼。因為乾隆帝完全按自己的「意旨」行事，大臣們想揣測也很難。

　　乾隆四十二年十月，乾隆就紀曉嵐等人所進呈宋人李薦《濟南集》中〈詠鳳凰臺〉詩中直呼漢武帝其名的問題，大為光火，諭旨責飭紀曉嵐說：「秦始皇焚書坑儒，其酷虐不可枚舉，號為無道，秦後之人深惡痛絕，因而顯斥其名，尚為不可……至漢武帝在漢室尚為振作有為之主，且興賢用能，獨持綱紀，雖黷武惑溺神仙，乃其小疵，豈得直書其名，與秦政曹丕並論乎？」要求立即改正。

　　在修書進程中，禁毀書就是一個十分敏感的話題。乾隆居然指責紀曉嵐將漢武帝列入秦皇一列，是顯存不公，譏諷「秦火」之事。這一驚非同小可，紀曉嵐有點一朝被蛇咬十年怕井繩

的感覺，甚至可改可不改的他也改，他學會了「嚴」字訣。

作為總纂官，紀曉嵐的日子的確不好過。由於當時清朝是少數民族建立的，乾隆帝對「夷狄」之類字眼十分敏感，單這方面的文字獄就有幾百起之多。紀曉嵐對此十分小心，當他發現《四庫全書》中仍有「夷狄」字樣時，便小心翼翼地改正。誰知，這又惹得乾隆大為惱火。

同年十一月十四日，乾隆在上諭中說：「昨日披覽四庫全書館所進《宗澤集》內將『夷』字改為『彝』字，『狄』改成『敵』字，昨閱楊繼盛集內改寫亦然，而此兩集內又有不改者，殊不可解。『夷狄』二字屢見於經書，若有心改易，轉為非理。如《論語》『夷狄之有君』，《孟子》『東夷西夷』，又豈能改易！亦何必改易！宗澤所指係金人，楊繼盛所指係諳達，何所用其避諱耶？」

皇帝要求將類似問題加以糾正。吏部承旨，要嚴議紀曉嵐之罪，乾隆還是網開一面，特批免罪。

然而，常在河邊走，怎能不溼鞋？乾隆五十二年紀曉嵐又犯了同樣問題。是年三月十九日上諭說：「李清所撰《諸史同異錄》書內稱我朝世祖章皇帝與明崇禎四事相同，荒誕不經，閱之殊甚駭異。李清係明季職官，當明社淪亡，不能捐軀殉節，在本朝食毛踐土已閱多年，乃敢妄逞臆說，任意比擬，設其人尚在，必當立正刑誅，用彰憲典……該總纂總校等即應詳加查閱，奏明銷毀，何以僅從刪節，仍留其底本？」結果又是將紀曉嵐嚴加議處。

同年五月，乾隆偶然翻閱文津閣《四庫全書》，發現其中訛謬甚多，即要求對文淵、文源、文津三閣書進行校對。經過重校，確實發現很多錯誤，乾隆大為不滿，六月初三日上諭指責說：「文津閣所貯《尚書古文疏證》內有引用錢謙益、李清之

說，從前校訂時何以並未刪去？著將原書發交彭元瑞、紀昀閱看。此係紀昀原辦，終難辭咎，與彭元瑞無涉。著彭元瑞、紀昀會同刪改換篇，令紀昀自行賠寫，並將文淵、文源兩閣所藏一體改繕。」

在此情況下，六月十二日，紀曉嵐「奏請將《尚書古文疏證》內各條遵照刪改，陸續賠寫，並請將文源閣所貯明季國初史部、集部及子部之小說雜記諸書自認通行校勘，凡有違礙，即行修改」。明清鼎革即改換朝代，在乾隆時是十分敏感的事。

紀曉嵐願意將所有明末清初的相關書籍通查一遍，無疑是變被動為主動，讓乾隆帝無話可說。但乾隆「得理」不饒人，次日，乾隆一方面對四庫編校工作進行指責，另一方面對紀曉嵐的不滿逐步升級：「閻若璩《古文尚書疏證》一書，有引李清、錢謙益諸說，未經刪削，並《黃庭堅集》詩注有連篇累頁空白未填者，實屬草率已極，使紀昀一人獨任其咎，轉令現在派出之大小各員分任其勞，實不足以昭公允。」結果，三閣改裝費由紀曉嵐和總纂官陸錫熊分攤，江南三閣則由總校陸費墀負擔。後來陸費墀因此被革職，憂鬱而死，家產仍被查抄；陸錫熊則死在前往東北校書的路上，與他們兩人相比，紀曉嵐還算是個幸運者。

杯弓蛇影，紀曉嵐隨即列出有問題的明末清初之間的書數十種。如《國史考異》、《十六家詞》、朱彝尊《曝書亭集》、吳偉業《綏寇紀略》、陳鼎《東林列傳》等都被指出有問題。但乾隆又倒打一耙，說紀曉嵐所指吳綺《林蕙堂集》、葉方藹《讀書齋偶存集》、王士禎《精華錄》內「秋柳詩」、查慎行《敬業堂集》內「殿庭草」絕句等並不違礙，又諭令「照常收入」，這確令紀曉嵐左右為難。

對於紀曉嵐列出十餘種書請查禁之事，時任軍機章京的管世銘頗有微詞，曾作詩說：

語關新故禁銷宜，平地吹毛賴護持。

辨雪仍憑天祿閣，三家詩草一家詞。

自注說：「丁未春，大宗伯某掎摭王漁洋、朱竹坨、查他山三家詩及吳園次長短句內語疵，奏請毀禁，事下機庭，時餘甫內直，照例抽毀，其漁洋〈秋柳〉七律及他山〈宮中草〉絕句、園次詞語意均無違礙。當路頗齮其議。奏上，報可。」

這是時人僅存的對紀曉嵐修《四庫全書》時的「指責」，這裡是說紀曉嵐做得過分。豈不知，如果紀曉嵐稍有疏忽，可能就會被羅織一個罪名，身首異處了。

3.不讓漏洞露出來

編纂《四庫全書》的苦差事讓紀曉嵐大傷腦筋，偏頗之處在所難免，無從下筆更是比比皆是，浩如煙雲的「矛盾之處」如何彌合，對紀曉嵐來說是個挑戰！

編纂《四庫全書》不是一件容易的事。依照《四庫全書》的編纂程式，纂修官首先對各類書籍，包括《永樂大典》中的佚書、內府書、進獻書進行初步清理和甄別，再進行詳細考訂，即版本鑒別、勘誤。然後寫出提要初稿，敘述作者生平、本書主要價值及在學術上的得失，最後失明應刻、應抄、應存、應改等處理意見。這些基礎工作做完後，匯總到總纂官紀曉嵐和陸錫熊手

中複核。複核過後，紀曉嵐和陸錫熊將最後意見呈交乾隆帝審批決定。經乾隆批准收錄的書籍即交武英殿繕書處抄寫。在此同時，總纂官則對其提要進行修訂，從作者的年代、爵里、事跡，到該書大旨、得失等，都給予修改和斟酌潤色。

　　曾任四庫總裁、大學士於敏中給陸錫熊的一封信中就稱讚說：「《提要》稿吾固知其難，非經足下及曉嵐學士手，不得為定稿。諸公即有自改位置者，愚亦未敢深信也。」而一旦經過他們的「筆削考核，一手刪定後，無不燦然可見」。長達十幾年的編書工作也確實使紀曉嵐辛苦倍嘗。〈進書表〉中就有「鯨鍾方警，啟蓬館以晨登；鶴籥嚴關，焚蘭膏以夜繼」之句，可說是夜以繼日，精神緊張軀體辛苦。

　　在具體編纂過程中，也有諸多麻煩。因為《四庫全書》引證書目浩如煙海，加上參預編纂工作的人員龐雜，協調起來本不容易，可要命的是還要杜絕違礙文字纂入四庫中，這件工作就更複雜。不僅有違礙的書籍要區別對待，分抽毀和全毀兩種，全毀似乎還容易處理，抽毀書就不太好處理，因為沒有固定的標準，乾隆說有違礙就有違礙，說無妨就無妨，令纂修官很不好把握，處理不恰當要承擔責任，加上每個人每天都有進度規定，所以許多人就採取把類似問題「矛盾上交」，留給總纂處理。可總纂也很難及時妥善處理，因而就留下了許多問題：漏抄、漏改、錯字在所難免。這也是為什麼《四庫全書》纂成後屢有重校的原因。

　　乾隆四十七年《四庫全書》纂成後，參與者都曾獲得晉級、授官等不同程度的嘉獎。可隨著其中問題的不斷發現，又有一大批參與者受到嚴厲處罰，不僅已獲獎勵被剝奪，甚至被處以抄家賠償的重罰，搞得家破人亡。而為編纂《四庫全書》做出重要貢獻的總纂紀曉嵐就受到無數次喝斥、交部議處、罰賠

等處分；副總纂、紀曉嵐的好朋友陸錫熊也受到無數次喝斥、交部議處、罰賠等處分，死在前往東北校書的路上；江南三閣的修改費用則由總校陸費墀一人負擔，陸費墀因此傾家蕩產，不但被革職，而且不久憂鬱而死，家產仍被查抄，對此紀曉嵐自然有看法。

賞罰不公的事尤其讓紀曉嵐對手下修書的人沒法交代。當時大學士兼軍機大臣的王傑，於乾隆五十三年五月續修禮部科場條目，其書不過一千四百餘頁，而原奏議敘書吏有二十名之多，計每人寫書不過七十餘頁，較各館議敘實為太優。由於心有不滿，所以紀曉嵐與王傑曾於事後就議敘問題發生爭論，並五十六年正月奏事時，以王傑派人辦書勒派銀兩將王傑彈劾。

這件事雖然是針對王傑的，但其中的涵義自然有對四庫館臣議敘微薄、吹毛求疵不滿的意思，乾隆自然明白紀曉嵐的醉翁之意。本來，乾隆對大學士王傑要多加保護，又見紀曉嵐意圖很明白，不僅是對所受處分不滿，更有對讓人出資編書做法的不滿，所以聽後很不舒服。他不僅親自為王傑辯解，說王傑此舉是對書吏嚴格要求，況且又沒有裝入自己腰包私用，就讓軍機大臣斥問紀曉嵐。

在此情況下，紀曉嵐不得已被迫表示悔過：「王傑派令書吏出銀一事，我一時愚昧之見，原以其既然奏請自備資斧，即不應更令出資交官，與原奏不符，是以與之爭論，今蒙皇上指示，王傑派令書吏出銀乃係從嚴，並非從寬，始悟從前過於拘泥，至此項銀兩實為入庫辦公，我原未言其有所沾染，今蒙指示，王傑並未攜回家中私用，仰見聖鑒高明，至公至允，我不勝惶愧之至。」

大學士們在議處紀曉嵐的罪狀時，又決定採取「從嚴」的方針，擬議革職。但乾隆又故意「恩出於上」，二月十八日降下

諭令：「紀曉嵐著從寬免其革職，仍註冊，但此案非尋常疏忽可比，所有應得飯銀公費停支三年，以示懲儆。」

編纂《四庫全書》完成後，還有一個頗費腦筋的事，就是已成函的書籍抽換問題。本來，由於《四庫全書》卷帙浩繁，所以在編排上，只於函面標寫函數字樣，而其中的書籍則各自分部，不相聯屬，並沒有整個流水卷數，目的是便於隨時添書撤書。可有時候原書部頭比較大，而缺乏可供替換的書，或者可資替換的書厚薄又與原書差距較大，如何才能使替換後書函不留替換痕跡，確實令編纂者傷腦筋。

乾隆五十二年三月，乾隆在閱覽館臣所進書籍中，發現明末清初人李清的書在記載明清之際史實時有所謂違礙處，又非常鄙視李清其人不能殉國明朝，下令抽毀其書。經查，涉及李清書籍有四種，《南北史合注》被編入《史部・別史類》中，《注史同異錄》和《不知姓名錄》被編在《子部・類書》類中，這三種書年代、卷數相當，可供替換的書比較多，所以抽換之後不留痕跡還比較容易，而《南唐書》合訂本被編在《史部・載記類》中，麻煩的是，此類書很少，沒有適合替代的書，怎麼辦呢？總不能讓原書函抽掉或空著吧？如此的話，既不美觀，更會被後人指責議論呀！更重要的是，皇上也不會答應，紀曉嵐實在難辦。

可紀曉嵐還是想出辦法。他經過反覆考慮，終於想到了一個作假掩飾的辦法。從前武英殿裝訂《四庫全書》時，因為冊數函數厚薄各不相同，為了使其整齊畫一，便在書匣中墊一些襯紙。現在四閣書內襯紙者很多，何不照此辦理呢？況且此書只有六冊，為數不算多，只將此匣前後相連的書，適當多加些襯紙，多出此六冊書的厚度，不用再補其他書就可以了。也只有這種做法，後人自然才不會產生懷疑，又不影響全書的整體面

貌，豈不是事半功倍的事？

　　紀曉嵐想到這裡，眉心始舒，便與總裁大臣一起上奏乾隆請求批准。乾隆自己本想不出其他更好的辦法，覺得紀曉嵐想的辦法還比較周全，便揮筆批道：「照此辦理。」

　　紀曉嵐在編纂《四庫全書》過程中遇到的此類事情很多，而每次都是乾隆皇帝一道諭令，紀曉嵐則需無條件地執行，具體操作起來就要挖空心思，設法彌合。多虧是紀曉嵐，無論是什麼難題，他總能想出彌合的辦法，解決一個個難題，同時讓自己跨過一個個難關。

4.敬業和納賢是成功的法寶

　　敬業和納賢是成大事者必備的兩大法寶。如果離開這兩點，一個人即使有再大的本事，恐怕也只能做些小事。

　　紀曉嵐所以能完成主持編纂像《四庫全書》這樣大型類書的工作，除了他本身具有超人的才華，工作認真負責外，他擁有一大批富有才華、盡心工作的學者，也是一個重要因素。他們不僅自己非常敬業，而且能夠積極協助紀曉嵐的工作，對《四庫全書》編纂工作的順利進行起到特別重要的作用。紀曉嵐與總纂官陸錫熊、總校官陸費墀等人的關係便是如此。

　　陸錫熊字健男，號耳山，是江蘇上海人，乾隆二十六年進士，召試授內閣中書，深得劉統勳賞識，也由劉統勳舉薦，與紀曉嵐同司《四庫全書》總纂。二人非常契合，交情很深，只是陸

錫熊的仕途際遇，比紀曉嵐更為坎坷，曾經多次降職，到晚年纂修《四庫全書》時，才算安定下來，與紀曉嵐同蒙乾隆倚重，官至刑部郎中。兩人修書之餘，常常互相唱和，戲謔為樂。有這麼一則故事：

一日校書休息，紀、陸二人對坐，陸講昨天訪友之時，他驅車城外，歸途經過一處「四眼井」，便休息飲馬，眼前情景使他想出一聯：「飲馬四眼井。」路上想著下聯，居然沒有一副滿意的。

紀曉嵐聽完，笑著揉了一下鼻子，又用手中的大煙鍋，指向陸錫熊說道：「閣下本身不正是很好的下聯嗎？」

「你所說指的是什麼？」陸錫熊不解地問。

「閣下的號。耳山哪！」紀曉嵐接著說道：「『飲馬四眼井』，用『馱人陸耳山』來對，真是再好不過了！」

陸錫熊自然免不了笑罵一場。

紀曉嵐與陸錫熊在工作中結下的友誼確是深刻的。陸錫熊死後，紀曉嵐非常悲痛，並做有〈題陸耳山副憲遺像〉以悼之。

與許多文人雅士不同，紀曉嵐沒有山水雅好，說自己與「此事頗無緣」。所以扈從乾隆登泰山，下江南，都懶於放船。

在幔亭峰住了三宿，連著名的虹橋仙也沒去訪，儘管二地僅咫尺之遙。與陸錫熊的「雅調清到骨」相比，紀曉嵐說自己「俗病難醫」。但這些性格、愛好的差異卻沒有影響兩人堅如金石般的友誼。當紀曉嵐看到四庫館中「新交日換舊交少」時，不禁感傷慨嘆。其中「蓬萊三島昔共到，開元四庫曾同編。兩心別有膠漆契，多年皆似金石堅」正是他與陸錫熊深厚友誼的寫照。

　　總校官陸費墀是安徽桐鄉人，乾隆三十一年進士，授編修，充《四庫全書》總校官。乾隆五十二年，因《四庫全書》訛謬甚多，受罰獨重，革職後，鬱鬱而死。死後猶將原籍家產抄沒，作為添補江南三閣辦書之用。紀曉嵐也曾作詩悼念他。

　　紀曉嵐不僅與自己地位相仿的「兩陸」關係默契，而且與低於自己的僚屬也共見肝膽。

　　雲南迤南兵備道龔敬身早年曾隨紀曉嵐參與《四庫全書》編纂事宜，後於雲南去世，紀曉嵐特寄挽聯悼之：

　　地接西清，最難忘樞密院旁，公餘茶話；思深南徼，惜空留昆明池畔，去後堂陰。

　　隨後又應龔敬身的兒子之求，為龔敬身做墓誌銘，紀的評價甚高：

　　如果沒有經邦濟世的才能，做官卻很順達，這是人的命；如果做官不很順達，也是理應如此。如果確有經邦濟世的才能，做官也很順達，這是理應如此；如果做官不很順達，這是人的命。各知其分，各知其命，事業的窮與達一任其自然，就是賢者之用心所在。至於才能足以使為官順達，取得的功名也與他的境遇相當，卻悄然引退，不欲自盡其用，那麼他的見識可說是高遠了。我在朝做官至今已經四十九年，所見這樣的人可說是屈指可數，回想我的老朋友龔敬身，就屬這類人吧！

　　纂修官翁方綱與紀曉嵐也相傾相慕。

　　翁方綱，字正三，號覃溪，晚號蘇齋，大興人，乾隆十七年進士，官至內閣學士，是清代著名書法家、金石學家，能詩

文，精鑒賞。著有《兩漢金石記》、《漢石經殘字考》、《焦山鼎銘考》、《蘇米齋蘭亭考》、《復初齋文集》、《復初齋詩集》、《石洲詩話》等。翁方綱與紀曉嵐為多年同僚和鄰居，交誼甚契，二人集中唱和之作甚多。

乾隆四十八年紀曉嵐六十生辰，翁方綱特作〈紀曉嵐少司馬壽詩〉二首以示祝賀：

> 早聞禮樂獻王宮，果見藜光晉秩崇。
> 武部本離書局掌，中樞仍用閣銜充。
> 長松格本干雲矗，老鶴顏宜近日紅。
> 藝苑群仙齊祝蝦，蓬山瑤島且生嵩。
> 蘭成射策並韶年，經笥詩名敢比肩。
> 夾漈研田逢歲獲，後山句法有人傳。
> 門生載酒傾千斝，老友挑燈共一編。
> 今夜紫雲堂畔月，滿輪飛向壽杯園。

嘉慶十年紀曉嵐去世後，翁方綱又作〈紀文達公遺像〉詩表達懷念之情。

纂修官、著名學者程晉芳和紀曉嵐也是好朋友。程晉芳初名廷璜，字魚門，一字蕺園，新安人。生於康熙五十七年，世為淮上鹽商，家素饒富，性豪爽，喜結天下文士，藏書至五萬卷，不治生計，中年以後，家道漸衰。乾隆二十七年應召試，名列第一，授內閣中書。三十六年成進士，授吏部文選司主事。三十八年充四庫全書館纂修，授翰林院編修，武英殿分校官。四十八年遊關中，次年病歿於西安。著有《尚書今文釋義》、《尚書古文解略》等書。其文集有〈題紀曉嵐先生雙樹軒〉詩：

耽耽雙樹軒，昔賢所營治。
歲久剩只影，守故名弗移。
楮穀詎有別，聊當辨雄雌。
荊凡孰存雲，得一二可知。
嘉樹亦擇人，將子來庭蒔。
楹閣稱書富，境閒搜句奇。
軟紅日衮衮，兀坐心弗馳。
浮生擬刻楮，似子真餐芝。
昨者過門傍，大木為風墮。
停車急問訊，軒樹是耶非？
答云幸無恙，顏解心融怡。
從知神物護，當亦如子詩。
秋風漸有信，點滴閒攦枝。
疏蟬庇餘響，涼蟲絡其絲。
何可不圖飲，渦此招毋遲。

正是因為有這樣一大批飽學之士的不懈努力和他們的精誠協作，才使《四庫全書》得以順利修成。

可見，敬業和納賢是成功的兩大法寶。

5.有所為而又有所不為

老莊哲學的精華之一是「無為而無不為」，這就是說，你有所為而又有所不為，才能成大事。

　　乾隆皇帝最忌恨大臣們分幫結夥，黨同伐異，認為這是歷代的弊政，因此他一上臺就整治這種風氣。當時朝中有鄂爾泰為首的「滿人黨」，與張廷玉為首的「漢人黨」互相毀謗排擠，乾隆為此懲治兩人。但乾隆後期，作為一種統治術，乾隆又有意無意地讓朝中結成兩派，即阿桂派與和珅派，以求得互相制衡，便於操縱。在這種情況下，一些大臣也不得不有所依靠。

　　紀曉嵐是個侍從文臣，不願進局，但他是個尚書，又不得不依違其間。從許多事情上看，他是傾向於阿桂的。這一則因為阿桂的父親阿克敦是自己的鄉試座師，兩家關係極為密切；二則他十分佩服阿桂有才能，對皇帝忠心不貳。

　　阿桂自乾隆四十一年入閣拜相，即已是六十歲的老翁。諸多的戎馬之功更使他威名素著，「為近日名臣之冠」。但他毫無驕憊之氣，立身嚴謹，恭謹事上。時人曾以軼事的形式，記下了阿桂當時的形象：

　　阿桂以滿人拜相，每天早上天不亮就入朝治事，凡事都要親自過問，奏稿親自閱看，直到他認為準確無誤時，方呈送乾隆帝。即使乾隆帝臨時有交辦之事，雖事出倉卒，阿桂也十分謹慎，奏稿的最後一個字「運筆如有千鈞」，讓人一看就知是一絲不苟的人。而且，每當皇帝的御輦經過他辦公的直房時，他都要在房中起立垂手以待，直到皇帝的鹵簿儀仗走遠，才重新坐下，可見，阿桂整日也活在凄凄惶惶之中。

　　其時，阿桂位當一人之下，萬人之上，其恭謹如此，足以反射出皇帝的天威。而阿桂從他自己的為官生涯中，或許難以忘掉那幾度被貶，甚至投入牢籠的不測君威，從而基於「伴君如伴虎」的信條，不敢稍有疏忽。

　　在以往的輿論中，和珅總給人以一種勢焰熏天，獨秉朝綱的印象。而事實上，和珅實在稱不上擅權，充其量只能稱作竊權

弄權而已。在乾隆晚年的統治中，老皇帝並沒有獨寵和珅。除了阿桂與和珅這一賢一奸之外，還有王傑、董誥、劉墉，嵇璜、紀曉嵐等人，皆以廉能方正有聞於時。所以，在老年皇帝的中樞府衙中，實在是「薰蕕同器」而不相合。

阿桂自乾隆四十二年擔任軍機處首席軍機大臣以來，直到嘉慶二年病逝，居首揆之位達二十年之久。而和珅則始終位在其後。不管這是否出於老皇帝的精心安排，以德高望重而又安於職分的阿桂壓在和珅之上，都是使和珅之奸弊不得恣逞的一個重要因素。

據記載，阿桂與和珅雖同直軍機處十幾年，除召見議政外，毫不與交接。凡朝夕入值，阿桂必離和珅十數步外。和珅知阿桂有意疏遠自己，有事情就到阿桂面前相商，阿桂總是愛理不理的。可見，兩人根本無法一同議事。當時阿桂的值廬在軍機處的新址，和珅入內右門舊值廬或隆宗門外造辦處。

每天只有皇帝召見時兩人才能碰到一起，退則各還所處。雖畫稿等定奪之事，就難免要來回於兩個衙門之間奔跑，即所謂「司員未免趨步兩歧」。

王傑受重用，正是和珅得勢之際。乾隆五十一年，王傑入直軍機處為軍機大臣，任上書房總師傅。乾隆五十二年，拜東閣大學士管理禮部。至嘉慶皇帝親政，王傑官至首輔，成一代名相。

王傑為人處事廉潔持正，甘於清貧，並不時戒飭門生故吏，拒收餽金，足見其品性與為人。而乾隆引以為用，也可謂知人。然而，以王傑的風範，必與和珅格格不入。在諸官僚中，和珅也的確最厭王傑。

其時軍機領班阿桂經常在外督師、勘察河工海塘，而福隆安、梁國治先後於乾隆四十九年、五十一年故去。此兩人位至宰

輔，一個以椒房親貴，一個以狀元功名，論才氣皆屬平常，相業無聞，絕不是和珅的對手，只有王傑遇事敢爭。

據說和珅很愛開玩笑，一天和珅抓住王傑的手，笑著說：「何其柔荑若爾？」借喻王傑手如女子纖細白嫩，而譏諷嘲笑之。但王傑卻毫不示弱，當即正色回擊說：「王傑手雖好，但不會要錢耳。」一句話揭開了和珅貪污納賄的隱私，將和珅羞辱得滿面通紅，「赫然退」。足見王傑對和珅的厭惡與反感已到了極點。

此外，《清朝野史大觀》中，還記載了大學士嵇璜不為和珅書帖之事。

嵇璜，江蘇長州人，字尚佐，雍正八年進士。乾隆二十三年累官至尚書，以治河有功，於乾隆四十四年晉協辦大學士。嵇璜操守清廉，據說他的家中一貧如洗，他的女婿曾作詩曰：「老屋區區留不得，而今始識相公貧。」

以嵇璜的清廉和謹飭，必然恥於和珅的貪鄙為人，卻又不敢公然得罪。嵇璜工書法。一次，和珅於衙門中見到嵇璜，請他為家中堂屋前的柱子代書一幅楹帖。嵇璜答應下來，接過和珅所備的宣紙返回家中，卻同時邀請翰林學士數人一同到他家中飲酒。酒至半酣，他的書童已將墨研好，上前稟報，卻遭到他的呵斥，聲稱有客。而為客的諸翰林學士急問其故，嵇璜才將和珅請書楹帖的事告訴眾人。眾人以欲觀書法請嵇璜當場書之。但就在嵇璜運筆寫好一半之時，站在一旁的書童一下子把墨灑在了紙上，污穢不堪。嵇璜怒罵書童，直到諸賓客勸解再三方止。第二天，嵇璜便以那張穢紙歸還和珅，而楹帖自然不必再寫了。

這無疑是嵇璜導演的一場鬧劇。嵇璜唆使書童傾墨於紙，又使和珅門下的翰林學士親眼目睹，造成一種「非己不為」，而是「有所不能為」的印象，無非是他既不願迎附和珅，又不敢得

罪他的心理反應。

　　嵇璜被和珅傾陷，又受到乾隆的警告，其小心謹慎，對和珅抱著「去之既無其力，怒之何益」的立身之道，以求自保，是可以理解的。

十、以身作則，不怕別人笑話

　　領導最可貴的是以身作則，即發揮好自己認真工作的精神，力求精益求精，這樣就能增添自己的人格魅力，同時也能無形中增大指揮工作的魄力。

　　劉墉的領導心智是：做好自己的事，才能讓別人無話可說。否則，你就會成為別人的笑柄。

1.手段要硬，並且到位

一個人手段的軟和硬，要視不同的對象而定，尤其要注意不能在該硬的時候軟，不能在該軟的時候硬，最巧妙的手段一定是軟硬到位的手段。

一個人的膽識越大，手段越厲害，終至大勝；無膽乏識，則底氣不足，遇事必畏首畏尾，終致失敗。從撤三藩的重大決策可以看出，康熙正因為具有過人的膽識，才使他強硬的手段一貫到底。

通過嚴格立法來約束官吏的行為是整飭吏治的一個必要環節，但卻不是充分條件。因為任何立法都需要人來執行，因而人才是操縱勝局的關鍵因素。對此，康熙傾注了大量精力，除運用通用的考察辦法對官員進行考察外，尤其注重親自考察，並利用親近大臣密奏的辦法了解官員的真實情況。劉墉特別推崇康熙大帝，並善於學習其辦事手段。

乾隆二十七年十二月，在吏部尚書傅森、梁詩正（均為劉統勳的同僚）等人的極力推薦下，劉墉被授為山西太原知府。

在清代，府是省與州縣之間的一級重要行政組織，其長官稱知府，原係正四品，乾隆十八年後改為從四品。

山西東連直隸，西鄰陝西，南接河南，北與大漠蒙古比肩，被視為京師西南部的重要屏障，地理位置相當重要。而太原府地處山西中部四通之地，地位之重要，可想而知，故歷次授官均以繁難待之。

在劉墉以前，劉家曾有多人做官山西，並做出重要政績，

都在當地老百姓心目中留下過清官的形象。劉墉的堂祖父劉果，康熙初年曾做太原推官，任內曾捐俸修文廟，設義學，興修太原、榆次等地的水利，並廢除了當地的好訟陋習，受到人民的稱讚。劉墉的祖父劉啟，曾於康熙四十三年出任平陽知府，任內體恤災民，修葺文廟，重建鼓樓試院，纂修三十四縣誌，「吏惕民服，善政不可勝舉。後升江西提刑，士民泣送之」。

　　劉墉的父親劉統勳，曾於乾隆二十二年到山西查辦過布政使蔣洲侵帑案、乾隆二十四年到山西查辦過將軍保德侵帑案，聲譽頗佳。《山西通志》稱：「乾隆二十二年，以刑部尚書按獄山西並清查虧空，一時墨吏罷斥幾盡，而循良者多獲保全。逾年，歸化城有私伐官木之案，又以協辦大學士奉命協巡撫塔永寧往鞫，得實，自將軍以下悉按如律。輶車所歷，中外肅然。」劉墉的堂伯父劉鋌煜，曾以舉人歷鳳臺、曲沃、平陸知縣，死於平陸任上。任內輕徭薄賦，與民休息。曾諫止修天井關及阻止西征期間對曲沃民的加派，受到當地的愛戴。死後「曲沃民感其惠，爭往賻之」。

　　劉墉出任太原知府一職，應該說是有壓力的，一是他之前從沒有獨立管理地方的經歷，卻忽然間被派到這塊繁難之地，擔負起總管一方的重任，心中不免沒有把握。二是他的祖上曾在這塊土地上做出過政績，在當地老百姓心目中留下過很好的口碑，自己總不能給劉家清官的形象抹黑吧！再者，自己初任，總應該給皇上留下個能幹的印象，一來不辜負皇上的恩典和父親的期望，二來也好為自己以後的仕途升遷奠定點基礎。他不能不認真辦事。

　　有鑒於此，劉墉接到吏部知會後便進宮向乾隆做了辭行（慣例知府上任前要受到皇上的接見，作為一種辭別儀式），隨後便踏上了西去的旅程。

　　劉墉此次到太原赴任，或是因走得匆忙，或是他向來儉樸，總之他並沒有像其他官員那樣，走馬上任前要大換行頭，而是破衣破帽，一身的樸素。他在一首〈贈鉅琛侄〉的詩中就寫道：

帽破衣殘到太原，故人猶作舊時看；
才華莫嘆江郎盡，風貌真憐范叔寒。
北上帝京鵬路近，南歸生男鳳巢安；
今朝且預龍山會，黃菊紅萸露滿盤。

一路上也沒有騷擾驛站，〈澤州道中〉寫道：

暮色蒼然野氣溫，天西餘赫似朝暾；
荒村過客將求火，小店招商未掩門。
入肆雞豚豐歲有，在堂蟋蚌古風存；
大行西下吾能說，元氣微茫帶水渾。

　　在劉墉上任以前，太原府因種種原因已積累一大批疑難案件，其中不少案件已積壓多年。劉墉到任不久，就將數十件案件審理一清，因此受到官紳百姓的一致稱讚。

　　山西本為貧瘠之區，財政收入不多，卻地處交通要道，清代用兵西域多經此地，前後騷擾數十年，費用頗多。加之官蝕民欠，各地府倉庫普遍空虛，根本無法應付地方上的不時之需。劉墉上任後即注意此事，先後籌措資金購穀三萬餘石，儲為府倉，公私賴以為便。

　　由於劉墉在太原知府的三年任期裡確實做了一些事，如清積案、整頓倉儲等都受到人們的肯定，故光緒《山西通志》評

價他說：「以翰林出為太原知府，遷冀寧道。豐裁峻整，習掌故，達政體，於吏事以勤慎著稱。」

2.擔當大任，就要有責任感

做人要有責任感，特別是那些擔當大任的人，就更要有責任感，顧炎武說：「天下興亡，匹夫有責。」講的是做人的責任感。領導之道亦然。

提升生活的第一步，就是學會對自己負責。在決定繼續深造或選擇工作時，要想清楚自己的動機，是為了追求自我實現，還是為了別人？不妨問問自己，這一生中最重要的是什麼？

生命是自己的。想活得積極而有意義，就要勇敢地挑起生命的重大責任。沒有人能領你走一輩子，只要不辜負每一個日子，每天就會有新的收穫，美好的生活靠你自己創造。

對自己負責是一項艱難又費時的挑戰。要能了解自己，發掘自己的優缺點，再不斷調整及修正。還得注意不受主觀成見的影響，逐一吸收於己有益的經驗。

乾隆四十七年七月，劉墉就任工部尚書一職。工部雖居六部之末，但作為掌管工程水利、屯田及官營手工業等政令的機構，歷代不可或缺。早在春秋戰國時期，即有司空等官的設置。

在任工部尚書的近一年時間裡，劉墉除兼署吏部尚書、國子監事務、尚書房總師傅等職外，他主要主持了國子監辟雍的修

建、內廷換琉璃瓦事宜。

乾隆中葉，清朝進入極盛。乾隆的自得心理在各方面都能展現出來。在文化上搞了一部曠古未有的《四庫全書》，但他還有一些遺憾，如國子監的辟雍年久失修，與中央最高學府的地位很不相稱，更重要的是，沒有辟雍，天子無法駕臨，而天子不駕臨國子監，對於崇文佑古的乾隆而言，總像缺少點什麼，也與盛世不相符。

乾隆四十八年二月初，乾隆駕臨國子監行祭奠先師孔子禮後，便欲效法前代聖王，搞一次臨雍講學大典，遂於初七日下令修建國子監辟雍。派禮部尚書德保、工部尚書兼管國子監事務劉墉、侍郎德成，前往閱視，度地鳩工，選擇吉日興建。

當天，德保、劉墉等即將辟雍圖式呈進御覽，乾隆批道：「據德保等將辟雍圖式呈進，自應仿照禮經舊制度地營建。即著德保、劉墉、德成總司其事，敬謹承辦，以光盛典。」

但辟雍工程並沒有馬上開工，原因是要仔細研究程式，準備物料，加之國子監缺水，無法直接修築拌池，需要打井汲水等。故工程真正動工是在乾隆四十八年九月五日。

在此期間，劉墉曾於四月初和王傑、曹文埴、彭元瑞、金士松一起入值懋勤殿，隨後又奉派與福隆安、和珅、胡季堂、金簡、德成一起督辦內廷換琉璃瓦事宜。

乾隆四十九年三月，劉墉奏報辟雍工程事務，稱殿基挖出的土多係沙土，不堪使用，除可以使用土方外，尚需添買黃土五百餘方，又需要將不堪使用的土方九百五十餘方運到安定門外城根鋪墊，故需加撥銀三千九百餘兩。乾隆接奏後非常生氣，說：

　　　所奏十分錯誤。殿腳地基，本來應該堅固，但河內既有挖

出之土，又為什麼不堪築打使用，轉欲將挖出土方運到城根平墊？另買黃土添用，往返運送，只是白白浪費銀兩。且將來打土入地，不能再加驗看，最易作弊。況京城各處工程，俱築地基，從未見有添買土方之事，自係該監督等因德成奉差在外，即藉詞出運添買，為開銷運價地步，總未能絕弊。而劉墉等不等德成回京商量辦理，即行據呈具奏，自係為其所愚。劉墉於工程本未諳悉，朕自不加責備，至德保原屬無用之人，其於工程，自更懵然罔覺，更不足責。此事著添派金簡，將此項土方切實查勘，如該監督等果有借詞開銷情弊，即行據實參奏，等德成回京後，此項工程即責其二人辦理。將此傳諭金簡並劉墉、德保、德成知之。

隨後以金簡負責此項工程，而乾隆本人也時時過問此事。閏三月二十四日，金簡奏報辟雍工程，請將拌池水改為四尺等，以為更加壯觀，沒想到這次討好又讓乾隆給駁回來，乾隆批道：

朕的意思泮池止須三尺盡足適觀，且易於添換新水，也可以免除停蓄垢汙之虞，著傳諭金簡遵照妥辦，務率同該監督等將灰土磚石如法成做，築打堅實，不使稍有滲漏，方為妥善。至殿座四面，仍應添安擎簷，庶足以壯觀瞻，且所需費亦屬無多，仍照原奏辦理。

該工程於乾隆五十年初竣工，辟雍建於彝倫堂前，圓頂方宇重殿，桶扇四向各成三間，殿內合為一。寬深皆五丈三尺，外周以廊，深六尺八寸，出簷四尺三寸，池內方基長寬各十一丈二尺。池圓徑十九丈二尺，四達以橋，橋各長四丈，寬二丈二

尺，池周圍有欄。竣工之時，乾隆欽派大學士伍彌泰、大學士兼
管國子監事務蔡新、祭酒覺羅吉善、鄒奕孝為臨雍進講官。

在此同時，乾隆還令將太學門、集賢門、繩愆廳、博士
廳、六堂等處原有的橫式匾額改換豎額，加添清文，以示滿漢文
字並行不悖。為了告誡後人，他提倡漢文化並非遺棄滿洲賴以立
國的「國語騎射」等傳統，乾隆還親自撰寫了興建辟雍碑記，來
展現這種思想。其〈御制國學新建辟雍圜水工成碑記〉稱：

　　國學者，天下之學也。天子之學曰辟雍，諸侯之學曰泮
水。北京之國學，自元曆明以至本朝，蓋五百餘年矣。有國學而
無辟雍，名實或不相稱，雖有建議請復，以乏水而格部議，至今
未復，乾隆四十八年春始有復建之諭，五十年冬乃全部竣工。

　　北京為天下都會，教化所先也。是工之舉也，恐後人執
復古之說，於一切衣冠典禮皆效漢人之制，則朕為得罪祖宗
之人，甚屬不宜也。朕的子孫要體會朕的此心，於可復古者復
之，其不可復古者，斷不可泥古而復之，夫徒有復古之虛名，
而致有忘祖宗之實失，非下愚而何？予不為也。予敬以是，告子
孫，以保我皇清萬年之基也。

乾隆防微杜漸工作做得很好，搞一個辟雍大典，本是漢族
王朝的做法，是顯示一下盛世，誇示一下宏偉，但他又擔心他的
子孫誤會他，以為一切都要取法漢制，因而發諭旨專就此事講明
他的真實態度。

乾隆五十年二月，臨雍大典如期舉行。乾隆對辟雍工程
頗為滿意，除禮部尚書德保因典禮時安排有失免予議敘外，劉
墉、金簡、德成等都給予議敘。乾隆自己也賦詩四首以為紀
念。

3.認準的事，就要大膽去做

一個人一生總會碰到很多困難的事情，或是退讓，或是挺進，
這兩種不同的選擇自然導致不同的結果。有些人有一股韌勁，
對待自己認為是對的事，大膽而果敢地做下去，這叫氣魄。

敢於大膽去做的人常說：「我總有機會！」失敗者的藉口
是：「我沒有機會！」失敗者常常說，他們之所以失敗是因為缺
少機會，是因為沒有成功者垂青，好位置就只好讓別人捷足先
登，等不到他去競爭。

可是有眼力的人絕不會找這樣的藉口，他們不等待機會，
也不向親友們哀求，而是靠自己的努力去創造機會。他們深
知，惟有自己才能為自己創造機會。

有人認為，機會是打開成功大門的鑰匙，一旦有了機會，
便能穩操勝券，走向成功，但事實並非如此。無論做什麼事，就
是有了機會，也需要不懈的努力，這樣才有成功的希望。

乾隆二十四年九月，劉墉調任江蘇學政，對該省吏治風俗
多有觀察，敢於揭露其中的弊端，提出不少令乾隆感興趣的建
議。

作為清代學術和文化的中心，這個地區的士人風氣以及他
們對朝廷的態度，直接關係著清朝統治能否獲得穩定和加強。
因此，歷代皇帝和大學士對該地區都極為重視，康熙和乾隆六
次南巡，很大程度上就是為了籠絡東南士民，強化對該地區的
控制。乾隆時期，大學士尹繼善在東南地區長期擔任總督和巡
撫，前後長達二十七年之久，其原因在於尹繼善精於文學，善

於通過以文會友與文人學士連絡感情，因而深獲當地士人的擁戴，他在東南的政績成為清朝成功推行文治政策的典範之一。

在清代歷史上，尹繼善不僅因其卓越的政治才幹出名，而且，他在文學史上也占有重要的一席。他是雍乾之際八旗文壇享有盛譽的領袖人物。尹繼善和乾隆在政事上時有衝突，但二人卻有一個共同的愛好，那就是吟詩。乾隆以詩遣悶，以詩抒懷，稱自己「愛樂紛哉何所托？積成三萬首餘吟」，意思是說自己用詩抒發情懷，前後多達三萬餘首，數量之多幾乎可以與全唐詩相比。與之相似，尹繼善「生平沒有別的愛好，就好吟詩」，寫的詩奇多，去世的時候，滿床都是詩稿。尹繼善寫詩不僅數量多，而且具有較高的文學價值。清人說：尹繼善的詩「婉約恬雅而切近事情，深有思至」、「清詞麗句，雖專門名家自愧不如」。

有意思的是，尹繼善自己好詩，其家人受其影響，也紛紛以詩文相尚。其夫人賢淑能詩，長於應對，諸公子也勤習詩文，其中第三子慶玉最為出色。清代文壇廣泛流傳著這樣一個故事：

一天，尹繼善退朝，對慶玉說：「我今天累了，皇上讓我和春雨詩，我來不及作，你趕快為我作一首，我明天上朝要帶去。」等慶玉將詩寫成送給尹繼善時，尹繼善已熟睡。第二天，尹繼善將要入朝，諸公子都侍立在臺階下，慶玉心裡十分擔心，怕尹繼善嫌自己的詩不好，不料尹繼善一見慶玉就向他拱手說：「拜服！拜服！想不到你的詩寫得這樣好。」回頭對婢女說：「趕快將我的蓮子給三哥吃。」第四子慶桂笑道：「我今天又得到了一個詩題。」諸公子問什麼題，慶桂說：「見人吃蓮子有感。」

尹繼善在東南任職的時候，憑藉自己對文學的愛好，與東

南知識界建立了極為良好的關係，人稱他愛才如命，只要是見到有才能的人，就想盡方法提拔資助。他的幕府更是聚集了大量名流，故其詩有「幕府多才罕儔匹，儒雅風流誰第一」之句。

不僅如此，尹繼善還和諸名士同遊名山勝水，詩酒賡和，略無虛日，像曹西有、秦大士、蔣士銓等都是經常出入兩江制府的知名人物。而尹繼善才思敏捷，也頗受當地文人的推崇，時人記載說，尹繼善剛到江南，遇到海寧文人楊守知，知其為老名士，於是加以讚揚。楊守知卻嘆惜道：「感謝你的好意，可是我年紀已大，不可能有什麼作為了，『夕陽無限好，只是近黃昏』。」

尹繼善應聲答道：「不能這樣說，先生難道沒有聽說『天意憐幽草，人間重晚晴』嗎？

楊守知駭然，出門對人說：「不料小尹少年科第，談吐竟然如此風流！」

乾隆十三年，尹繼善與東南著名詩人錢陳群相遇於蘇州，二人吟詩唱和，多至十餘回仍不罷休，一時送客的人都疲倦不已，當錢陳群到達嘉興的時候，尹繼善還派人追送和詩一首，錢陳群於是致書請求休戰，說時間過得太快，實在不能再和了，願公告訴所有的人，就說香樹老子（錢陳群號香樹）戰敗於吳江道上，怎麼樣？這時剛好東南另一年輕文人袁枚路過蘇州，他在尹繼善那裡看到錢陳群的信以後，提筆寫道：「秋容老圃無衰色，詩律吳江有敗兵。」尹繼善看後十分高興，轉而又與袁枚唱和不休。這件事後來成為清代詩壇的一大佳話。

在與尹繼善交往的東南文人中，袁枚是地位最為重要的一位。袁枚，字子才，號簡齋，乾隆四年中進士時，年僅二十四歲。在清代，袁枚以詩文、文學揚名於世，為詩壇宗仰者達五十年之久。袁枚是乾隆嘉慶時期東南士人的領袖人物，對該地政治

和文化具有較大的影響力。尹繼善到東南任職以後，和袁枚建立了極為密切的關係，二人經常談詩論文，同食同住，袁枚可以不待尹繼善宣召即入督署，甚至直入內室，尹繼善姬侍也不迴避，以致人多物議。袁枚詩文集中，關於尹繼善父子的詩文多達二百餘篇，繼善去世，袁枚悲不自勝，作《哭望山相公六十韻》，數年以後仍思念不已，有〈夢尹文端公詩〉：

> 已絕人天路不通，無端昨夜坐春風；
> 離離燕寢清香在，款款慈云笑語同；
> 白髮三更紅短燭，黃雞一唱降悼空；
> 莫嫌夢境迷茫甚，到底今生又見公。

其辭凄切婉轉，非泛泛應時之作可比。

應該說，尹繼善在擔任兩江總督時注意與東南文人廣泛交往，建立密切關係，並非只是出於文人氣味相投的興趣，也絕非是單純為了追求風流，而是具有實實在在的政治動機。因為東南不同於內地，就是普通百姓，文化素質也較內地為高，要使民情悅服，單靠清廉和才幹還不夠，像黃廷桂本係雍正乾隆之際一大能臣，但任兩江總督不到三年，就被搞得聲名狼藉，連乾隆也說：「黃廷桂不適合在江南地區做官，因為南方人風氣文弱，黃廷桂性情急躁，他和這裡的人幾乎是水火不容，江南地區遭到黃廷桂喝斥的人當然心中怨恨不已，就是受到他獎勵的也不感恩戴德，長期下去，他怎麼能在這個地方行使其權威？讓他在這裡做下去可以說是用非所長！」因此乾隆讓尹繼善取而代之。

確實，江南地區發達的文化要求地方大吏不但要清正廉潔，還要懂得順乎自然，寬緩為政；不但要推崇儒家政教，而且要懂得獎揚斯文，引導風流。派具有深厚儒學素養和文學修養的

尹繼善到江南為官，可以說政得其人，人盡其才，時人稱尹繼善「就論風雅已壓群公」。「在江南地方推行仁政，百姓樂業，官吏傾心，不敢稍微違犯法律。」當老百姓聽說尹繼善要到江南任職，便歡呼雀躍，奔相走告，而當尹繼善去世的消息傳出，東南悲聲一片，軍民懸畫像，士女咽悲喉，即反映出他十分清楚治理兩江地方的訣竅。對此，精敏的乾隆心裡也很明白，所以他說：「滿洲科甲官僚中，長於文學而又通曉政事的，尹繼善是第一。」

劉墉能被選派到江蘇這樣一個文化大省做學政，充分體現了乾隆對劉墉在安徽學政任內工作的聲名，及對劉墉管理學務能力的信任。但這只是一個方面。另一方面是，劉墉有在江蘇開展工作的便利條件。

劉墉的父親劉統勳此前多次負責南河河工，在江蘇的時間比較長，熟悉那裡的風土人情；劉家在江蘇擁有眾多的朋友或門生故吏，如前面提到的江蘇文化名人大多與劉家有這樣那樣的關係。時任兩江總督的尹繼善也是劉統勳的同僚和朋友。乾隆二十五年秋，也就是劉墉到任的第一年，前輩錢陳群為送主試江南的兒子錢汝誠返回北京，來到江寧，遂招往江寧出差的劉統勳，聚會於尹繼善的府衙。

這次聚會，尹繼善曾賦詩多首與錢陳群相戲謔，其中一首詩：

一曲寒流抱小洲，荒亭散步亦優遊。
只看紅葉遍經雨，未賞黃花已過秋。
北去有人隨遠雁，宵來無語望牽牛。
適逢扶杖駕湖叟，笑問何時返八騶？

　　可見三人關係比較密切。有此良好的社會關係，又有安徽學政的三年經歷，劉墉主持江蘇學政工作自然順手多。

　　劉墉這次視學江蘇頗為認真，考取生員比較嚴格，諸聯《明齋小識》就記載說：「昔日劉石庵相國視學江蘇，嚴肅峻厲，人多畏憚，至四十二年復任江蘇，則寬厚平和，與前次不輕易取悅秀才迥然有別，即使年例不符合者，也准予賞給衣頂，並能對科場運氣不佳者給予照顧。」於此可窺見其風格及其變化。

　　劉墉還認真考察當地的風俗民情及官方士習情形。乾隆二十七年秋天，劉墉在離開江蘇省前夕，將此向乾隆作了彙報，算是對他觀風察俗工作的一種總結。其中特別談到了對監生的管理等問題：

　　監生中有喜歡滋事，膽大妄為的人，府州縣官多所顧忌，並不加懲處。以致他們不僅害怕刁頑百姓，而且害怕蠻橫的監生，狡猾的胥役。對於涉及監生的案子既不能及時審斷，又不想明定是非。確定罪責之後，應該撲責革退的監生，並不責革，實屬疲玩不堪，訟棍奸吏因此得以行其奸謀。不只是他們目中已無學政，甚至有心欺詐督撫。

　　此疏深切當時江南官場之積弊，因而受到乾隆的高度重視，乾隆在隨後下達的上諭中指出：

　　劉墉所奏，切中該省吏治惡習。江南士民風尚，多屬浮靡好事，當地地方有司，又加以疲塌姑息，遂致此等惡習日益嚴重，牢不可破。所以，近來封疆大吏懈弛弊端，直省中惟有江南最為嚴重，這本非劉墉一人私下看法。尹繼善、陳弘謀在督撫中外任時間最久，而且向來好以無事為福，況且經歷事情既

多，上下一團和氣的作風竟成故智。他們所轄官員又大半屬往年舊屬，因循生玩，往往遇事姑容。甚且狡猾劣員，近來藉口辦差，有意延擱公事者更不而足。積習頹靡，不知振刷。此等情狀，即使當面責問尹繼善、陳弘謀，他們亦應當難以自解。

況且督撫為屬僚表率，既然上司就不能有所振作，那麼所有下屬又有誰不承風？至於上行下效，怠惰之勢已經形成，誰負責任？則朕惟於督撫是問耳。尹繼善等當以此痛除舊習，刻自振作，如果州縣官確有怠玩相沿，如劉墉所奏各情節，即當嚴行體察，據實參奏。若不知自改，而轉以被揭怨恨他人，更難逃朕洞鑒。

後來，他又多次在諭令中談到這個問題，可見劉墉所奏在乾隆心目中的影響。

4.不管誰，都不能越規

不管你是誰，不管你做什麼事，都必須有一個尺度，或一條規章，如果越過了，就會導致不堪設想的後果，這也是衡量一個人是否能守住自己身心的一大標誌。

人生不可能隨意所為，必須要自制，而且自制是成大事者必不可少的一項基本素質。你想，你連自己都約束不住，怎麼能控制自己呢？

自制可以說是努力的同義詞，也是適應能力的一部分，是

成大事的不可缺少的素質。自制就是要克服欲望，不因有點壓力就心裡浮躁，遇到一點不稱心的事就大發脾氣。七情六欲乃人之常情。但人也有些想法超出了自身條件所許可的範圍。食色美味，高屋亮堂，凡人皆所想到。但得之有度，遠景之事，不可操之過急，欲速則不達也。故必要控制自己，否則，舉自身全力，力竭精衰，事不能成，耗費枉然。又有些奢華之事，如著華衣，娛耳目，實乃人生之瑣事，但又非凡人所能自克，沉溺其中而不能自拔，就不是力竭朽衰的小事了，這樣的人必然會頹廢不振，空耗一生。

人的一生要想成大事，會面臨許許多多的壓力，才能鍛鍊自己，才能有所得，務必戒奢克儉，節制欲望。只有有所捨棄，才能有所得。

乾隆二十六年春天，江蘇沛縣有位五十七歲的老監生閻大鏞，因不滿官府攤派糧款、差役，憤而抗糧拒差，並大罵官員擾民。事後擔心官府報復而離家，但不久即被官府捕獲入獄。

閻大鏞身為監生，非不曉道理之愚昧百姓可比，所以要受到更為嚴厲的懲治。在官府對閻大鏞進行審訊的過程中，作為總管江蘇學子教化的學政劉墉也參與了此案的審理，他的注意力沒有放在案件本身，而是放在這位不守本分的監生有無不法文字上。

經過認真訪查，劉墉得悉閻大鏞平日喜歡作詩，並從閻大鏞家中搜出詩稿兩張，還有他的祖父閻爾梅及伯父閻圻所著稿本，更重要的是，劉墉還獲知閻大鏞曾經焚毀過自著之書。

劉墉懷疑閻大鏞所作詩稿定有悖逆之詞，否則他為什麼要燒毀呢？於是劉墉將查訪到的情況一面通報巡撫陳弘謀，一面細心研讀所獲書稿，遇到他認為有問題的文字，直接封送乾隆御覽裁決。

　　五月二十九日，乾隆接到劉墉的奏報及所呈繳獲的書稿後極為重視，當即給署理兩江總督高晉及江蘇巡撫陳弘謀發去嚴厲查辦的諭旨，諭旨說：

　　「據劉墉奏，沛縣監生閻大鏞抗糧拒差，誣官逃走，旋經拿獲未結一案，因其情形異常桀驁，隨查出該犯詩稿二紙，並其祖閻爾梅、伯閻圻稿本，及閻爾梅犯罪時文移一本，粘簽進呈，並查該犯家內無其詩稿存留，揆諸情理，必係悖逆之詞，曾經銷毀等語。閻大鏞以監生抗糧拒差，情屬可惡，治以應得罪名已無可寬貸。至查出稿本名條，以朕看來，不過愚賤無知，尚無悖逆之語，如果牽連到其祖、伯等詩文，即以悖逆定案，卻先置本案為輕罪，又不確切查清他燒毀滅跡之原由，這種做法不僅不足以服本犯之心，而且眾人或轉而懷疑辦理苛刻，非朕用法平允務得實情之意。況且燒毀一語也屬於揣度之詞，如果該犯平日果係居心悖謬，形之筆端，即使本人事先銷毀，而天理定然不容，斷不會令其毫無蹤影，脫然漏網之理，不是有一二銷滅不盡，即有留遺他處，使之旁出敗露者。此正案中吃緊關鍵，該督撫果肯實心辦事，詳細研審，自無不明之理，如果確實有悖逆本朝形跡，即應從嚴處。著將原折抄錄並粘簽稿本，交與高晉、陳弘謀，令其確切嚴訊，並悉心採訪，及該犯詩文有無留遺在外之處，秉公推勘，按律定擬具奏。」

　　當時正值查處違禁書籍之初，閻大鏞一案經劉墉揭發，皇上追問，兩江總督高晉等人如何敢不認真辦理？故乾隆諭令到達江蘇後，江蘇巡撫陳弘謀立即會同高晉等開始對閻大鏞進行拷訊，追查他所燒之書有無違礙字句。

　　在陳弘謀等人的拷訊下，閻大鏞供稱，他在三十多歲時確

實曾經刻印過自己所著的《俁俁集》。由於他的母親二十四歲喪夫後一直守節未嫁，沛縣縣誌卻沒有把她列為節孝之人，而某些不該列入者反得濫觴，閻心中不滿，就在《俁俁集》內《沛縣誌論》一文中，對縣誌記載不公進行了諷刺。不久，有人將《俁俁集》舉報給了當時的知縣李棠，李棠隨即派人將閻大鏞拘至官府，大加申斥，並迫繳和焚毀了書版和已印的刻本。乾隆七年李棠被革職返回老家山東，此事便沒有擴大開來。

高晉、陳弘謀審知此情後，認為閻大鏞並沒有將實情完全供出，他們認為，如果《俁俁集》只有《沛縣誌論》一文存在問題，自當採取抽換的辦法，何必要全毀呢？而且李棠辦理此案沒有留下卷宗，說不定書內還有其他悖逆之句，李棠為息事寧人，遂將全書銷毀。

然而嚴訊閻大鏞，閻大鏞堅決否認。

為了徹底搞清《俁俁集》的內容，高晉、陳弘謀一面上奏請乾隆令山東巡撫阿爾泰派人將革職家居之李棠解來江蘇質訊，一面派手下到民間認真訪查遺存之《俁俁集》。高晉、陳弘謀的手下官員竭盡全力，明察暗訪，終於找到了兩本遺留民間的《俁俁集》。總督巡撫連夜閱看，發現閻的文字，或諷刺官員，或憤激不平，或狂誕不經，悖逆顯然，當即將情況及所獲《俁俁集》奏報了乾隆。

六月二十五日，乾隆接到了高晉等人的奏報後，大為惱怒，當即在原摺上批示：「如此情節可惡，自當照呂留良之例辦理！」也就是要輾轉牽連，大肆殺戮！

然而乾隆心裡也清楚，閻大鏞抗糧拒差案的發生，實因地方官為應付乾隆二十七年南巡而加派糧差所起，在他南巡之前驟開殺戒，究與盛世巡遊一事不和諧，因此不願意將事態擴大，從而造成江南士林的緊張局面。所以，他在批發高晉的奏摺後，很

快又下發了一道禁止株連的諭令。諭令稱：

> 「據高晉查奏閻大鏞摺內稱，該犯刺譏憤激，甚至不避廟
> 諱，並有狂悖不經語句。如此情節可惡，自當照呂留良之例辦
> 理，已於摺內批示矣。後又將原書閱看，其悖逆尚不至如呂留良
> 之甚，儘管他不避廟諱，猶可說是村野無知，但該犯書內筆舌詆
> 毀，毫無忌憚，如果將其姑容寬縱，則此等匪徒不知悛改，反因
> 此次查辦益肆其怨誹，允其所至，必將入於呂留良一派，該犯斷
> 不可留，著傳諭高晉等，勘得確情，即將閻大鏞按律定擬，速行
> 完案。此外不必似呂留良之案輾轉推求，以致株累。」

　　七月中旬，閻大鏞《俁俁集》案審結，閻大鏞被殺，家人
也受到不同程度的連累。原知縣李棠因已死去，故免其追究。
　　當時高晉、陳弘謀等為急於將審判結果盡快報告乾隆，特
用驛馬四百里馳奏，受到乾隆的申斥。乾隆在七月十六日的上諭
中稱：「今日高晉、陳弘謀所進奏摺，由驛四百里馳奏，朕意現
在正值時雨普降，恐河工或有沖刷，關係地方緊要之事，及閱
之，不過審擬閻大鏞一案及調補知府而已。此等事件，照常派人
進呈，也不會遲緩，何必動用驛馬？殊為不知輕重。高晉、陳
弘謀著傳旨申飭。」拍馬卻拍到了驢蹄子上！兩人原欲借此邀
功，不料卻碰了一鼻子灰！
　　閻大鏞《俁俁集》案的發生實由劉墉舉報而起，這是他得
罪士林的重要一項。但劉墉舉報閻大鏞一案，除了向乾隆邀功升
官的個人因素外，也是當時政治大氣候使然。
　　就在劉墉這次出任江蘇學政期間，即有浙江歸安人沈大章
私刻逆書陷害湯御龍案、鮑體權張帖邪言案（均在乾隆二十四
年七月）；浙江常山人林志功捏造諸葛碑文案（二十六年五

月）；江西餘騰蛟詩詞譏訕案（二十六年九月）、江西泰和人李雍和潛遞呈詞案（同月）；甘肅成縣人王獻璧投詞案（十月）、浙江臨海訓導章知鄴筆記荒誕案（十二月）發生。

5.不論是非，按照自己想法走下去

成功的目標就像一面旗幟一樣，引導著那些立志者，這是因為目標是人生的指南針，特別需要說明的是，假如沒有一點倔強精神，是很難按照自己的目標走下去的。

劉墉作為乾隆年間的一個重要大臣，也是乾隆文字獄政策的重要支持者和推動者，同時身為一個重要的學者文人，他對文字獄政策的支持究竟出於什麼動機？

劉墉舉報文字獄案首先應該是當時政治氣候使然。劉墉舉報閻大鏞一案前後，有多起文字獄案發生。劉墉舉報徐述夔詩案也是文字獄高潮時期。乾隆四十二年王錫侯《字貫》案發生後，乾隆曾以「空言塞責」為由，將江西巡撫海成革職處死，以此來推動查辦禁書活動的開展。徐述夔詩案正發生在這一關鍵時刻。作為統治階級重要成員的劉墉，不管他是否認同這類做法，為了個人的前途，他不能不認真對待有關「違礙」書籍事件。

同時，劉墉舉報文字獄案也是職責使然。作為負責教化的學政，本有代皇帝察風觀俗、推行現行文化政策之責，他支持乾隆的文字獄政策是有思想基礎的，這可以從他留下的惟一一

首涉及文字獄問題的詩〈伏生授經圖〉中看出蛛絲馬跡，詩中寫道：

> 百家諸子紛成堆，故應一炬付飛灰；
> 至於大聖有述作，譬如雲漢長昭回。
> 祖龍區區力幾許，六國孱主是儔侶。
> 如何焚得聖人書，達者寧當新斯語；
> 百篇文字傳典謨，儒生誦之如拘墟。
> 此心此理千年同，只應訓詁時未統；
> 但恐讀書不悟道，莫恨書未傳試觀。
> 易象春秋與論語，與夫周詩三百篇。

詩中從漢代經師傳授古經一事，想到先前的秦始皇焚書坑儒問題，並提出他對秦始皇焚書坑儒問題的看法：戰國時代百家學術紛紜，混淆視聽，自應付之一炬；秦始皇焚書也並沒有將聖人的述作毀掉，《易》、《書》、《春秋》、《論語》，以及《詩經》三百篇，不是一字也沒有燒嗎？百篇文字已經將聖人大義保存下來，就怕你讀書不能明白其中的道理，就會怨恨當時的書沒有全部流傳下來。

當然，我們也不否認，劉墉向乾隆奏聞文字獄案有向乾隆討好、搞政治投機的個人心理因素存在。就在劉墉奏聞徐案的二個月後，劉墉還向乾隆奏請自行出資刊刻乾隆的《御製新樂府》、《全韻詩》，使其在江蘇流布，同時建議敕發各直省刊刻流布。乾隆聽後非常高興，曾下諭旨說：

> 事屬可行。至所請敕發各直省敬謹刊刻聽許流布之處，殊可不必。朕所制新樂府及全韻詩二種，雖議論咸關政治，非僅

陶寫性情，但不過幾餘遺興，並非欲昭示藝林。況朕從不肯以篇
事之末與海內文士爭長，劉墉自應深悉。但伊現為學政，且二
詩俱曾賞給，欲自行校刊傳示諸生，亦無不可，即詩本亦毋庸再
發，他省學政有願自刊者亦可聽之，若頒發各省，俾一體刊刻流
傳，則非朕意。

這純粹是一番自欺欺人的扭捏之態！誰不知乾隆是詩作流
傳最多的人！後來官居要職的沈初，乾隆四十四年就任福建學政
時，不就因刊刻乾隆詩作而受到乾隆稱讚的嗎？劉墉的獻媚也是
事實。

6.盡職盡責做好每件事

恪守職責是本分的象徵，不能夠做到這一點，一定會看歪眼，
走歪路，不但誤己還誤人。一個人做自己要做的事應該有這樣
的態度：要嘛不做，要做就做最好。

對成功的期盼來自四個字：盡力做好。你也許已經無數次
聽到或使用過這四個字。騎車郊遊或到公園悠閒漫步，這又有什
麼不對的呢？在你的生活中，為什麼不能僅僅去做一些事，而
並不一定非得盡力做好呢？盡力做好會使你既不能嘗試新的活
動，也不能欣賞目前正在從事的活動。

不追求完美，邱吉爾曾講過一句著名的話：「惟盡善盡美
者為上」。

　　這句話表明，總想取得成功的心理會使你陷入一種惰性之中。是的，事情追求完美，就要拚命做好，從表面上來看確是一件好事，但它卻會使你陷入一種癱瘓之中。在日常生活中，你確實可以找到一些自己真正想做的事，想拚命做好。但大多數情況下，盡力做好或是好好地做這種心態便是阻礙你做事的障礙。不要讓盡善盡美主義妨礙你愉快的參加活動，你可以試著將「盡力做好」改成「努力去做」。

　　乾隆四十五年三月，劉墉於乾隆南巡行在覲見後被授予湖南巡撫，同年五、六月分到任。

　　湖南古時屬荊州之域，明代屬湖廣布政使司所轄，設有偏沅巡撫於沅州。清初因之。康熙三年分置湖南布政使司，為湖南省，並移偏沅巡撫駐長沙。雍正二年改偏沅巡撫為湖南巡撫，並歸湖廣總督兼轄，有長沙、寶慶、岳州、常德、衡州、永州、辰州、沅州和永順九府，澧州、桂陽、郴州、靖州四直隸州，南州、乾州、鳳凰、永綏和晃州五直隸廳，共有六十七州縣。轄域東至江西義寧，西至貴州銅仁，南至廣東連州，北至湖北監利，是一個轄區遼闊的省分，也是一個擁有民族較多，情況比較複雜的地區。

　　劉墉初上任，即遇武岡、邵陽、黔陽等地發生水災，沖坍兵民房屋並淹死人口事件。劉墉立即督同屬員進行救災，大水過後，又奏經乾隆批准，向災民發放銀兩，供修理房屋和埋葬死者之用；對於莊稼被沖毀的農戶，則借給種子以便補種秋收作物，隨即具摺向乾隆奏報有關情況。

　　作為以自然經濟為基礎的清朝政權，為了保證財賦收入以維持國家機器的正常運轉，向來重視對農業生產的經營管理，確立有地方督撫等官員定期或不定期向皇帝奏報風雨年成的制度，並把能否督率地方興修水利、開墾荒地等內容作為其考成的

重要內容。武岡等地受災一事，劉墉在接獲乾隆的批諭後，並沒有將續行情況奏報乾隆，這使乾隆極為不滿，隨於七月二十九日特下諭旨指出：

前據劉墉奏報：武岡州等處雨後發水，有沖坍營房民居並漂溺人口之事，現在查明給發銀兩，修葺埋葬，其被淹地畝酌借籽種一摺，業經批發，此時諒已接到，何未續行明白速奏？救災濟民之事不可延緩也。著再傳諭劉墉，務行查明各處被災確實戶口，照例撫恤，其被淹地畝有可以補種者，即行及時借給。該撫務宜督率屬員，實心妥辦，俾各均沾實惠，以符朕軫念災黎至意，仍著將如何撫恤情形速行覆奏。被災各處，前已查明，照例撫恤，淹傷地畝酌借籽種工本；今復委員覆勘，續查出被淹人口房屋田地，俱補行撫恤借給……

劉墉遵旨辦理，並把有關情況向乾隆做了彙報。同年十一月初，乾隆上諭給各受災地區督撫，詢問來年春天是否有需要加恩蠲免賦稅的情況，劉墉遵旨奏報稱：

武岡、邵陽、黔陽三州縣於本年夏間猝被水災，業經照例撫恤，旋值秋成，仍獲稔收，堪資接濟，訪察民情，實已得所。茲接奉諭旨，詢問明春應否加恩，已飛飭該州縣，將被災各戶再加體察，如應酌量借給以紓民力，俟查覆到日，另行奏聞……

由於這分奏摺沒有將三州縣是否應該加恩蠲免情況明確告訴乾隆，因而再次受到乾隆的指責。乾隆在諭旨中指出：

前經傳諭受災各省督撫，詢問明春應否加恩免徵賦稅，原恐災民正賑之後，時後青黃不接，民力不無拮据，或有應需展期賑濟之處，令該督撫酌量情形奏聞，以備新政降旨加恩。如果民情得所，無需接濟，即應以毋庸加賑奏覆，至酌借口糧籽種等事，只須該撫酌量情形自行查辦，不值因此特降諭旨。今該撫摺內既稱災民已沾實惠，堪資接濟，又稱來歲春耕有無缺乏，如應酌量借給糧種，另行查奏，殊未明晰。本日勒爾錦、閔鄂元俱經奏到，著將摺錄交劉墉閱看，似此方為合式。劉墉系新任巡撫，或未能諳習，或存書生之見，以為既經奉旨詢問，不肯直言毋庸加賑，不知朕軫念災黎，方降旨垂詢，有何不可據實直陳乎？此雖觀過知仁，究亦不可。將此諭令知之。

在此期間，劉墉還對湖南各地倉貯進行了盤查整頓。此項工作在前任巡撫李湖任內既已開始，劉墉接任後即對通省常平倉進行了盤查，並規定用其平糶盈餘銀買補缺額及修補朽壞倉廠。他在乾隆四十五年七月的一分奏摺內稱：

湖南通省常平倉穀，現在並無缺額，而歷年平糶盈餘銀實存二萬八千餘兩，將來按年續收，漸有增多，如遇常平缺額之時，即將此項撥給，以充買補之需，其各屬倉廠朽壞者，仍請於此項內動支興修。

四十六年二月，劉墉又對湖南社倉進行了盤查整頓。他上給乾隆的奏摺稱：湖南社倉本息穀共存近六十萬石，自乾隆二十二年以後未經捐增，上年通省豐收，當令長沙、善化等二十一州縣循例勸輸，隨經各屬報捐至十六萬石，現已另立倉房社長分別收貯。至舊存穀，除本穀留貯備借，其歷年收存息

穀，請照安徽、江西等省例變價存司，以為民田水利及隨時撫恤之用。

這次整頓社倉活動一直持續到乾隆四十七年初劉墉離任時，頗具成效。劉墉稱：

> 社倉成例，准予秋收之後勸諭捐輸。湖南省自乾隆四十五年長沙、辰州等屬捐谷十七萬三千五百餘石，上年湘陰等屬又捐谷十二萬餘石，合舊存本息穀五十餘萬石，頗為充裕。現飭各該州縣，於城鄉要地繕治倉廠，新舊分貯，並選殷實之人充當社長，責成州縣官實力稽查，不令胥吏涉手，以備農民接濟。如遇儉歲，例得免息，於貧民更沾實惠。

另據劉墉於乾隆四十六年十二月所上〈奏報捐收秋穀數目以備農民接濟折〉稱，乾隆四十五年共勸捐十七萬多石，加上乾隆四十六年所收幾萬石，累計劉墉任內共勸捐倉穀近三十萬石餘，頗資調劑之用。

在湖南巡撫任上，劉墉還進行了勘修城垣奏准開採湘南銅礦等工作。

湖南各地城垣經清初修治後，多年失修，其中不少已破敗不堪，前任巡撫李湖時已著手修治長沙城垣。劉墉任內又對其他地方城池進行整治。劉墉任內修理完固城池二十七座，原來完好城池三十三座，應行緩修城五座，原無城八處。

十一、成事三法——穩、準、猛

　　領導當以成事為要，切忌人浮於事，只說不做。領
導必須針對下屬存在的問題，拿出對症下藥的本領——
穩、準、猛，以便為成大事打好根基。

　　曾國藩的領導心智是：人人都要克己私心，不能
膨脹私欲，否則「貪」字就會毀掉一生。因此，拋開私
欲、貪利，穩、準、猛的把每件事做好。

1.整頓吏治是職責

我們知道，古代做官有許多講究和學問，根據各地差異，做官之地有「衝」、「繁」、「簡」、「要」的區分。一般的官員，多選擇「繁」、「要」之地，因為繁要之地雖說責任大些，但權力大，利益多，容易出成績。而「簡」、「衝」之地要糧無糧，要錢無錢，而且，越是貧困，越是盜賊蜂起，官員不但升官無望，反而多以不稱職降革。

　　清朝康熙年間有名的清官于成龍，在廣西一個縣為官十餘載，雖掙得清廉之名，但于成龍不幾年即病死。一百多年後，胡林翼在貴州做官，後來寧願當幕僚，也不願在那裡做下去。這是兩個很典型的例子。

　　直隸屬於另外一種情況，既屬於天子腳下，又屬於地方官。這種地方，達官顯貴，多如牛毛，很多人都有通天的本事。因此，稍有疏忽，就出大問題。曾國藩非常精通為官之道，認為首要的是為官更當勤苦耐勞。他赴京途中，在為高官「三不主義」基礎上，又體悟出「六項原則」。這六項原則就是針對直隸而發。

　　直隸總督當時署衙設在保定。曾國藩於同治八年正月二十七日抵達保定，這時本省司道一級官員早已迎候在城外。第二天開始，曾國藩接見直隸地方官，直隸各州縣，每十人為一班，共計十一班於二十八日接見完畢。二十九日，又接見提鎮等武職官員，前日未能接見的州縣以及教職官員也都安排在這一天。稍晚時分，他又接見佐雜十四起。每起十人，前四起坐

見，佐雜立見，「至午正方畢，殊以為苦」。

有了感性認識，曾國藩隨後開始清查各官履歷。對於要提拔的以及要參劾掉的官員，曾國藩不但將其歷年政績查閱一番，而且還親自微服私訪。曾國藩有知人之名，他不能讓自己的名聲在直隸丟失。因此，對要參劾的劣員，他研討再三，他說自己「連日為此事疲敝精力，恐有差失也」。

本著吏治為先的原則，曾國藩在審慎地參劾提拔一批以儆官方的同時，著重從勸導、訓化上下工夫。他朝思暮想，三更不眠，在枕上做勸誡州縣官廳聯：

長吏多從耕田鑿井而來，視民事須如家事；
吾曹同講補過盡忠之道，凜心箴即是官箴。

做畢後，又想沉吟更改，以致久不成寐。三更二點乃入睡。第二天，他對昨天的作聯不甚滿意，於是改作一聯：

念三輔新離水旱兵戈，賴良支力謀休息；
願群僚共學龔黃召杜，即長官藉免愆尤。

沉吟良久，至夜方定。曾國藩向來作聯作詩，每每苦吟不輟，他雖然說「由才思遲鈍之故，亦過於愛好也」，實際是求盡善盡美，起到警示的作用。睡後仍反覆思之，纏繞不休，以致不得酣眠。次早初起，又作一聯，云：

隨時以法言巽語相規，為諸君導迎善氣；
斯民當火熱水深之後，賴良吏默挽天心。

這樣才第三次改定。

曾國藩對整飭吏治確實下了番苦心。二月初二日，他將官廳二副對聯寫好後不勝疲倦，說自己「用心太過也」。

他還馬不停蹄巡訪各州、縣。州、縣地方的條件自然比不上總督衙門，時常有臭蟲、蚊子咬得他不能睡覺，這時，他又拿出詼諧的本領，將白香山的詩句略作改動，說：「獨有臭蟲忘勢利，貴人頭上不曾饒。」

2.制住貪心最重要

曾國藩雖然自己主張不貪不欲，但他縱觀天下，發現「勇於事者」乃是「皆有大欲」之人。這一點在他重回兩江總督任上，欲勵精圖治的時候感觸更深，故以治住貪心為要。

曾國藩回到兩江總督任上的時候，地方興革千頭萬緒，但以他為官多年的經驗，最主要的是先抓上兩件大事：一件是整頓吏治；一件是肅靖地方秩序。這兩件大事抓不出成效，就什麼也別想做好。然而，由於湘軍自身的遺留問題綑住了他的手腳，使這兩件大事都宣告擱淺。

吏治敗壞是封建社會末期無法醫治的弊端。尤其清朝末期，可以說無官不貪，官場黑幕重重，腐蝕著整個國家機構，使它一天天腐爛，走向最後的衰亡。曾國藩創辦湘軍的過程，客居湖湘各省，吃夠了地方官的苦頭，也看清官場的黑暗。

待到他任兩江總督後，幾乎把三江原有的地方官一舉革

盡，全換上自己的親信。開始時他強調選用官員的標準是「能做事，不愛錢，不怕死」。他認為隨自己作戰多年的湘軍將領大體上是符合這三條標準的，但事實上並非如此。

即使是他親自選拔的官吏，到地方做了官，幾乎沒有幾個是這樣的人。何況，湘軍將領之多，保舉做官之泛，他根本就控制不了，更何況即使做官之前確實條件較好，但放到清朝那個腐敗的政治體制之下，不久也就同流合污，所謂出污泥而不染者在當時只是一句空話，或者說微乎其微。所以，連他自己也只能承認，「凡能任事者，無不好名，無不貪財」，如果不為名為利，又如何能投到湘軍之中拚命呢？冷眼看一看他的湘軍將領和由這些將領變成的地方官員，他才感慨地說：「安得有人乎？勇於事者皆有大欲存焉！」

現在，要由他自己來整頓他親手提拔、保舉的官吏。這些官吏表現什麼樣他不難知道。在戰爭中，尤其攻破金陵之後，湘軍將領哪個不大掠大搶，由此鬧得全國盡知。所以，真要整頓起來，等於自我否定。當時他所處的地位那麼險惡，自己剛剛從前線敗回兩江，從官文等滿貴的明槍暗箭叢中鑽了出來，哪裡還有勇氣再整頓湘軍將領及湘系官員呢！

他自知吏治的重要，非整頓不可，但卻無法下手，也不敢下手。他向趙烈文問計，趙回答他：「要搞吏治，必須先從江蘇布政使丁日昌開刀。」丁日昌原為江西萬安知縣，因貪污庸劣而被革職，時值曾國藩在江西萬分困難之際而投入幕府。同治元年隨李鴻章到上海，被李提為蘇松太道，兼任江南製造局總辦、兩淮鹽運使，後又被李鴻章保薦為江蘇布政使。丁日昌為人貪婪成性，又任蘇松太道和鹽運使肥缺，貪名極重。趙烈文說：「使若輩在位，吏治非江河日下不已。」然而曾國藩聽後卻為難地說：「你知道我的苦心嗎？丁日昌之流與少荃至好，我與少荃勢

同一家，丁雖是小人，他為少荃籌前敵財用，我又怎能裁治他的
手下呢！」

看來，曾國藩對如何解決有大貪欲又勇於事者所造成的吏
治腐敗現象也深感為難。他想整頓吏治，卻礙著湘、淮系官員而
不敢行動，這使他非常苦惱。他多次向趙烈文訴苦，並檢討自己
說，連自己管轄的「三吳吏治」都不能下手整頓，真是「負國負
民」呀。

對於勇於任事而又有權勢者的貪婪與腐敗，或是與他們針
鋒相對以自己的能力進行整治和鬥爭，或是與他們井水不犯河
水，各行其道，相安無事，或是與他們同流合污，自甘墮落。而
以曾國藩的為人與品格，當他重回兩江的時候，不可能選擇後兩
種可能，而第一種可能又實感無能為力，這使他處於一種「欲罷
不能罷」的尷尬境地，即使這樣，他也不能不被那些貪欲之人視
為眼中釘，加上因對無業遊民哥老會組織給地方上造成的極度混
亂的局面，曾國藩深感問題的嚴峻，陷入了又驚又懼的深淵之
中。

他焦慮地預計，若是哥老會大股發難，首先遭到攻擊的一
定是他們曾家（因為哥老會成員中有許多是被曾國藩裁撤沒有
得到太多實惠並對他們不滿的湘軍官兵）。所以，他不止一次地
告誡曾國荃、曾國潢和家人，讓他們在鄉里夾起尾巴做人，多
積些陰德，免得遭到憤怒群眾的懲罰。同時認為早晚難逃「劫
數」，讓他們隨時準備「避亂遠出」。家裡人一聽非常恐慌，商
量全家搬往南京，但又捨不得家產，左右為難。經與趙烈文等反
覆商量，還是把他自己的家眷子女接到南京，避離湖南。曾國藩
連自己的家人老小都顧之不及，何談肅靖地方。

好在他在兩江總督的位子上沒有多久，被調為直隸總督，
離開哥老會集中的長江流域，也管不著那裡的靖與不靖了。

　　對於成功者而言，也許他本身就是一個有「大欲望」之人。曾國藩怎樣才能合理地使用好那些有大欲望的人，則是他治人之術中的難題之一。他主張在治人貪欲心理上下工夫，是一有用之招。

3.絕不容忍私欲膨脹

> 曾國藩鑒於以往的地方官過於怠惰畏事，往往積案不辦，罪犯
> 逍遙法外，主張「治亂世，用重典」，以嚴刑峻罰來痛懲不法
> 分子，絕不容忍私欲膨脹。

　　曾國藩早就對清朝地方官吏腐敗無能深懷不滿，更不信任承辦案件的胥隸、書役人員，決心於司法機關之外設置新的機構。曾國藩峻法的剛挺之氣也曾令某些大奸之徒膽戰，大小貪官為之忐忑，這種作風一直到他任直隸總督時還如此。

　　我們來看曾國藩這分陳摺便可略知一二：

> 　　直隸風氣的敗壞，竟是各省所未聽說過的。我到任以後，不得不大力整頓，把清理積案，停止任意攤派作為頭等大事。嚴明法紀，違者嚴懲。我自認自己不是鐵腕人物，就在近期的江南之治也是很寬容的，但是如今在直隸卻嚴屬起來。那些貪官污吏有的致信來保全自己，有的坦白所為希望得到寬恕，這些都在我意料之中。我隨時親自察問，找出問題的要害以圖直隸之吏治得到整肅的成效。假使一年半載風氣能夠稍稍好轉，也就不難達到

民安世平的目的。我初任直隸，就認為這裡如果不採取剛猛措施就不能懲處貪官，這也是應該預先說明的。

為了峻法，曾國藩敢於冒殺頭死罪，犯顏上陳，這是眾所周知的事。上面那道有關懲治貪官的摺子，是在同治八年正月十七日上奏的，而後兩個月整，曾國藩又上了這樣的一摺，參劾直隸劣等官吏：

一個多月來，我所見的官員有很多，從他們那裡所聽到還是令人鼓舞的。希望從此風氣能有所好轉。現在我把所察罪極的十一人列單呈上，恭請聖上一看。雖說不十分確實，但是臣確實多方察問，不敢輕信旁人，不敢稍帶個人成見。另外還有十幾個未曾察明，等兩三個月後，詳細察清再據實上奏聖上。嚴重的仍罷官斥責，不能犯同一罪過而懲罰有所不同，案輕的令其改過自新，對他們應該重在勸誡而不在嚴懲，藩臬兩司所開賢官與我調查相符的，我也分作兩次呈聖上一看。

峻法一度使曾國藩聲名重創，受到朝野抨擊，一時有「曾剃頭」、「曾屠戶」之諢號流傳，無非是說他濫殺無辜。但是曾國藩沒有退卻，他相信只有堅持峻法，才能拯救垂危的清朝。他在給弟弟的家信中也直書自己的看法：

吏治最忌諱的，是不分青紅皂白，讓有德行的人寒心，不賢能的人無所畏懼。如果犯了這個過失，那麼百病叢生，不可救藥。輶師近日來聖上對他也有些冷淡了，如果更是事事多遷就，那麼這些人更加放肆。我近日對待屬下改變不明事理的做法。馬上派人到三省祕密查詢，也只是革去那些特別差的人。

　　戰國晚期的韓非是法家思想的集大成者，他從法的角度，對君臣吏等的不同職能，發表自己獨特的看法。他認為，作為君主，應該是處勢、任法和用術三者並舉。

1.處勢

　　韓非十分重視勢的威力，他說：「勢者，勝眾之資也。」「民者，固服於勢，勢誠易以服人。」「夫有材而無勢，雖賢不能制不肖。故立尺材於高山之上，下臨千仞之谿，材非長也，位高也。桀為天子，能制天下，非賢也，勢重也；堯為匹夫，不能正三家，非不肖也，位卑也。」韓非通過形象的比喻說明了勢對於君主的重要性：「威勢者，人主之筋力也。」「國者，君之車也；勢者，君之馬也。」君主失去威勢，也就失去力量，失去了賴以運行的工具，就不免會喪國辱身。因此，韓非告誡君主一定要嚴守勢位，「明主之治國也，任其勢。」「萬物莫如身之至貴也，位之至尊也，主威之重，主勢之隆也。」韓非要求君主嚴守勢位，意在鼓動他們獨攬大權，「威不貳錯（通「措」。置立），制（權力）不共門」，不給下臣提供取而代之的機會。

2.任法

　　韓非認為，仁政或暴政，都於國不利，「仁暴者，皆亡國者也」。要想國泰民安，必須推行法治。用他的話說就是「抱法處勢則治，背法去勢則亂。」「治強生於法，弱亂生於阿（偏私）。」「家有常業，雖饑不餓，國有常法，雖危不亡。」「釋法術而心治（任憑胸臆處事），堯不能正一國；去規矩而意度（隨意估測），奚仲不能成一輪；廢尺寸而差（比較）短長，王爾不能半中（半數準確）。使中主守法術，拙匠守規矩尺寸，則萬不失矣。」

那麼什麼是法呢？韓非回答說：「法者，編著之圖籍，設之於官府，而布之於百姓者也。」「法者，事最適者也。」「鏡執清而無事，美惡從而比焉；衡執正而無事，輕重從而載焉。夫搖鏡則不得為明，搖衡則不得為正，法之謂也。」韓非主張，立法首先應當以普通百姓的理解能力和實踐能力為根據，「察士（明察之士）然後能知之，不可以為令，夫民不盡察；賢者然後能行之，不可以為法，夫民不盡賢。」其次，還應當將法令制定得詳備具體，「明主之法必詳盡事」，因為如同聖人之書寫得簡約會引起弟子們的歧見和爭執一樣，法令制定得省略必然導致人們的爭論不休，就不利於法制的實施。法令一旦制定出來，應當堅決貫徹執行並保持相對的穩定，「法莫如一而固」。

3.用術

韓非針對君主「舍常法而從私意」的情況，明確提出君主也應當恪守法令，做到「不遊意於法之外，不為惠於法之內，動無非法」，「功名所生，必出於官法。法之所外，雖有難行（難能可貴的行為），不以顯焉」。韓非的任法主張含有行政規範化的思想傾向，這一點必須肯定；而它更主要的在於使所有的臣民都變成法的奴僕，由獨處於法上的君主通過法來主宰，對這一點更應有足夠的認識。

①信賞必罰。根據法令，下臣有功即予獎賞，有罪予懲罰，以此約束群臣，使之不敢妄為。

②臣的守職之道。韓非從維護君主權威的目的出發，提出臣的守職之道，主要是：竭誠事君。韓非主張：「賢者之為人臣，北面委質，無有二心……有口不以私言，有目不以私視。」可見，韓非理想中的人臣品格，就是盡心奉上，一切服從

君主的意志。根據韓非的君臣關係理論，君主得到這樣的下臣的可能性是微乎其微的，韓非明白這一點，所以他又指出：「所謂忠臣，不危其君。」從而把對人臣的品德要求限定在比較現實的竭誠事君上。

告惡諫過。申不害曾說：「治不逾官，雖知弗言。」韓非對此評論說：「治不逾官，謂之守職也可；知而弗言，是不謂過（不告發罪過）也。人主以一國目視，故視莫明焉，以一國耳聽，故聽莫聰焉，今知而言，則人主尚安假借矣？」韓非主張，人臣有揭發罪惡之責，如果知惡不告，則與之同罪。另外，韓非認為，人臣還應當善諫君過，「夫為人臣者，君有過則諫，諫不從聽則輕爵祿以待之，此人臣之禮義也」。

循法遵令。韓非認為，君主制定法令，下臣就必須恪守，而不得越雷池半步。他說：「法也者，官之所以師也。」「人臣循令而從事，案法而治官。」在韓非看來，法是下臣行動的惟一準則，至於道德仁義，皆不可為據。在這裡，下臣完全變成了君主和法的工具。

勉力職事。韓非要求，「為人臣者，譬之若手，上以脩頭，下以脩足，清暖寒熱，不得不救，入，鏌鋣傅體（劍鋒將及身體），不敢弗搏」，「朝廷不敢辭賤，軍旅不敢辭難」，「夙興夜寐，卑身賤體，辣心白意（敬心誠意）……」人臣應當不畏勞苦，盡職盡責，為君主排憂解難。

看來，曾國藩作為一個大儒，其「挺經」中的「峻法」是與韓非的法家主張大有淵源的。

曾國藩說：「我欲足以自立，則不可使人無以自立；我欲四達不悖，則不可使人一步不行，此立人達人之義也。孔子云『己所不欲，勿施於人』，孟子所云『取人為善，與人為善』，皆恕也、仁也。知此，則識大量大，不知此則識小量

小。故吾於三知之外，更加『知仁』。」曾國藩明白只有自己身正，才能使峻法有效地推行下去。

4.用人四法：做、省、學、禁

在曾國藩的用人學問中，他是按照「做」、「省」、「學」、「禁」四字來實行的，極有章法條理。

先讓我們看曾國藩的一段箴言：

崇儉約以養廉。昔年州縣佐雜在省當差，並無薪水銀兩。今則月支數十金，而猶嫌其少。此所謂不知足也。欲學廉介，必先知足。觀於各處難民，遍地餓殍，則吾人之安居衣食，已屬至樂，尚何奢望哉？尚敢暴殄哉？不特當廉於取利，並當廉於取名。毋貪保舉，毋好虛譽，事事知足，人人守約，則可挽回矣。

曾國藩勤政愛民，了解民間疾苦，多次為民請命，減免稅賦。道光二十三年三月，曾國藩升任翰林院侍講，六月任四川正考官，十一月回京復命。曾國藩在京都四年，景況很苦，生活儉樸，但對於因窮困和疾病死亡的同鄉，必盡力資助。從四川回來，將得到的俸銀千元寄回家中，並且拿出一部分來救濟貧困的親友，他在家信中說：

　　孫所以汲汲饋贈者，蓋有二故：一則我家氣運太盛，不可不格外小心，以為持盈保泰之道；舊債盡清，則好處太全，恐盈極生虧；留債不清，則好中不足，亦處樂之法也，二則各親戚家綿貧，而年老者，今不略為資助，則他日不知何如？孫自入都後，如彭滿舅、曾祖彭王祖母、歐陽岳祖母，江通十舅，已死數人矣！再過數年，則意中所欲饋贈之人，正不保何若矣！家中之債，今雖不還，後尚可還；贈人之舉，今若不為，後必悔之。

　　曾國藩做了十多年的京官，對於職務十分盡責，他這種勤懇廉潔的精神，很為一般人折服。他壯年時曾立志，要有民胞物與之量，有內聖外王之業，要做一個天地間之完人。所以他說：「治世之道，專以致賢養民為本，其風氣之正與否，則絲毫皆推本於一己之身與心，一舉一動，一語一默，人皆化之，以成風氣，故為人上者，專重修身，以下效之者，速而且廣也。」

　　他所標榜的「捨命報國，側身修行」，也是注重以身化人，可見他只以從軍、從政作為轉移風氣的過程。何嘗要為一姓一家效愚忠呢？何以謂之轉移風氣？就是改造社會的意思。他常引顧亭林《日知錄》上「保國者，其君其臣，肉食者謀之；保天下者，匹夫之賤與有責焉」的話來勉勵官員。保即為保天下，就是不要使人欲橫流，道德淪喪，禮法蕩然，社會沒有辦法來維繫，這才是人世間最危險的事情，就好像是「人吃人」。

　　所以他把功名富貴不當一回事，常常教訓兒子說：「余不願為大官，但願為讀書明理之君子。富貴功名，皆有命定；學為聖賢，全由自己作主。」

　　他認為事業的成功是不可捉摸的，屬之天命；學問道德是可以困勉而得的，使人們皆循正道而行，國運自然就好了。做官也應該以此為目的。所以他說：

　　為督撫之道，即與師道無異，其訓飭屬員殷殷之意，即與人為善之意，孔子所謂誨人不倦也。其廣咨忠益，以身作則，即取與人為善之意，孔子所謂為之不厭也。為將帥者之於偏裨，此一以君道而兼師道，故曰「做之君，做之師」；又曰「民生於三，事之如一」，皆此義爾。

　　這不就是經世學的道理嗎？所謂做君做師，即精神領袖和事業領袖合一，以事業表現精神，以精神貫注事業。曾國藩一生側重此義，兩者兼而有之，所以能把「汗馬勳名，問牛相業，都看作秕糠塵垢」了。

　　他說廉矩的道理，不外致賢、養民和正風氣。風氣如何能正呢？必須先培養人才，使之各得其用，讓他們發生一種領導作用，這就是所謂致賢了。同時把人民的生活改善，使之安居樂業，「倉廩實而後知禮義，衣食足而後知榮辱」，這就是所謂養民了。

　　總之是教養廉矩，讓治者與被治者，或士大夫階級與農工商階級，都能發展他們的技能，配合一致，然後風氣可轉，社會自然就欣欣向榮了。

　　曾國藩出生在於農家，他與湘鄉農村有著廣泛的連繫，他了解農民的疾苦、願望和要求，他的部隊實際上是一支農民部隊，他正是依靠這支部隊打敗捻軍和太平天國軍隊的。

　　曾國藩說，養民是為了民，做官也是為了民，當官不為民著想，那是我深惡痛絕的。為民不是一句空話，不是一曲愛民歌，不是做幾件事情擺擺樣子，而是要真心真意地愛，愛字中間有一個心字，所以愛民就要出於真心。

　　在給曾國荃的一封信中，曾國藩這樣寫道：

　　大抵與士兵和百姓交往，只要真心實意地愛護他們，就可以得到他們的諒解。我之所以深得民心與軍心，就是因為這個緣故。在與官員和紳士交往時，即使心裡看不起某些人，也不能在語言上、表情上、禮節上表現出來，我之所以在官場上不得志，就是因為常常表現出來的緣故啊！

　　儘管曾國藩與官員和紳士之間常常發生矛盾，這給他的仕途增加不少麻煩，但由於他能真心愛護軍民，所以還是能心有所想，事有所成。曾國藩的這種愛民思想應該說得益於他所受的儒家文化的影響。

　　在《尚書》、《禮記》、《論語》和《國語》中，民本思想已經很重，到了孟子，民本思想獲得高度的發展。孟子說：「民為貴，社稷次之，君為輕。」這種以民為貴的思想可以說是歷朝歷代明君實行仁政的基礎。孟子還說：「樂民之樂者，民亦樂其樂；憂民之憂者，民亦憂其憂。」想民之所想，急民之所急，這是獲得民心的法寶。得天下就要得民心，得民心就要「所欲與之聚之，所惡勿施，爾也」。

　　曾國藩稱孟子為「真豪傑」，表示願意終身以孟子為師，他的愛民思想、民本思想大概可以從孟子那裡找到根據。

　　有什麼樣的君主，便有什麼樣的臣民。君主廉矩，臣民便廉矩；君主仁義，臣民便仁義；君主好巧，臣民便好巧；君主愚昧，臣民便愚昧。齊桓公喜歡穿紫色的衣服，齊國上上下下都喜歡紫色衣服，結果導致齊國紫色衣料價格猛漲，世風如此。

　　所以，曾國藩特別注意對屬下官吏的使用，要求官吏廉矩，一是習慣勞苦以盡職盡責，一是崇尚儉約以培養廉潔，一是勤學好問以拓展才能，一是戒矯以糾正風俗。所以委任一個官員，一要看他是否做得，二要看他是否省得，三要看他是否學

得，四要看他是否禁得。他著重考察的是人的品質、習慣、才學和意志。

曾國藩在使用紳士時有一個祕訣，就是給他們一點名利，但不說破，用這種辦法可以培養他們的廉恥之心。

「官階日益進，心憂日益深。」清代學者紀曉嵐的這句話曾國藩大概體會得尤其獨特，在別人或許會覺得虛偽，在曾國藩卻字字是淚！

曾國藩說他「無處不憂心，無日不懼禍」，「所過之處，千里蕭條，民不聊生」，他一定體會到曹操寫作「白骨露於野，千里無雞鳴」時的心境，不然，他能說出這樣的話嗎？處在亂世，身居高位，掌握著廣大軍民的生殺大權，幾乎是人生的一大不幸。

一般人羨慕總督、巡撫的榮耀，不外乎宮室、衣服、富裕和尊貴，而曾國藩所住只有軍營的茅屋三間，瓦屋一間，所穿的衣服比起當年在京城時還要節儉得多。不是他不能住得好一點，穿得好一點，實在是他不敢、不願、不忍啊！他說：

> 從冬至夏，常有十幾萬敵軍環繞在祁門的前後左右，幾乎沒有一天不打仗，幾乎沒有一路不梗阻。白天沒有美食，夜晚常做惡夢。軍餉拖欠達五、六個月之久，士兵的生活異常艱苦，我實在不忍心一個人過富裕的日子。所以近年來我不敢往家裡多寄銀錢，也不敢給宗族鄉黨一些潤澤，這並不是虛偽矯情，一則是因為我親眼看到士兵窮窘異常，二則是想到從高祖父、曾祖父以來，我家世代寒素，我雖然享受了祖上的蔭德，但我不想享受過多，以便為自己存惜福之心，為家族留不盡之澤。

這就是曾國藩的真實想法。曾國藩覺得自己才識淺薄，卻

久居高位，為了避免大災大難，所以他兢兢業業，不圖安逸，不圖豐豫，崇尚勤儉，講求廉矩。他以為只有這樣才是載福之道。這是人人都可以做，但不是人人都願意做的事。

5.主動舉薦有才之人

人才靠獎勵而出，即便中等之才，如獎勵得法，亦可望成大器；若一味貶斥，則往往停滯於庸碌不能自拔。如果不知此等學問，就一定用不好人。

戰爭期間非重獎厚利不足得人死力，而獎勵手段則又不外升官、發財二事。其時籌餉相當困難，前線弁勇除日糧稍優外不可能再另外給予重金獎勵，而幕僚等後方人員則連薪資亦並不豐厚。糧臺人員薪水來自湘平與庫平銀兩的差色折算餘數，弄得好也還收入不錯。而文案人員則薪水出自軍費，標準甚低，數有定額，僅能維持全家生活。他們所以對曾國藩幕府趨之如鶩，主要是為了學點真才實學，混個一官半職。曾國藩利用幕府訓練與培養出大批人才，並委以重任、保舉高官，以致薦賢滿天下。這樣，保舉也就成為了曾國藩吸引人才、鼓勵士氣的主要手段。

曾國藩從軍之初，對這一點體會並不深刻，「不妄保舉，不亂用錢，是以人心不附」。如咸豐四年曾國藩帶兵攻下武漢，僅保三百人，受獎人數僅占百分之三。咸豐五、六兩年保奏三案，合計僅數百人。而胡林翼攻占武漢一次即保奏三千多人，受獎人數竟達到百分之二、三十。

消息傳開，不少人認為欲求官職投曾不如投胡，往往曾國藩挽留不住的人主動投奔胡林翼門下。開始，曾國藩還以為自己德不足以服眾，後來漸漸發覺主要是保舉太少，使人感到升發無望所致。回顧往事，亦甚感對不住李元度、甘晉等同自己患難與共的僚屬，他們長期居於下位，實於自己保舉不力有關。對此，好友劉蓉多次向曾國藩進言，並舉楚漢之爭為例，曾國藩有所觸動。後來，趙烈文又上書懇切進言，曾國藩隨即改弦更張。趙烈文說：

閣下愛賢好士，天下所共知。遠者可無論，僅左右人士屈指可數者，是士負閣下耶？還是閣下以為無益而棄之耶？我以為知之不難，而忘之實難。泰山之高以其不棄糞壤，滄海之大，以其不拒濁流。天下分崩，人誌日囂，凡其器能略過儕輩，咸思奮自樹立，四顧以求因依，真偽雖不一端，未嘗無也。苟非賢傑以天下為己任，流俗之情大抵求利耳。使誠無求，將銷聲匿跡於南山之南，北山之北，又肯來為吾用耶！是以明君給人之欲，不失其意，責人之力，不求其情，故人人自以為得君，頂踵思效，合眾人之私以成一人之公，所以能收效也。夫與人共患難之際，而務慎密於登進，殆自孤之道也。謂宜多儲廣納，收其偶然之用，其有誤濫，則亦為損甚微，而以獲好賢之稱，利甚厚也。軍旅之間，一技不沒，有道以御之，孰不思盡其力。況賢否之分，不可倉卒，士有造次傾動，亦有暗然日章，觀人之難，及久而後可盡也，故曰「賢主求才終日，及其得人，不出閭巷」，信篤論也。自古英霸之略，汲汲不遑，惟有求賢自助而已。而士恆悁塞不樂者，徒以既出則當分人之憂，非榮寵安樂已也。自後世志節凌夷，以幹謁為進身之階，一登仕途，有利無患。於是，遊談之士爭扼腕而言利害，雖衡石程書猶不可計，是使周公在今亦

將爽然而廢吐握，何論餘者。閣下奮其勇智，矯世違俗，懇誠
拳拳，千里之外，將共興起。尤望敦尚儒者骨幹之士，以佐不
及，寬以納才，嚴以責效，是實安危之大端，治亂之所存也。

趙烈文的話講得合情合理，尤其是「合眾人之私以成一人
之公」，令曾國藩為之動容，於是，揣摩風會，一變前志。從咸
豐十一年起開始效法胡林翼，大保幕僚，不再拘於舊例。

曾國藩的保舉，主要有匯保、特保、密保三種，它分不
同的情況、級別、待遇。湘軍每攻占一城、奪回一地或打一勝
仗，曾國藩就辦一次匯保之案，於獎勵作戰有功人員的同時，也
以勞績奏保一部分辦理糧臺、文案、善後諸務的幕僚。

特保多以薦舉人才的方式保奏，如咸豐十一年曾國藩以
常州士紳辦團堅守危城為由，一次就特保周騰虎、趙烈文等六
員。密保之案則專為立有大功或特別優異的人才個別辦理，或
專密摺，或夾帶密片，如保奏左宗棠、沈葆楨、李鴻章之密摺
等。

匯保與特保皆屬一般保案，人數較多，辦理稍寬，只能
保奏候補、候選、即用、簡用之類，或僅保一官銜，且有時全
准，有時議駁，或只批准一部分。因實缺有限而記名、候補之類
無限，所以用匯保之案開空頭支票就成為曾國藩，乃至所有統兵
將帥在戰爭期間鼓勵士氣的主要手段。這種辦法初由曾國藩創
立，後來風行全國，越演越烈，成為晚清一大弊政。

按照慣例，各省督撫每年年終要對司、道、府、縣官員進
行祕密考核，出具切實考語，以備朝廷酌量黜陟，故政府對此極
為重視，措詞偶涉含糊，即令更擬，官員的升遷降黜皆以此為
據，戰爭期間清廷基本上仍沿用此法，雖候補官員匯保甚濫，而
實缺官員的補授則非地方督撫出具的切實考語不可。因這些考語

是祕密的，任何人不得外洩，所以，這種考核辦法及其考語，稱為密考，而依照此法保奏官員即稱為密保。也正因為這一點，匯保一般只能得到候補、候選、即用、即選之類，而只有密保才能得到實缺官員。所以，曾國藩欲保奏實缺官員，就只有密保。

咸豐十一年他奏保左宗棠、沈葆楨，李鴻章等人的八字考語極有力量，說李「才大心細，勁氣內斂」，左宗棠「取勢甚遠，審機甚微」。在左宗棠評語中，又加「才可獨當一面」，沈葆楨「器識才略，實堪大用，臣目中罕見其匹」。清廷很快准奏，左宗棠授浙江巡撫，沈葆楨授江西巡撫，李鴻章授江蘇巡撫，由此可見密保作用之大。

實缺官員十分謹慎，按級別大小大體分為三個層次，分別採取不同辦法，保奏巡撫一級官員，曾國藩只稱其才堪任封疆，並不指缺奏保。保李、沈時說，二人「並堪膺封疆之寄」。保奏左宗棠幫辦軍務時則說：「以數千新集之眾，破十倍兇悍之賊，因地利以審敵情，蓄機勢以作士氣，實屬深明將略，度越時賢。可否籲懇天恩，將左宗棠襄辦軍務改為幫辦軍務，俾事權漸屬，儲為大用。」而對於司、道官員則指缺奏薦，不稍避諱。如保奏李榕時說：「該員辦理臣處營務兩載以來，器識豁達，不憚艱險。現委辦善後局務，實心講求。可否仰懇天恩，准令江蘇候補道李榕署理江寧鹽巡道缺，隨駐安慶，俾臣得收指臂之功。」對於州縣官員更有不同，曾國藩不僅指缺奏薦，且對因資歷不符而遭吏部議駁者，仍要力爭。

為了使廣大候補府縣均有補缺之望，他還特別制訂委缺章程，使出類之才早得實缺，一般人才亦有循序升遷之望。對於幕府的保奏，曾國藩實際上亦採用此法。追隨曾國藩多年的幕僚，才高者如李榕、李鴻裔、厲雲官等早已位至司道，而方宗誠等則直到同治十年才得任實缺知縣，大概這就是區分酌委與輪委

的結果。這就使中才以下只要忠於職守，人人都有升遷之望。

　　曾國藩辦團練之初，自身難保，欲謀一個實缺幾近七年之久，更不論對屬下人員的保舉了。咸豐四至七年曾國藩第一次帶兵出省作戰期間，很少奏保幕僚，覺得很對不住與自己患難多年的幕友李元度、甘晉等人。咸豐八年再出領軍後，奏保幕僚較前為多，但又常遭議駁，難獲批准。咸豐九年，奏保按察使銜候補道員李鴻章升任兩淮鹽運使，即未獲批准。隨著漸握實權，門庭廣大，尤其是出任兩江總督、欽差大臣後，曾國藩既有地盤又得清廷倚重，奏保候補官職自不待言，即請旨簡放實缺，亦無不獲准。這一時期，曾國藩奏保人數之多，官職之高，都是空前的。此時，清廷對曾國藩等人的奏請幾乎有求必應，以致咸豐十一年至同治四年的五年之中，曾為曾國藩幕僚的五位道員皆被破格重用，分別超擢為江西、江蘇、廣東、湖南等省巡撫。

　　李鴻章、沈葆楨、左宗棠三人，論資格都不夠，沈、李是由道員直升巡撫，是軍興以來超升中極為少有的例子。左宗棠論出身只是個舉人。三人任封疆大吏前，多屬幕僚之類。惲世臨半年兩遷而至，郭嵩燾、李瀚章則二年之中連升三級，由道員位至巡撫。同治三年六月湘軍攻占天京之後，清廷開始對地方督撫的權力略加限制。吏部頒布新章規定，凡各省保薦人員，尋常勞績概不准超級保升及留省補用，對糧臺保案挑剔尤甚，使曾國藩不得不變換手法。其後曾國藩奏保幕僚，多以整頓吏治、薦舉人才為詞。尤其北上與捻軍作戰和移督直隸前後，都曾奏保大批幕僚升任實缺。

　　曾國藩奏保幕僚，按奏保方式可分為直接奏保、委託奏保和交互奏保三種。直接奏保即由其本人具摺出奏。這種辦法最為便捷，在受保幕僚中所占比例最大，但有時卻不大方便。例如劉蓉和郭嵩燾二人，追隨最久，功勞亦大，曾國藩早想讓他

們升任高位。而礙於兒女姻親，理應迴避，不能由自己出奏，只好託人代辦。第一次曾國藩打算將劉蓉送到湖北由胡林翼保奏，因故沒有辦成。其後駱秉章入川奏請攜左宗棠同行，曾國藩留左而薦劉，終於達到目的，使劉蓉二年之中連升四級，由候補知府躍居陝西巡撫之位。郭嵩燾則先由李鴻章保為兩淮鹽運使，再託兩廣總督毛鴻賓奏保廣東巡撫。有時是因事暫離，奏保不便，也託人代辦。如同治四年曾國藩北上剿捻時，只帶部分祕書人員隨行，便將留在兩江總督衙門中的幕僚一一託付給署理江督李鴻章，要他予以奏保。交互奏保亦是遇有某些不便而採取的一種權宜之計。例如，曾國藩擔任兩江總督後，欲整頓皖北吏治，又怕受到直接管轄這一地區的安徽巡撫翁同書的阻撓，便致函對前有恩的湖北巡撫胡林翼，要求安徽與湖北間各舉數員，交互奏保，各得其所，翁礙著胡的面子，不便拒絕，遂使曾如願以償。

　　幕僚追隨幕主，出謀畫策，出生入死，曾國藩自然酬以實惠，這也是趙烈文所說的「集眾人之私成一人之公」的意思。曾國藩奏保幕僚是有條件的，那就是要確實為他做事，不怕艱難，不講條件，否則，他是不肯保舉的。劉瀚清的例子最能說明問題。劉是江蘇武進人，原是湖北巡撫胡林翼的幕僚，負責草擬奏稿，很受胡的器重。咸豐七年四月，太平軍席捲蘇、常，胡林翼病情日危，劉瀚清身當幕主及形勢危殆之時，辭歸鄉里，引起胡、曾的不滿。胡林翼於同年六月奏保十六人，劉瀚清不在其列。同治元年，劉瀚清進入曾國藩幕府，以後又隨曾北上鎮壓捻軍，但移督直隸時，劉又遲疑不肯隨行，在曾國藩的眼裡，劉是不能任艱鉅的人，因此雖敬其有才，但也不保舉。劉後任上海預備學校校長，負責培訓赴美留學生。此外，還有三種人曾國藩不願保奏，一是才高德薄名聲不佳之人；二是才德平平遷升太快之

人；三是個人不願出仕之人。第一種人如周騰虎、金安清等，往往一入保案，即遭彈劾，心欲愛之，實卻害之。

　　周騰虎剛受到奏保，即遭連章彈劾，遂致抑鬱而死，使曾國藩大為傷感。他在日記中寫道：「老年一膺薦牘，速被參劾，抑鬱潦倒以死。悠悠毀譽，竟足殺人，良可憐傷。」曾國藩以後接受教訓，對屢遭彈劾、名聲極壞的金安清在幕中為他出力效命之時，力排眾議，堅持只用其策，不用其人，並在給曾國荃的信中解釋說：「今若多采其言，率用其人，則彈章嚴旨立時交至，無益於我，反損於渠，餘擬自買米外，不復錄用。」第二種人如惲世臨、郭嵩燾等，皆經曾國藩直接間接地奏保，於二年之內連升三級，由道員超擢巡撫，但因名聲不佳，升遷太快而被劾降調。曾國藩亦從此接受教訓，待同治四年九月清廷欲令丁日昌署理江蘇巡撫而徵詢曾國藩的意見時，曾國藩即直抒己見，並提出自己的理由：「丁日昌以江西知縣，因案革職，三年之內開復原官，薦保府道，擢任兩淮運司，雖稱熟悉夷務，而資格太淺，物望未孚。洋人變詐多端，非勳名素著之大臣，不足以戢其詭謀而懾其驕氣。該員實難勝此重任。」結果，清廷接受了曾國藩的意見，隨即撤消此議。至於第三種人，本人不願出仕或不願受人恩德，受保之後本人不以為恩，反成仇隙，說來頗令曾國藩傷心。他在給曾國荃的信中談到奏保之難時說：

　　近世保人亦有多少為難之處，有保之而旁人不以為然反累斯人者，有保之而本人不以為德反成仇隙者。餘閱世已深，即薦賢亦多顧忌，非昔厚而今薄也。

　　除了薦舉人才，曾國藩還經常為陣亡將士舉辦隆重的祭奠儀式，以鼓勵將士赴湯蹈火，捨生忘死。

　　塔齊布的生榮死哀就很能說明曾國藩的這個用人之道。塔齊布原是湖南提督鮑起豹屬下的一名守備。當時曾國藩為幫辦團練大臣，每月總要調官兵與湘勇會操。曾國藩發現塔齊布忠勇奮發，習苦耐勞，深得兵心，反遭副將清德所忌和提督鮑起豹的羞辱。因此，專摺上奏，彈劾清德，同時舉薦塔齊布「忠勇可大用」。在一年多時間裡，曾國藩連續保奏他為游擊將軍、參將、副將，直至取代鮑起豹而任提督，成為湘軍前期的一名主要將領。塔齊布任提督時，「受印日，士民聚以觀，嘆詫國藩為知人」。塔齊布也知恩圖報，盡心盡力為曾國藩打贏了幾場大仗，尤其是在關係到湘軍存亡的湘潭、嶽州兩仗，塔齊布更是立下汗馬功勞。咸豐五年七月，塔齊布因久攻九江不下，嘔血而亡。曾國藩為之黯然神傷，夜不成寐。第二天，就率領高級將領和幕僚離開老營抵九江營地，沉痛追悼塔齊布。接著，派人護送其靈柩至南昌公祭，然後送回原籍安葬。

　　曾國藩上奏朝廷，詳細奏述塔齊布在湘軍創建中的功勳及諸多成績，並請在長沙建專祠。曾國藩還親自為「塔公祠」撰寫楹聯：「大勇卻慈祥，論古略同曹武惠；至誠相許與，有彰曾薦郭汾陽。」曾國藩對塔齊布的功勳如此稱頌褒獎，對其後事料理得如此周到妥善，使湘軍將官十分感動。

十二、用權是為做事，而不是為謀私

領導用權絕不能為私利，否則就會走上危途。因此，千萬不能濫權，而是要以嚴格的態度做人，踏實的態度做事，把自己塑造成工作的帶領者。

左宗棠的領導心智是：掌握好自己手中的權力，用在公正處、用在關鍵處。

1.掌權即用計智之表現

使用權術應多多結合謀略智慧，而且越用越順手，越用越大，
才能最終成為一名成功者。

　　左宗棠自初入湘幕，防守湖南有功，步入官場，經過幾
年磨練，已熟知官場中的那一套，比如，組個楚軍，再攻太平
軍，官銜便步步高升，一直升到浙江巡撫，組織起了金華會
戰。

　　正當左宗棠率近萬人投入金華決戰之際，清軍福建記名
提督秦如虎於七月十九日攻克位於金華南面的處州府（今麗
水），使太平軍金華守軍失去一面屏障。八月，浙江布政使蔣益
澧帶領廣西左江鎮總兵高連升的八千湘軍經湖南、江西進入浙
江與左宗棠軍會合。閏八月十三日，高連升攻占壽昌。九月初
二日，左宗棠移營距龍遊城五里處的新涼亭，布署對金華周邊
的進攻。他飭令蔣益澧、劉典、高連升在北、西、東三面猛攻
湯溪，以打破金華與湯溪等地的犄角之勢。湯溪太平軍頑強拚
搏，與敵軍血戰數日，守住該城。恰在此時，曾國荃的湘軍正加
緊圍攻天京，李秀成則率十餘萬太平軍馳援天京，抵達天京城
南，展開了雨花臺大戰。李世賢奉洪秀全之命，帶領太平軍七
萬餘人從浙江趕到江蘇，參加了這次戰爭。李世賢率軍離浙，
使金華一帶的太平軍在同敵軍的對壘中失去了優勢。左宗棠趁
機調整戰略部署，計畫「俟龍遊、湯溪攻克，緩攻金華，急攻
嚴州」，以圖在金華北面的嚴州打開缺口，形成對金華的圍困
之勢。九、十月間，左宗棠分軍數路進攻龍遊、湯溪、蘭溪、

嚴州等地，同太平軍交戰數十起，雙方均有勝負。太平軍依靠各城及附城諸壘堅不可拔，遂以死守城壘穴牆開炮為得計，導致官軍逼攻越猛，傷亡越多，使左宗棠時常不得已仍收隊而還，只能發出「蓋攻堅之難如此」的感嘆。但左宗棠深知攻下龍遊、湯溪、蘭溪三城的重要性，儘管其軍隊傷亡頗多，還是堅持硬攻。十一月，左宗棠又一次調整主攻方向，他認為太平軍「以金華為老巢，恃嚴州為犄角。嚴州地勢，外通皖南徽、寧兩郡，內達杭州，形勢尤重」，於是，他派遣精兵猛攻嚴州。十一月十四日，嚴州落於左宗棠軍之手，金華北面的屏障已失，左宗棠狂妄地說：「現在嚴郡既克，金華右臂已斷，如能速克蘭溪，則嚴州之水運通，金華孤而杭州亦震，龍、湯兩城之克亦當不遠。」在這危急關頭，駐紮在湖州、紹興的太平天國戴王黃呈忠、首王范汝增、梯王練業坤率十餘萬人增援金華。李世賢離浙後，負責節制金華一帶太平軍的忠裨天將李尚揚親赴湯溪前線指揮反擊，多次撲向左宗棠大營。但是，太平軍個別將領的變節行為，使左宗棠輕易攻取了湯溪。

同治二年正月初九日，駐守湯溪的太平天國戰將彭禹蘭向敵軍密約乞降，遂於第二天將李尚揚等八名戰將誘到城外，被埋伏於此的蔣益澧部湘軍俘獲。十日夜，蔣益澧率兵攻城，彭禹蘭則開啟西面城門，引狼入室。儘管城內太平軍進行了殊死的反抗，但已抵不住湘軍的攻勢，十一日晨湯溪陷於敵手。十二日，龍遊、蘭溪的太平軍在經過數月「忍飢頑踞」後，鑒於湯溪已經陷落、李尚揚等主將被俘的情況，主動從兩城撤離，左宗棠「見三城已復，正擬南取永康、武義，北取浦江，為進搗金華之計」。適接蔣益澧飛函報稱太平軍援軍黃呈忠與金華守軍已從金華遁走。這樣，左宗棠在十三日不戰而得金華，這是他始料不及的。

越發明亮的利劍使對手望而生畏，所以左宗棠的官運地位也是直線上升。敵人見了他害怕，對手見了他讓座，都因為他的那把已順手的權力之劍。

2.考慮問題不能出漏洞

做事半途而廢只會白白浪費人力、物力和時間，弄不好還會誤了大事。左宗棠做事絕對澈底。

左宗棠不懈地努力，終於使福州船政局的建立計畫付諸實施，這使他信心倍增。多年來他心繫國防，憂國憂民的迫切心理終得緩一緩，飽受多年外敵欺辱的日子，也將會在不久的將來隨著軍事實力的增強而不復再現。

正當左宗棠派德克碑去上海見白來尼，討論船廠事宜時，忽於九月初六日接到清廷調他擔任陝甘總督的諭令。左宗棠感到離閩在即，速遣德克碑赴上海白來尼處畫押後再返回福州，面訂移交後任。同時他加緊船政局的籌建工作，並物色主持船政的人選。經左宗棠再三思考，認為只有前江西巡撫沈葆楨可以擔當此任。沈葆楨不僅在官在籍久負清望，為中外所仰，而且是林則徐的女婿，左宗棠把舉辦船政的重任託付於他，用意十分明顯。左宗棠「三次造廬商請」沈葆楨，希望他主持此事，，而沈始終遜謝不遑。左便請求朝廷出面，並特命沈總理船政，由部頒發關防，凡事涉船政，由其專奏請旨，以防牽制。左宗棠還設局讓經費由署理布政使周開錫會商福州將軍和督撫調取。一切工料及延聘洋匠，招募華工，開設藝局等，責成胡光墉一手經理，並請奏

清廷寬限時日以安排待辦事宜。

　　清廷同意左宗棠提出的寬限數旬赴陝甘的請求。左宗棠晝夜進行人事、購機、籌款、制訂船政章程、藝局章程、購買局廠地基、挑選駕船人才等事宜的落實。

　　正是在左宗棠的一再呼籲、清廷的積極支持和沈葆楨勇於以船政為己任的情況下，才使得福州船政局的興辦和早期經營能夠有所起色。沈葆楨從同治六年六月十七日正式擔任總理船政大臣到光緒元年十月初一日赴兩江總督任這八年多時間內，對船政局的發展作出貢獻。福州船政局設總理船政大臣，這是左宗棠的灼見，同時也是中國近代工業發展史上空前的創舉。總理船政大臣有摺奏事的權力，地位相當於督撫，這是只設總辦的江南製造總局等軍事工業所望塵莫及的，反映出福州船政局確實占有舉足輕重的地位。

　　怎樣才能防止失誤？左宗棠主張：

　　兩書寄爾，均由郭二叔轉遞，想已接得。明年不須會試，前書已言之。爾意從二伯入山讀書，甚慰我意。唯念爾母衰病日甚，需人侍奉，且一家僑寓省城，無人經理。爾一入山，即家書亦難時得，殊為不便，爾可與爾母酌之。或能請二伯來城專課爾讀，而左邊住宅一所即退去，別開一塾，以為潤、勳、陽三兒延師課讀之所，計亦良得。爾從二伯讀書，得稍長學識，又可就近照料家私，一便。二伯年老仍須作館，若迎之家塾，可無須遠涉，二便。

　　所愁者不過無錢耳。我在外每年以二百兩寄家，以數家用，今擬明歲以後，多寄二百兩歸可耳（以一百六十金為二伯脩金）。爾少年僥倖太早，斷不可輕狂恣肆，一切言動，均宜慎之又慎。凡近於名士氣、公子氣一派，斷不可效之，勿貽我憂。朱

卷及同門年齒錄可各付一本來。浩齋師課爾極費心力，明歲又
不在家塾，光景之窘可想。爾意欲吾寄謝敬，自是至理。今緘
六十金奉之，爾親送去，為我致聲（前已作書謝之矣）。雋卿先
生現在此，我自致謝。石渠、芝生兩先生處，各奉二十金。湛
湖先生聞已下世，其世兄至不成材，不必理會。如師母尚在，可
送二十金，唯須擇妥人交到，不令其世兄知也。兩主考已由折弁
帶寄土宜各五十兩。白蘭岩學使及丁稚璜太守、閔鶴子明府、恩
筱農房師，則均不寄銀，以其為外官也。恩索楹聯，茲付一首
來，可請郭二叔設法遞寄，廷芳字則可無庸致書矣。郭二叔處借
項，必須速還，可由若農觀察處借支浙捐銀百兩還之。明歲二伯
六十壽辰，可奉百金。此外，或將寄歸壽帳呈一副（中作一金壽
字），不必署款也。昨江西士民送我壽屏兩副，萬名傘三把，壽
幛三個，壽聯一副，壽彩一幅，可存之家中，傘則送入祠內可
也。

　　謹慎者，能讓問題不出漏洞。左宗棠的謹慎觀當細心讀
之。

3.千萬別濫用權力

使用手中的權力，如果用得好，說不定權力會越來越大，越來
越有威力。但左宗棠最忌諱的是濫用權力！

　　自道光三十年十二月十日太平軍於廣西桂平縣金田村正式

起義後，至咸豐二年五月的近一年半內，他們在廣西境內同清軍對抗。此後太平軍在洪秀全的帶領下，衝出廣西，進入湖南。在湘南，太平軍連克道州、郴州等重鎮，清廷為之震驚。

太平軍突入湖南，使湖廣總督程矞采極為恐懼，想躲到省城避禍，並函請尚在廣西的欽差大臣賽尚阿督師湖南，賽尚阿又把湖南軍務推卸給程矞采。

鑒於這種狀況，咸豐皇帝一面嚴旨賽尚阿、程矞采同辦湖南軍務，一面改任廣西、湖南、湖北三省巡撫，想以此來加強內線的防禦。於是擔任雲南巡撫的張亮基被清廷任命為湖南巡撫。

太平天國農民起義軍接連攻克道州、郴州，圍困長沙，由湘南至湘中，三湘形勢危急。恰在此時，在貴州任黎平知府的胡林翼已向新任湖南巡撫張亮基推薦了左宗棠。張接受了胡的推薦，在赴湖南上任的路上，三次派專人攜帶書信到山中請左出山入幕。由於胡林翼積極敦促，以及與左宗棠同居山中的好友郭嵩燾兄弟等人的勸說，加上左宗棠於道光二十九年在湘江與林則徐會面時聽林親口稱讚張亮基，他遂決定應張之聘，成了湘撫的幕賓。此時，太平軍攻打長沙之役正方興未艾。

太平軍在天王洪秀全、東王楊秀清率領下攻占湖南郴州後，西王蕭朝貴率數千太平軍從郴州出發，向長沙城發動進攻，打響了長沙戰役。此時正值湖南新舊巡撫交接之際，張亮基尚未抵長沙，城防由幫辦軍務羅統典負責。但不久清軍主力調往長沙和張亮基、左宗棠的到來，使清朝方面得以苟延殘喘。也就在張、左進入長沙城僅四天之後，洪秀全、楊秀清統率太平軍抵達長沙城南，雙方鏖戰更趨激烈。

左宗棠剛剛進入湘幕，便審度戰場形勢，向張亮基獻策，其中最主要的一條是他認為太平軍背水面城，只有西路的土牆

間、龍回潭是太平軍的糧食補給線和惟一的西進路線，因此，他主張「先以一軍西渡，扼其他竄，可一鼓殲也」。看來左宗棠是妄圖將太平軍扼殺於長沙城南，其胃口可謂不小。因此刻太平軍攻長沙城甚急，城牆多次被太平軍所用隧道爆破戰術轟塌，張、左等人只得留在城中死守。但太平軍進攻長沙八十餘日也未能攻克，洪秀全決定從長沙撤軍，十月十九日深夜，太平軍主力從長沙經龍回潭轉移，後轉戰於益陽、嶽州等地，衝出湖南，進入湖北，左宗棠初次出山就顯示出高人一等的軍事才識，足使清軍將帥刮目相看。由於左宗棠防守湖南有功，清廷下旨將其以知縣用，並加同知銜，他總算是第一次撈到了官銜，步入仕途。

但左宗棠明白「絢爛之極，正衰歇之徵」：

　　先兩日甫得爾都中四月晦日書，正以爾盤費少，直東軍務正急，頗為懸繫，今竟安然無它也。會試不中甚好。科名一事，太僥倖，太順遂，未有能善其後者。況所寄文稿本不佳，無中之理乎。芝岑書來，意欲爾捐行走分部，且俟下次會試再說。我生平於仕宦一事，最無繫戀慕愛之意，亦不以仕宦望子弟。諺云：「富貴怕見開花。」我一書生，忝竊至此，從枯寂至顯榮，不過數年，可謂速化之至。絢爛之極，正衰歇之徵，唯當盡心盡力，上報國恩，下拯黎庶，做完我一生應做之事，為爾等留些許地步。爾等更能蘊蓄培養，較之寒素子弟，加倍勤苦力學，則詩書世澤，或猶可引之弗替，不至一旦澌滅殆盡也。世俗中人，見人家興旺，輒生忌嫉心，忌嫉無所施，則諛諂逢迎以求濟其欲。為子弟者，以寡交遊、絕諧謔為第一要務，不可稍涉高興，稍露矜肆。其源頭仍在「勤苦力學」四字，勤苦則奢淫之念，不禁自無。力學則遊惰之念，不禁自無。而學業人品，乃可與寒素相等矣。爾在諸子中，年稍長，性識頗易於開悟，故我

望爾自勉以勉諸弟也。都中景況，我亦有所聞，仕習人才，均未見如何振奮。而時局方艱，可憂之事甚多，外間方面，亦極乏才，每一思及，輒為鬱鬱。爾此後且專意讀書，暫勿入世為是。古人經濟學問，都在蕭閒寂寞中練習出來。積之既久，一旦事權到手，隨時舉而措之，有一二樁大節目事，辦得妥當，便足名世。目今人稱之為才子，為名士，為佳公子，皆諛詞不足信。即令真是才子、名士、佳公子，亦極無足取耳。識之。

　　曾國藩有一句話「為政須知下塘上岸」，講的是進退之功；同樣，左宗棠講「絢爛之極，正衰歇之徵」，道理亦相同。不知這些道理，恐怕會濫權。

4.洞悉全局後再出手

蠻幹的人，只會把事情變得更複雜，有時甚至複雜得無力回天。左宗棠在打仗前，仔細分析敵我局勢的細枝末節，直到勝券在握，才實際行動，從而每仗都能旗開得勝。

　　在眾多的戰爭中，人們似乎見識了很多的闖將、猛將，但對一個富於智慧、深知兵法、文武雙全的將軍卻知之甚少，尤其對諸如左宗棠的文韜武略，大家不一定能全面地了解。

　　同治元年正月十五日，左宗棠以浙江巡撫的身分率軍由贛北經皖南進入浙西開化，開闢了浙江戰場。

　　浙江與天京、蘇南同為太平天國後期的主要基地。李秀

成、李世賢兄弟著意經營江浙,在浙江布有重兵。李秀成在攻克杭州後,北進江蘇,兩次攻打上海,旋率兵救天京之圍。

浙江戰區主要由李世賢負責,他以金華為中心,以二十餘萬的兵力設重防於浙西、浙中地區,試圖阻止左宗棠由西向東進犯。同時,李世賢還設兵於寧波、紹興,並會同汪海洋和李秀成部將分別防守杭州、湖州。此外,楊輔清率太平軍在皖浙交界一帶活動。

在咸豐十一年底左宗棠準備入浙之前,楊輔清率太平軍進攻徽州,意在擾徽郡以犯江西,左宗棠「以徽郡為皖南、江西大局所關,且係臣軍入浙後路,斷不可任其滋蔓」,遂派劉典督兵赴婺源,以阻擋楊輔清的攻勢。隨後左宗棠率軍由江西廣信拔營入婺,進入皖南。左宗棠與楊輔清在皖南展開激戰,楊輔清戰敗撤退。此時,清廷正「因浙省軍務緊要,迭經諭令,左宗棠赴浙援剿」。清廷給左宗棠下達的進兵方案為:著左宗棠迅即督率所部兵勇,親赴浙江衢州,收復金華、嚴州(今建德市),然後攻取杭州。

但嫻熟兵略的左宗棠認為,浙江大部分地盤已為太平軍占據,在浙西僅有衢州府城為清軍把持,該城已成孤注之勢,他根據多年的作戰經驗向清廷上奏指出:逆賊每遇堅城,必取遠勢包圍,待其自困而後陷之,頻年東南賊蹤驗之,歷歷不爽。辦賊之法,必避長圍、防後路,先為自固之計,然後可以制賊而不為賊所制。臣若先入衢城,無論不能固江、皖邊圍,亦且不能壯衢城聲援,一墮逆賊長圍詭謀,又成糧盡援絕之局。故決計率親兵由婺入浙,先剿開化之賊,以清徽郡後路,飭所部老湘營由白沙關漸進,扼華埠要衝,以保廣信而固衢城,這樣,左宗棠率軍以開化縣作為入浙的突破口。而且左宗棠還以「正值戎馬倥傯之會,有時奏報稍遲,或思慮未周,奏報未及詳盡」為藉口,向清

廷陳述其獨到的用兵方略，得到了清廷的許可。

同治元年正月，左宗棠攻占開化後，遂於二月克復遂安縣城。他向清廷提出「依傍徽郡，取道嚴州」的建議，認為由李世賢設重兵的「金華介衢、嚴之中，城堅賊眾，臣軍若由金華進攻，則嚴州之賊必由淳、壽一帶潛出包抄，亦非善策。善弈者置子四旁，漸近中央，未有孤立賊中而能善其後者」。但這時李世賢率大軍出金華攻衢州，左宗棠只好從遂安回兵救援衢州。左宗棠同李世賢軍在衢州一帶交戰相持兩個多月，李世賢因久攻衢州不下回軍金華，以龍遊、壽昌、蘭溪三縣為犄角之勢。六月，左宗棠在解衢州之圍後，改變了原先擬訂「直搗嚴州，以規省會」的用兵計畫，認為「杭州守賊無多，賊之大勢趨重金華。自應並力先將龍遊、壽昌、蘭溪、湯溪等處次第攻剿，撤其藩籬，犁其巢穴，然後分兵嚴、處蹙之，以取破竹之勢」。於是，他制訂了「先金華而後嚴、處」的進攻方略。從左宗棠戰略的這一轉變來看，他起初因兵力不足，不敢與李世賢決戰於金華，想走捷徑從嚴州進取杭州。而此時他在衢州一帶屢敗太平軍，且「新募之勇陸續前來」，又「造船調炮，添設水師」，使左軍的實力大為增強。這樣，左宗棠決心在金華與李世賢決戰，妄圖於此殲滅太平軍主力，為攻克全浙打下基礎。從此，左宗棠結束了在衢州一帶徘徊半年的局面，把進取金華作為戰略重點，展開了金華一線的會戰。

左宗棠能把戰局及敵我實力分析的如此透澈，組織布局軍隊如此精闢，實堪稱為一代儒將，用兵神出鬼沒，戰術變幻莫測，確實已擺脫了一般軍事指揮者身上形影不離的那種打仗猛、指揮死搬教條的方法。這在戰爭中是指揮者所很難做到的。

5.在其位，絕不懈怠地謀其事

「在其位，謀其事」，說明別人信賴你，重用了你，把你擺在
一個能更好發揮才能的位置，你就應不遺餘力地在那個位置上
發揮自己的能量，無論遇到多麼大的阻礙，都應竭盡全力地去
解決它，以不負別人的一片赤誠信任之心。

　　左宗棠一生戎馬生涯，馳騁南北，為晚清的統治耗盡了一
生精力，然而他萬萬沒有想到，老年的他還會進京入朝為沒落的
朝廷輔政。

　　左宗棠能夠入贊綸扉，可謂是清廷對他這個功績卓著、德
高望重的老臣的倚重。他初到京城，即被召見兩次，慈安太后談
及他數載憂勞，聲淚俱下。清廷切望左宗棠能輔助中樞。正是鑒
於清朝統治中樞的腐敗，人們也對左宗棠「入贊綸扉」抱著很大
希望。左宗棠抵京後，不能容忍清廷再在對待日本提出的侵略權
益方面一再退讓，表示「此時萬無言退之理」。嚴重的民族危機
感和試圖改變軍機處、總理衙門一向積弱的高度責任感，使左宗
棠毅然走上新任。

　　對於左宗棠任職中樞的情況，在翁同和的日記中有一些記
述。翁多年為光緒皇帝的師傅，且躋身清流，自然與左交往甚
頻。他們初次識面後，左就給翁留下「豪邁之氣，俯視一切」的
印象。左宗棠一改總理衙門對待外國公使必恭必敬的媚態，他召
見英使威妥瑪交涉鴉片加稅等事宜，數議於總署，使翁同感到左
宗棠的舉止確在「壯中朝之氣」。

　　可見，左宗棠是把「河道必當修，洋藥必當斷，洋務必當

振作」作為任政要綱努力加以實施，且取得一定的成效。

修治河道是左宗棠的一貫主張。此時他把重點放在興修京畿的永定河上。他在新疆赴京途經山西、直隸，目睹永定河失修所帶來的嚴重危害。因此，他入中樞後就倡議治理京畿水利。治理永定河屬直境之工，左宗棠和李鴻章討論，結果李對左的建議並不支持。左宗棠只得調派他的部將王德榜、劉璈、王詩正率各軍抵涿州一帶修治永定河，他還躬親其役，勘察金門閘壩，巡視南岸河堤。經四個多月的加緊施工，永定河疏通和加固堤壩等工程基本完工，被認為是「直隸十餘年為之無成且群疑為不治者」的永定河，經左宗棠的治理有了較大改觀。醇親王奕譞遣人往閱，始嘆為創見。

左宗棠對外國的鴉片輸入向來深惡痛絕。但第二次鴉片戰爭後，清廷在西方列強的堅船利炮威逼下，被迫接受了鴉片貿易合法化的事實，這也是左宗棠個人的能力所無法解決的。清廷為減少鴉片輸入和白銀外流所造成的經濟損失，於同治七年與英國駐華公使協商將進口鴉片的徵稅由舊額增加二十％。但十幾年過去了，增稅的問題一直受到外國鴉片販子的阻撓而未能實現。

左宗棠痛陳鴉片菸毒給中國社會帶來的嚴重危害，他提出以加稅捐的辦法來阻絕鴉片的建議，對於試圖解決積重難返的鴉片流毒問題具有積極的意義。當然，從外國鴉片販子的瘋狂傾銷和吸食鴉片已成為普遍存在的社會積弊方面來看，左宗棠的舉措已經無濟於事。

左氏關於「洋務必當振作」的主張，是針對總理各國事務衙門成立二十年來在對外交涉與連繫中遇事屈從、過於卑怯的外交格局而提出的。他擔任總理衙門大臣後，決心一改之前的軟弱格調，其在對外交涉中的表現，僅能從與英使威妥瑪談論鴉片加稅一事中體現出來。他以「權自我操」為談判基點召見威妥

瑪，使威妥瑪無以難之。

　　但威妥瑪為保護英國已取得的侵略權益，又在談判中語多反覆，左宗棠不僅駁回了威妥瑪的無理狡辯，而且懇請清廷敕下各督撫將軍對「洋藥」予以加稅，以行使國家的主權。清廷長期因積弱而媚於列強的習慣為之一改。所以慈禧太后對左宗棠做出了「爾向來辦事認真，外國怕爾之聲威」的評價，從中華民族反對外國侵略的角度觀之。這無疑是對左宗棠一貫勇於維護民族尊嚴的愛國舉止的最高褒獎。

　　左宗棠以身作則，反對結黨營私的官場弊端和不負責任的官僚作風。他說：「自入國門以來，每聞朋儕許與之，談輒遜謝不遑，且以黨附為戒。遇言者指摘樞垣，必面陳勿予駁斥，以開言路。」

　　儘管左宗棠在入京輔政期間成績斐然，且有目共睹，而他卻被排斥出樞垣，這只能說明清廷的腐朽已達到驚人的程度。然而，左宗棠並沒有因為挫折而後退，他依然在兩江總督任上為加強海防和投入新的抗法鬥爭而努力拚搏著，他的行動恰與李鴻章的誣衊不實之詞相左。

　　左宗棠為政，力戒官場習氣，少爺排場，這既是他的家風，也是他為政做人之規則：

　　知爾等二十一日抵西安，計期臘月十一二可到。督署三堂後有房屋盡彀住家。一切已諭知易、溫兩巡捕妥為照料。爾等既來，自以蘭州住下為是。我已奏明出屯哈密（距肅十八店，且中間須過八百里戈壁也。），伊犁事了，乃可回蘭。爾明正來肅見我（須將家眷老小安頓妥當），可坐加套快車，住肅旬日仍回蘭州。在督署住家，要照住家規模，不要沾染官場氣習、少爺排場，一切簡約為主。署中大廚房只准改兩灶，一煮飯，一

熬菜。廚子一、打雜一、水火夫一，此外不宜多用人。兩孫須
延師課讀（已託石翁代覓），爾宜按三、八日作詩文，不准在
外應酬（見楊石翁用姻愚侄，臬司、蘭州道府以下均用三字片可
也。）我問各事，可先寫一信來，要詳細明白，至要至要。

　　請記住：左宗棠的訓戒「不要沾染官場習氣，少爺排場，
一切簡約為主」。

6.洞悉局勢，緩進急戰

　　一件事情在不同人的手中，看待處理的方法也大有不同，若不
　　分輕重，事情一到手就做，結果很可能會把事情搞砸。

　　如左宗棠指揮幾十萬軍隊，千里迢迢前去荒漠邊關打一場
漫長的仗，其事前準備、進軍安排、後勤保障卻如同神在幕後參
與了一般。

　　用兵貴在節制精明。而要做到節制精明，首先要做到「洞
悉局勢，緩進急戰」，這與左宗棠上面說的「臨陣復出以小
心，則事無不濟」是同樣道理。

　　治軍的目的是為了用軍。治而不用，或用而不治都屬於無
道之將帥。

　　孫子說：「用兵的規律如同流水一樣。流水的規律是避開
高處而流向低處，用兵的規律是避開敵人兵力實處而攻擊敵人
虛弱的地方。流水因地形制約其流向，用兵則要因敵情來決定取

勝的策略。用兵作戰沒有固定不變的態勢，流水也沒有固定不變的流向。能根據敵情變化而取得作戰的勝利，這才稱得上用兵如神。」因此，每次戰鬥，左宗棠要「親履行陣，於敵情、敵勢、地勢刻意講求，頗有所悟」。這裡的「頗有所悟」，實際上就是對敵情作出正確判斷後，破敵之策成竹在胸的心理活動。

在收復新疆的戰鬥中，左宗棠一如既往，他認為「關內關外用兵雖有次第，然謀篇布局須一氣為之」。而「就兵事而言，欲杜俄人狡謀，必先定回部，欲收伊犁，必先克烏魯木齊」，而且「天山南北兩路，舊有富八城、窮八城之說。北自烏魯木齊迤西，南自阿克蘇迤西，土沃泉甘，物產殷阜，舊為各部腴疆，所謂富八城也。其自烏魯木齊迤東四城，地勢高寒，山溪多而平川少；哈密迤南面西抵阿克蘇四城；地勢褊狹，北可制南，南不能制北」。「官軍出塞，自宜先剿北路烏魯木齊各處之賊，而後加兵南路」，從而「致力於北而收功於南也」。

我們一直覺得，左宗棠這位儒將打仗就像寫文章一樣，在動筆前先作好整體構思，在這個被稱為創作過程中最為艱苦的階段，他要根據不同的文體和要求，對素材進行分析，對題材進行挖掘，並且還要圍繞著主題來確定重點，進行安排布局，甚至還要對文章的結構進行策畫。在「謀篇布局一氣為之」後，左宗棠便開始展示他大手筆的魄力和膽識。

打仗不是寫文章。但是，把仗當成寫文章的人，一定是一個出色的將領。既然把打仗看成是寫文章，那麼就要遵循文章之道。而文章之道最講究一氣呵成，這樣才能夠頭尾相映，氣韻貫通。但是要做到這一點，就必須在下筆前認真構思，反覆揣摩，在已經達到呼之欲出的境界時，才可動手創作。

這就是左宗棠在打仗時慣用的策略。例如，在收復新疆的軍事行動中，僅籌運軍糧就用了一年半的時間。而收復疆北路僅

用了五個月的時間，收復吐魯番、達阪、托克遜三角地區耗時則不到半個月。進攻南路用了四個半月時間，整個收復新疆的實際戰鬥時間僅僅用了七個多月。也就是說，左宗棠的大部分時間都用在戰鬥前的準備。對此《左宗棠》的作者安靜波先生這樣記敘道：

小到每一舊運道的修築，新運道的開闢，從某個地方採購軍糧的利弊得失，每軍每月需多少糧食，以及進行某個重大戰役事先需運多少軍糧，分儲在什麼地方？需用多少車駝？行多少路？每戰之前，對進攻部隊（包括第一梯隊和第二梯隊）、截擊部隊和防守部隊之間的配合，對進攻時間的選擇（盡量避開嚴冬和酷暑）以及收復失地後的善後工作等等，要經過仔細周密的籌畫，都要耗費左宗棠大量的心血，可謂殫精竭慮。

如此說來，打仗這篇文章其實並不好寫。左宗棠的兵法之一是「寧可緩進，斷不可輕退」，他說：

弟入閩以後，惟上冬劉克庵副帥小挫一次，旋即復振。龍岩克後（康軍之力），繼克南陽（劉、王兩軍之力）汪逆老巢。而高、黃兩軍之攻漳城，屢獲勝仗，尤足寒賊膽而固民心。弟駐師延平，就近兼拿盜匪，擬即晉省辦事。因汪逆時有北竄之意，故暫仍未動。楊、簡兩鎮新募之營亦到，兵力足數。外間謠言退駐浦城，並無是說。弟自辦軍務以來，拿定主意，寧肯緩進，斷不輕退。其制賊之略在保完善之區、制鴟張之寇。初奉督辦之命，即以此上陳，至今未敢變易，故於廣德、寧國之不剿不防必抗疏爭之。無如三函兩牘概置腦後，卒釀此時閩、粵紛紜之局也。嘗嘆東南大局，若有實心任事、稍通方略者三數人及早

經理，斷不至蔓延流毒至今。見在大局雖稍有眉目，然戡亂之人實不多覯。而運氣卻好，亦不可解。豈古來所謂命世英豪亦半憑運氣耶？抑國家景祚方隆，群盜固應數盡耶？伯爵兩辭，未蒙鑒諒，不敢為再三之瀆，實則非家門之福。弟之不受賀，而申諭家人以忌滿之說，由衷之談，非有所矯執也。浙之官民均切去思。新撫馬轂山一遵舊令尹之政，遇事虛懷商榷，稍可慰意。閩事敗至不可堪，徐中丞以廉慈聞，實則衰庸充位而已。戰事尚順，惟賊意欲下海以賒死。其汪逆一股時思北竄，現雖極力截剿，未知果無漏逸否。澂甥、癸侄已早安抵營中，且令其留心學習。喜幕中多端士，無各軍民氣汙我素絲耳。

左宗棠說：「自辦軍務以來，拿定主意，寧肯緩時，斷不累退。」而一旦投入戰鬥，就要「取急風雪雨之勢」，以急戰之態，一氣呵成，令敵毫無還手之機。在古牧地之戰中，左宗棠僅用六天就擊敗敵人主力；達阪之戰，左宗棠用四天就消滅了敵軍。

在總結收復新疆的戰鬥時，左宗棠說：「南疆底定，以事功論，原周秦漢唐所創見。蓋此次師行順迅，掃蕩周圍萬數千里，克名城數十百計，為時則未滿兩載也，而決機制勝全在『緩進急戰』四個字。」

左宗棠作為一儒將，並非僅知習文弄字，對中國兵法之研究也是有其獨到之功夫。如，這一「緩進急戰」其實與孫子的「兵貴勝，不貴久」和「兵之情主速，乘人之不及，由不虞之道，攻其所不戒也」是一致的。對這種戰術，《六韜》是這樣評價的：「故知者，從之而不釋；巧者，決而不猶豫。是以疾雪不及掩耳，迅電不及瞑目。赴之若驚，用之若狂；當之者破，近之者亡。孰能禦之。」

十三、善用為自己辦事的人

　　不管你是一個什麼樣類型的領導，以善用人為自己的強項，是必須的成功法則。做不到這一點，就不能人盡其用，讓你的事業難以有效地拓展開來。怎樣用人呢？答案是：「用能人！」

　　胡雪巖的領導心智是：善待所有可用之人，用寬心容人之過，一旦看準可信之人，就放權給他們。

1.把大局裝在心中

一個人不能沒有大局觀念，更不能在不起眼的地方拔不出來，
而應看準大局，做出一番大事。

　　常言道：「時勢造英雄。」胡雪巖也說：「做生意，把握
時事大局是頭等大事。」沒有相應的環境，就沒有英雄成長的土
壤和其他條件，真正的英雄人物必須能夠駕馭時局，胡雪巖正是
駕馭時局的典範。一方面，胡雪巖所處的時代，為其成功奠定了
一個前提環境。

　　胡雪巖生於道光三年，卒於光緒十一年，歷經清代道光、
咸豐、同治、光緒四朝，適逢一個新舊嬗變、紛紜複雜的大變動
時代。

　　首先，內憂外患交相煎迫，國庫極度虛乏，時勢需要商人
扶危紓難。近代以前，華夏民族雖與周邊異族幾經逐鹿，但整個
國家的生存、發展並不因此受到威脅，相反的，在與異族的衝突
中不斷維護和擴大了一統的局面。這使封建統治者滋長了文化優
越感、故步自封。近世前期二三百年間，明清專制政權實行閉關
和抑商政策，中國錯過了從傳統社會向資本主義社會過渡的有利
時機，與經過資產階級革命和工業革命而國力大增的歐美資本主
義國家相比，整整落伍了一個時代。

　　胡雪巖十八歲那年，即道光二十年，鴉片戰爭爆發。大不
列顛軍隊打敗了中國裝備落後的八旗、綠營，於道光二十二年
七月二十四日逼迫清廷簽訂中國近代第一個不平等條約：南京條
約。第二年，又訂立「五口通商章程」和「虎門條約」。通過這

些條約、章程和條款，英國侵略者強占香港，勒索二千一百萬元賠款（不包括六百萬元廣州的贖城費），逼迫中國開放廣州、福州、廈門、寧波、上海五口為商埠，並規定「值百抽五」的低稅率，還攫取了領事裁判權（又稱治外法權，即外國人在華犯罪由本國處理，不受中國法律制裁）和片面最惠國待遇。

繼英國之後，美、法兩國分別脅迫清廷簽訂中美「望廈條約」和中法「黃埔條約」，擴大領事裁判權的範圍，並獲得在通商口岸自由傳教的特權。中國遭遇國難時，西方其他一些國家，如葡萄牙、比利時、瑞典、挪威、荷蘭、西班牙、普魯士、丹麥等，也乘虛而入，與英、法、美共同分享侵略特權。

此後的十年間，本來就深受封建統治之苦的百姓又加上了帝國主義壓迫這一重擔，生活情況更加惡化，紛紛鋌而走險。僅《清實錄》道光、咸豐兩朝所載，全國武裝起義就有九十二起。一八五一年一月十一日，廣東花縣人洪秀全，在廣西發動中國歷史上最大的一次農民起義：太平天國革命運動。在不到三年的時間內，太平軍勢如破竹，先在永安建國，繼而迅速挺進兩湖，奠都南京，接著又溯江西征，揮師北伐，在相當長時間內，占有大片地盤，與清廷分庭抗禮。在此期間，上海與福建的小刀會、兩廣天地會、紅巾軍、北方捻軍、貴州苗民、雲南彝民和回民、陝甘回民、山東白蓮教、浙江天地會也紛紛舉起反清大旗。

中國內戰使列強有隙可乘，他們趁火打劫，先後迫使清廷簽訂「天津條約」和「北京條約」。經此變故，外來勢力從沿海擴大到長江流域，從華南伸展到東北，中國的領海和內河主權、海關和貿易主權、司法主權受到侵害，特別是公使駐京一條，意味著官派入京的洋人再不是康乾盛世時行面君之禮的「貢使」，而是以條約為護符、恃武力為後盾的公使，這對以

「萬邦來朝」的「天朝大國」自居的清王朝不能不說是個致命的
打擊。

　　道光以後，內戰外禍的結果使社會生產遭受嚴重破壞。素
稱「魚米之鄉」的東南地區兵災之後，死亡枕藉、流離皆是。

　　在此同時，全國各地的旱、澇、蝗、饑、疫等自然災害也
相當頻繁，鴉片走私、戰爭賠款、內戰軍費加之各地官員貪污成
風，使得清廷財政狀況極端惡化。

　　國庫罄懸必使百業受困。十九世紀中、下葉正是舉辦洋
務、籌邊固防之時，常有請款之奏，而清廷財政捉襟見肘。任何
一個政權都需要物質基礎作統治基礎，晚清財政的窘態為擁有殷
實資本的商人介入國事提供了客觀前提。

　　其次，商品經濟發展和歐潮澎湃東來，衝擊傳統的農本商
末觀，為商人施展抱負創造了較前寬鬆的氛圍。

　　中國的專制政權是建立在小農經濟基礎之上，這一本質決
定了封建政府對極易引起人口流動、破壞小農經濟穩定性的商品
經濟採取苛刻的態度，奉行以農稼為本、以工商為末的政策。

　　自漢朝以來，都有輕商的傳統，以後各朝均奉行不變。傳
統的崇農抑商的政策和儒家「不患寡而患不均」的教化，導致
了「商為末業」、「商人為四民之末」的觀念深入人心，無論政
府立國施政還是民間世俗生活，一直被「末修則民淫，本修則民
愨」的原則所左右。

　　但是，社會發展需要經商買賣，誰也無法迴避這個客觀事
實，加上封建政權租賦仰賴農田，但往往種田勤苦而利薄，相
反的，經商安逸而利厚，受實際功利的驅使，總有一批人會不
顧政府的貶黜去闖蕩商海，所以經商在封建高壓下依然有緩慢
的發展。到明朝中後期，已在磨難中資本主義萌芽，中國的變
革因素已悄悄萌動。進入晚清，爆發鴉片戰爭，戰後，由於門

戶洞開，各國大量輸入工業品、掠奪農副產品和工業原料，中國被迫捲入世界市場，男耕女織的自然經濟結構首先在東南沿海和長江流域受到衝擊。第二次鴉片戰爭以後，列強通過控制海關、航運、財政、金融等經濟樞紐，把經濟活動拓展到中國廣大腹地，並深入窮鄉僻壤，從而進一步加速了中國封建經濟的解體。十九世紀六〇年代以後，中國舉辦洋務新政，開辦一批近代軍事、民用工業，促使傳統的以手工勞動為基礎的自然經濟向以機器生產為基礎的社會化商品經濟過渡。

此外，晚清以來，西方物質文明、生活習俗、自然科學和社會科學知識通過洋貨輸入、傳教布道、租界展示、出洋考察和大眾傳播等各種管道傳入中國，這從以下兩方面對中國產生潛移默化的影響：

一方面，歐潮與經商買賣聯合衝擊傳統社會安貧守道、默奢尚儉的固有觀念，導致從商獲利成為一種趨向。

另一方面，西方民主主義文化，包括那時的社會科學和自然科學，廣泛傳入中國，伴隨著民族危機日益加深，人們通過考察中西政教、探究強弱之本，越來越感到學習西方的必要，其中有一條即是借鑒西方國家以商立國的經驗。

人創造環境，環境也造就人。晚清的局面是胡雪巖遊走商界的一個社會平臺。重要的是，胡雪巖能在這個時代中把握變幻莫測的時事大局，這才是胡雪巖成為商界巨子的重要因素。

胡雪巖隨著與洋人交往增多，他逐漸領悟到洋人也不過利之所趨，所以只可使其聽從，不可放縱。最後發展到互惠互利，其間的過程都是一步一步變化的。

但胡雪巖的確占有一種天然的優勢，就是對整個時事有先人一步的了解和把握，所以能比別人早籌畫出應對措施。有了這一先機，胡雪巖就能開風氣，占地利，享天時，逐一己之利。

　　當我們說胡雪巖對時事有一特殊駕馭時，是指胡雪巖因為占了先機，故能夠先人一步，從容應對。一旦和紛亂時事中茫然無措的人們相比照，胡雪巖的優勢便顯現出來。

　　清朝發展到道咸年間，舊的格局突然受到衝擊。洋人的堅船利炮，讓一個至尊無上的帝國突然大吃苦頭，隨之引起長達十幾年的內亂。

　　這一突然變故，在封建官僚階層引起分化。面對西方的衝擊，官僚階層起初均採取強硬措施，一致要維護帝國的尊嚴。隨後，由於與西方接觸層次的不同，引起了看法上的分歧，有一部分人看到了西方在勢力上的強大，主張對外一律以安撫為主，處處討好，讓洋人找不到生事的藉口。這一想法固然可愛，但又可憐可悲。因為欲加之罪，何患無辭。當然這些人用心良苦，不願以雞蛋碰石頭，避免一般平民受最大的損傷。

　　另一部分人則堅持以理持家，對洋人採取強勢態度。認為一個國家斷不可有退縮怯讓之心，免得洋人得寸進尺。這一派人以氣節勝。但在實際上仍然難以行得通，因為中西實力差別太大，每逢交戰，吃虧的盡是老百姓。

　　這兩路人都是站在帝國的立場上看洋人，可以說都是隔了一層的做法。

　　另外一部分人，因為和洋人打交道多了，逐漸與洋人合為一家，一方面借洋人討一己私利，一方面借洋人為中國做上一點好事。這一部分人就是早期的通事、買辦商人以及與洋人交涉較多的沿海地區官僚。

　　對於洋人的不同理解，必然產生政治見解上的不同。與胡雪巖有關的，在早期，薛煥、何桂清、王有齡見解接近。利用洋人的態度，這與曾國藩等的反感態度，形成兩派，在許多問題上產生摩擦。利用洋人，這是薛、何、王的態度；表示擔憂和反

對，這是曾國藩的態度。胡雪巖因為投身王有齡門下，自己也深知洋人的船堅炮利，所以一直是薛、何、王立場的策畫者、參與者，也是受惠者。

到了中期，曾國藩、左宗棠觀點開始變化。左宗棠由開始的不理解到理解和欣賞，進而積極地要開風氣之先，胡雪巖之洋人觀得以有了依託。

基於這種考慮，胡雪巖從來都緊緊依靠官府。從王有齡始，運漕糧、辦團練、收釐金、購軍火，到薛煥、何桂清籌畫中外聯合剿殺太平軍，最後，還說動左宗棠，設置上海轉運局，幫助他西北平叛成功。由於幫助官府有功，胡雪巖得以使自己的生意從南方做到北方，從錢莊做到藥品，從杭州做到外國。官府承認了胡雪巖的選擇和功績，也為胡雪巖提供他從事商業所必須具有的自由選擇權。假如沒有官府的層層放任和保護，在這樣的一個封建帝國，胡雪巖處處受滯阻，他的商業投入也必然過大。由於投入太大和消耗太多，他的經營不可能形成如此大的氣候。

由此可以看出，胡雪巖對那個時代的時事時局有獨到的把握和應對，這也直接決定著胡雪巖事業的巨大成功。

2.真正把人才當人才

> 眼光要好，人要靠得住，薪水不妨多送，一分錢一分貨，用人也是一樣。

胡雪巖收服人心的方法，除了以誠相待、信則不疑、用之

不拘之外，一個很重要的手段就是以財買才、以財攬才。他籌辦
阜康錢莊之初，急需一個得力的掌櫃。經過考察，他決定讓原大
源錢莊的一般夥計劉慶生來擔任。錢莊還沒開業，周轉資金都
還沒湊齊，胡雪巖就決定給劉慶生一年二百兩銀子的薪水，這還
不包括年終獎金。而且，一經決定，他就預付劉慶生一年的薪
水。當時住在杭州，保持每頓葷素都有，冬夏綢布皆備的生活水
準，一個八口之家一個月吃、穿、住的全部花費也不過十兩銀子
出頭。不用說，一年二百兩銀子，實在是高薪延聘，連劉慶生都
感到這實在是太慷慨了。

　　胡雪巖的這一慷慨，也著實厲害得很。首先，它一下子打
動了劉慶生的心。當他氣派的將二百兩銀子的預付薪水拿出來的
時候，劉慶生立即激動不已，他對胡雪巖說：「胡先生，你這樣
子待人，說實話，我聽都沒聽說過。銅錢銀子用得完，大家是一
顆心。胡先生你吩咐好了，怎麼說怎麼好！」這意味著胡雪巖的
慷慨一開始就讓劉慶生心悅誠服了。

　　其次，胡雪巖的慷慨也立即安定了劉慶生的心。正如胡雪
巖為劉慶生打算的，有了這一年二百兩銀子，可以將留在家鄉的
高堂妻兒接來杭州，上可孝敬於父母，下可盡責於妻兒，這再無
後顧之憂，自然也就能傾盡全力照顧錢莊生意了。而且，手裡有
了錢，心思可以定了，腦筋也就活了，想個把主意，自然就高明
了。

　　不用說，就是此一慷慨，胡雪巖得到了個確實有能力，也
的確是忠心耿耿的好幫手，阜康錢莊的具體營運，他幾乎可以完
全放手。

　　生活中我們常常看到有些商人，在開闢一項新的業務，或
做一項新的投資時，可以毫不猶豫地拿出大把的錢出來，但在延
攬人才上卻做不到如胡雪巖一樣的慷慨大方。這倒不是說這些人

小氣，而是因為他們也有自己看似合理的想法，比如他們認為人心並不是金錢所能買到的，與雇員之間的交往，只要待之以誠即可，不必在乎付酬的多少；再比如他們認為雇員報酬多寡應當以經營效益的好壞來定，所謂個人收益與經營效益掛鉤，效益好雇員可以多得，效益不好雇員自然不該多得。

這些想法不能說沒有道理，實際運作中也確實會有收效。但往深處看，這其中卻隱藏著極大的留不住人才的危機。要延攬人才、收服人心，待之以誠當然是必須的，但如何顯示自己的誠意卻大有文章。生意場上有自己特殊的價值標準和交往原則，不能簡單地套用日常生活中的人際交往方式。用人於商場博戰就是用人為自己掙錢，別人為你掙來大錢你卻不肯付以重酬，你的誠意又何從顯示？而以經營效益為付酬多寡的依據，則更是一種不能待人以誠的做法。因為第一，以效益好壞為付酬多寡的依據，實質上是以自己所得的多寡來決定別人所得的多寡，這本身就給人一種你僅僅以自己利益為出發點的印象，難以待人以誠；第二，經營效益的好壞，原因可能是多方面的，如市場的好壞以及你作為老闆決策的正確與否，都將是影響經營的直接原因。因此，以效益為付酬依據，不可避免地會將由不為人力所左右的客觀因素或自己決策失誤造成的損失轉嫁到雇員身上，這也就更是無論如何不能被看作是待人以誠了。

胡雪巖招攬人才從來是不惜出以重金，在他看來，以財攬才就如將錢買貨，貨好價必高，值得重金攬得的人也必是忠心而得力的人。他說用人和買物一樣，一分錢，一分貨。同時，胡雪巖也從不以自己生意的賺賠來決定給自己手下人報酬的多寡，無論賺賠，即使自己所剩無幾甚至還有欠賬還未，該付出的，一分不少。比如他的第一筆絲生意做成之後，該打點的打點出去，該分出的獎金分出去之後，不僅自己為籌辦錢莊所借款項無法還

清，甚至還留下新債務，就他自己來說，等於是白忙一場。但該
給自己的幫手或合作夥伴古應春、郁四、尤五等的獎金，仍是爽
快付出，沒有半點猶豫。胡雪巖在生意場上有好名聲，無論黑道
紅道都把他看作是做事漂亮的場面人物，願意幫他做事或與他合
作，這與他的不惜重金禮聘、以財攬才是分不開的。

　　胡雪巖在對人的問題上從來不吝惜錢財，顯示出他對人的
尊重。比如胡雪巖的胡慶餘堂設有「陽俸」、「陰俸」兩種規
矩。陽俸類似我們今天所謂的退休金。胡慶餘堂上自當家的、掌
櫃，下到採買、藥工以及站櫃臺的夥計，只要不是中途辭職或
者被辭退，年老體弱無法繼續工作之後，仍由胡慶餘堂發放原
薪，直至去世。而所謂「陰俸」，則是胡慶餘堂的雇員去世以
後給他們家屬的撫恤金。這當然是針對那些為胡慶餘堂的生意
發展做出過很大貢獻的雇員。胡雪巖規定，這一部分雇員去世
以後，他們在世時的薪金，以折扣的方式繼續發放給他們的家
屬，直至這些家屬們有能力維持與該雇員在世時相同的生活水平
為止。如此優厚的待遇，胡雪巖的這些規矩，對於那些雇員們的
影響，不問即可知了。

　　我們通常說「要怎麼收穫，先怎麼栽」。對於留住人才來
說，道理卻是一樣的。

3.放手讓下屬去做

胡雪巖用人的三要是：要勤、要快，事情只管多做。

　　阿珠的父親老張在妻子和兒女的鼓動之下，接受胡雪巖的延聘，回到湖州開絲行。老張本來就是一個老實、沒有見過什麼大場面的人，回到湖州不知道怎麼打開局面，就連胡雪巖幾番催促，要他趕緊尋找一間氣派寬敞而臨街的房子搬家的事，也一拖再拖，直到胡雪巖二下湖州，他們一家還住在地處偏僻深巷的狹窄老屋裡。老張不肯搬家，一是考慮搬家是一件麻煩事，需要時日，二來更是因為怕搬家之後，場面弄得轟轟烈烈，而自己卻照顧不來，以後難以收場，因而下不了決心。胡雪巖就此開導老張，告訴他生意上的事，貴在勤、快二字，如今時日已在四月末，離收絲沒有幾天了，更該趕緊將該辦的事盡快辦好，不然就真的要誤事了。事情只管多做，不要瞻前顧後、猶疑不定，也不必事事都等著東家來拿主意，想到了就自己做主去做就是了。「做錯了不要緊！有我在錯不到哪裡去。」

　　胡雪巖的這番話雖然主要是在鼓勵老張，其實也是他在用人上一直奉行的一個重要原則，即放手使用，用而不疑。一般來說，除非是那些關係生意前途的重大決策，否則在一些具體的生意事務的運作上，胡雪巖總是放手讓手下去做，絕不隨意干預。比如即使在阜康錢莊開辦之初，當他認定自己延聘的錢莊掌櫃劉慶生可以料理生意事務之後，也幾乎是完全放手讓劉慶生去做。他只是規定了幾條大的原則，諸如只要是幫朝廷的忙，即使虧本的生意也可以做；放款要看對象，不能將款子放給到太平軍占領的地方去做生意的商人等等。其他的事情，則全部由劉慶生自己做主。而生絲銷洋莊的生意，他也差不多將找買主、談價錢、簽協約等事務都交給了古應春，而自己則把精力投入到剛剛開始的軍火生意上，正是在第一樁生絲生意開始運作時，他還好整以暇地到湖州為郁四解決家事問題，到蘇州解決了松江漕幫與其他幫派的衝突。

　　從商務運作的角度來看，放手讓自己的下屬做主辦事，其實是十分必要的。商場如戰場，競爭激烈且瞬息萬變，所有的機遇幾乎都是稍縱即逝。因此，面對商場的競爭，必須牢牢把握一個又一個的機遇。不能及時抓住機遇，要想獲得成功，幾乎是不可能的。不用說，要抓住機遇，既要有敏銳的眼光和準確的判斷，更要有果斷的決策和迅速的行動。而要做到果斷決策、迅速行動也並非易事，它不僅要求決策者具有如此的素質，許多時候更需要那些手下有敢於任事、創造性地開展具體事務運作的能力。一個簡單的事實就是，如果那些夥計們光知道事事看老闆的臉色、等著老闆的指令來運作，而不能放開手腳發揮自己的能量，當老闆的不僅會在事事躬親的繁忙中累癱，而且必定會因為辦事者的猶豫延誤，放過許多不會再有的好機會。

　　而就識人用人而言，放心放手，實際上也是延攬人才、使對方誠心辦事，且充分發揮自己的能力將事情辦得圓滿的一個重要前提。商場上，顧員的主要職責，就是圓滿完成老闆交給的任務。但這種雇傭關係，並不意味著僅僅只是發號施令與遵守服從的關係。顧員只有具備條件能夠充分發揮自己的才幹，才可以真正達到用人的目的。不用說，如果用而不能放手，被用的人總是處於一種被動地位，他的能量也就沒有辦法得以發揮，事實上他也不敢讓自己的能量充分發揮。更重要的是，人都需要有一種成就感，即使被雇時也不例外。而且，越是有能力的人，越是希望能夠盡量發揮自己的才幹，使自己能夠在一種成就感中獲得某種心理滿足。這樣的人，如果不能放心放手地使用，以至於讓他總覺得自己沒有一點能夠顯示自己的能力的主動性，要想留住他誠心為自己辦事，事實上是不可能的。

　　是人才，往往都追求自身價值的實現。因此，放手用人，允許犯錯誤，使人才得到真正的鍛鍊，這是成功的商界中人必須

遵循的規則。

4.能饒人，就饒人

胡雪巖在經營過程中，非常注重面子的作用。同樣，他也十分
注意維護別人的面子，一個人的信譽破壞了，對大家都不利。
所以他堅持「得饒人處且饒人」。

　　胡雪巖出道時，就顯出這種氣度。王有齡用胡雪巖捐助
的五百兩銀子捐官成功後，回到杭州，得知胡雪巖為此丟了飯
碗，落拓不堪。他當時要為胡雪巖洗刷惡名，弄清了借據的內
容，利息演算法，立即就在海運局支出六百兩銀子，要去了了這
筆賬。他穿上官服，吩咐跟班備轎，讓人準備鳴鑼喝道，要和胡
雪巖一同前往信和錢莊還錢。按他的想法，自然是要以自己的威
風，為胡雪巖揚一揚名，順便也替他出一口惡氣。

　　但胡雪巖卻拒絕了。他並沒有得理不饒人，而是設身處地
地為別人想一想。他不去的理由很簡單，信和錢莊的夥計就是當
初將他開除出信和的張胖子。如果此時他和王有齡一同前往，勢
必讓張胖子非常尷尬，大失面子。而且事情傳揚開來，張胖子
在同行、在東家面前的面子也沒有了。胡雪巖不樂見這些事發
生。他不僅不與王有齡同去，而且還叮囑王有齡捧信和幾句，也
不要告訴他們已經見到了胡雪巖。這使王有齡對胡雪巖的做法不
禁讚嘆道：「此人居心仁厚，至少手段漂亮。換了另一個人，像
這樣可以揚眉吐氣的機會，豈肯輕易放棄？而他居然願意委屈自

己，保全別人的面子，好寬的度量！」

　　王有齡理解胡雪巖的用心，單獨去還了這筆借款時，也做得漂亮。他特意換上便服，也沒有鳴鑼開道，且將官轎換成一頂小轎到了信和。由於信和當初就將這筆五百兩銀子的款子當作一筆收不回來的死賬，因此他們也沒把胡雪巖代王有齡寫的借據當一回事，不知隨便扔到哪裡去了，此時王有齡來還錢，居然遍找不到借據。當張胖子將此情況據實相告之後，王有齡不僅沒有為難他，而且二話不說，拿出該還的連本帶息五百五十兩銀子，只要求對方寫一個已經還清的收據，至於原來的借據，以後找到，銷毀就是了。

　　這一齣還清舊賬的戲確實演得漂亮。正像王有齡所想的那樣，胡雪巖本來就受了冤枉，且不僅為此丟了面子，還丟了飯碗，以致落魄潦倒到給人打零工維持生計。現在終於可以為自己洗刷惡名，若換作別人，大都不肯白白放過這次為自己掙回面子、揚眉吐氣的機會。但胡雪巖首先想到的，卻是如何保全別人的面子，難怪王有齡會打心眼裡佩服他：「好寬的度量！」

　　在對待吃裡扒外的朱福年時，胡雪巖還是牢牢記住「饒人一條路，傷人一堵牆」的道理，使這件事處理得極為漂亮。

5.一定要善待可用之人

在沒有競爭的壓力、看不到利害攸關與生存危機的情況下，人們多安於現狀，往往不知居安思危。正所謂「生於憂患，死於安樂」。

　　胡雪巖是名商人，他要在市場的風險與競爭中謀求發展，就需要人才，也離不開人才的使用。因此，投到他的門下，就要盡可能地發揮自己的能量。

　　談生意，要動嘴；做生意，要動手；跑生意，要動腿。生意是一件實實在在的、操作性很強的事情，是智力才識的高度運用。沒有良好的才識，在商業活動中是難以立足的。可以說，做生意既是才識的發揮，也是智力的競爭，對於經營者來說，重要的是能擁有為我所有、所用的一批各方面的人才。

　　胡雪巖以其天才般的眼光，認識到人才在商業經營中的重要性，因而不惜代價地挖掘、籠絡人才。他眼裡的人才，首先是要眼光好。所謂眼光好，就是能運用豐富的經驗和知識，敏銳地觀察、捕捉資訊，抓住機遇，大膽迅速地作出恰當的判斷。只有如此，才能在充滿風險、複雜多變的生意場中占據主動地位。但眼光手腕兩個方面都做到家的人才是很難得的，正如「千軍易得，一將難求」。他除了要有高智商的良好素質外，還要久經沙場、見過世面，在商場的競爭中積累經驗，磨練出良好的心理素質和不凡身手，能處變不驚，反應敏捷，舉重若輕，有運籌帷幄的本事。

　　要靠自己的眼光去發現人才，捨得花力氣、花心思去實際考查，去為自己找到真正的人才。商場上的競爭，憑藉的既是財力更是人力，用人不當，受害的一定是自己。

　　胡雪巖在創業之初，就親自考查選用人才。而且，他對於人才的考查既細心周到，手法也很不俗。比如他聘用劉慶生做自己阜康錢莊的掌櫃一事。

　　劉慶生在跟了胡雪巖之前，只是大源錢莊一個站櫃臺的夥計，身分其實很低。胡雪巖本來就認識他，但僅僅只是認識而已，並沒有太多的了解，在胡雪巖想要用他之前，自然要來一番

考查。胡雪巖考查他的辦法很特別,他知道劉慶生是餘姚人,找來劉慶生之後,一開始只和他海闊天空、不著邊際地大談餘姚風物,又從餘姚扯到寧波,由寧波扯到紹興,閒扯了個把鐘頭,也沒有進入正題,把劉慶生弄得一頭霧水,甚至有些懊惱。

好在他本來就有極堅忍的性情,也能夠耐心地聽胡雪巖瞎扯。其實,胡雪巖也正是以此考查劉慶生的忍耐力,然後借閒談問劉慶生關於錢莊方面幾個問題,以考查劉慶生臨場應變與對本行的熟悉程度;似乎在不經意中還問到杭州城裡錢莊的牌號,借此了解劉慶生的記憶與觀察能力。劉慶生對答如流,顯示出不凡的本事。經過這一番巧妙的考查,胡雪巖才最後斷定此人有著不同尋常的眼光與能力,也才決定大膽予以延聘。

胡雪巖確有一番收服人心,化敵為友的大本事,這是他能夠縱橫商場,把自己的生意越做越大的重要原因,這當然也確實是他的大本錢。

6.不會用人只能誤事

用人要憑自己的眼光去看,不能只看表面,這是胡雪巖在選用生意幫手時十分注意的一個原則。

他對劉慶生的任用是如此,對阿珠父母即老張夫妻的任用也是如此。他自己出錢請老張下船到湖州開一家絲行,本來也有幫幫老張的意思。

胡雪巖喜歡阿珠,甚至還動過娶她做小的念頭,照說有這

一層關係，也不必費心去考查了。但他還是經過一番周密考察才決定用他們，因為無論如何，湖州的絲行關係到他將要涉足的生絲生意的發展。胡雪巖通過問話，引老張之妻和他聊聊有關養蠶、繅絲、繭絲買賣、蠶絲品種優劣等方面的情況，令胡雪巖開了眼界，覺得老張之妻雖是常人之妻，也有著不凡的見識。同時，胡雪巖不僅看出他們的能耐與眼光，也是本著他們的老實本分這一點。有眼光、本事，但奸猾狡詐之徒，難以駕馭，易出問題。老實本分，才可靠，才能對自己竭盡全力。老實可靠，也是胡雪巖任用人才的一個前提。他最後才決定自己出錢，聘老張當老闆。說是聘老張做老闆，實際是老闆娘主持生意。

「你看了人再用，不要光看人家的面子，人用得不好，受害的是自己。」這是胡雪巖讓劉慶生為阜康錢莊物色幫手的時候囑咐劉慶生的話。胡雪巖用劉慶生時，是著著實實看了再用的，而到劉慶生去找幫手時，他又如此囑咐劉慶生，可見他對「看了人再用」是多麼地重視。

阜康銀號業務發達後，在通都大衢遍設分號，據陳代卿《慎節齋文存》記載，每當胡雪巖用人前，「必詢其家食指若干，需用幾何，先以一歲度支畀之，俾無內顧憂。」這樣，一則使雇員專心致志，二則使他們感恩戴德，幹起活來，自然更賣力。

企業內部員工的勞動態度、技術水平、熟練程度各不相同，如果做事與不做事一個樣、做多做少一個樣、做好做壞一個樣，勢必造成平庸而怠惰者安於現狀、不思進取，才高而勤奮者不能脫穎而出。

為了避免出現這種情況，必須建立一種賞罰分明，以最有效地開發、利用人的才能和專長的競爭激勵機制。在胡慶餘堂，胡雪巖也通過行賞用罰進行有效的管理。他行賞罰以實績

為依據，罰，不迴避管理層，如前述辭退背後進讒的副掌櫃；賞，不忘記普通藥工。

工資收入、職位晉升是激勵手段之一。當時，葉種德堂有個切藥工功夫了得，人稱「石板刨」，但因脾氣耿直火爆而得罪人，在葉種德堂待不下去，經人介紹，來到胡慶餘堂後，胡雪巖不但沒因他的牛脾氣而另眼相看，反而依他的才能定賞，給他高工資，還提拔他當了大料房的頭兒。胡雪巖寧厚待有一技之長的出眾之輩，也不賞唯唯諾諾的平庸之輩。人是有感情的動物，「石板刨」見馳名朝野的紅頂商人胡雪巖竟如此器重自己，怎不感其知遇之恩而加倍效力呢？

胡雪巖對有功者，特設「功勞股」，這是從盈利中抽出的一分特別紅利，專門賞給對胡慶餘堂有貢獻的人。功勞股是永久性的，一直可以拿到本人去世為止。有位叫孫永康的年輕藥工就曾獲得此項獎勵。有一次，胡慶餘堂對面一排商店失火，火勢迅速蔓延，眼看無情的火焰撲向胡慶餘堂門前的兩塊金字招牌，孫永康毫不猶豫地用一桶冷水將全身淋溼，迅速衝進火場，搶出招牌，頭髮、眉毛都讓火燒掉了。胡雪巖聞訊，立即當眾宣布給孫永康一分功勞股。

在舊時代，企業主為了籠絡雇員的心，一般捨得施以小恩小惠，但唯利是圖的本性又使他們大多有「吃我一餐，聽我使喚」的心理，所以，當雇員年老體弱之後，業主普遍採取掃地出門的態度，任其凍餓不肯援手，而這會使在職人員心生前途渺茫、得過且過之感，因為眼下老弱者的下場就是他們將來生活的寫照，胡雪巖正是看到這一點，設立了陽俸和陰俸。所謂陽俸，就像現在的退休金，發給老弱多病無法繼續工作的人。而陰俸如同現在的遺屬生活補助費，是職工死後，按照工齡長短發給其家屬的生活費。當然。不是人人可得陽俸和陰俸，須以對胡慶

餘堂有過貢獻為前提，含有論功授益的意義。雖然，陽俸、陰俸成了胡慶餘堂不小的一筆開支，但收到了解除員工後顧之憂、促使人們爭強好勝的客觀效果，由此激發的生產積極性和創造力所轉化的經濟效益，遠遠超過了所支出的金額。

胡雪巖建立激勵機制並不只限於物質方面，他還用精神因素來提高員工的責任感和事業心，用信任下級、贊賞先進、融洽關係等管理手段強化員工的能力、鞏固他們的積極性。

由於胡雪巖主動關心員工的物質利益，建立起行之有效的獎優懲劣、賞勤罰懶的激勵制度，所以，胡慶餘堂吸引了各種人才，像前面提到的「石板刨」從葉種德堂投到胡慶餘堂門下後，從二十二歲一直做到七十七歲，整整為胡慶餘堂效力五十五年！

我們常說錢要花在刀刃上。為了招攬人才，當然更需要也更值得花錢了。

7.能容不容之人

一個人如果才識過人，必將令他人顯得平庸，這種才識一旦付諸行動，就會達成別人達不成的事，打破和別人的平衡關係，造成與其同僚的不同，難免引起周圍人的妒恨。

胡雪巖腦子中始終有一個觀念：「不遭人妒是庸才。」反過來說，遭到人們嫉妒的多是能幹之人。因此，他選人的時候，對那些在別人口中頗遭非議的人物更加注意，因為他知

道，成就大業之英才，往往是不見容於人。從這裡也可看出他不拘世俗，擁有較一般人寬闊的眼光。

胡雪巖的「不遭人妒是庸才」的人才觀，首先就在他自己身上反映出來。胡雪巖從學徒做起，因做事俐落，快速擢升，引起同事們的不安與嫉恨。他們利用一切機會在老闆面前詆毀胡雪巖，說他如何如何辦事無能，又如何如何欺上瞞下，總而言之，咬定胡雪巖是個心術不正的人。

這些謠言傳到老闆耳中，虧得老闆也是個久經世故的人，他知道什麼叫「行出於眾，人必非之」的道理，對這些謠言也不大在意。由此，胡雪巖得出結論：「不遭人妒是庸才」。

古應春是上海洋場的「通事」，也就是外語翻譯。他一表人才，洋朋友多，對英國人尤其熟悉，英語翻譯水準很高，更難能可貴的是他雖然常和洋人打交道，卻十分維護中國人的利益，對中國人內部的互相爭鬥、讓洋人撿便宜的現象很不滿。比如和胡雪巖一見面，他就講了一件很讓他氣憤的經歷。有一回洋人開了兩船軍火到下關販賣，價錢都談好了，就在成交前，有個中國人會洋文，跑去告訴洋人，說洪秀全的軍隊正急需洋槍火藥，多的是金銀珠寶，就這樣洋人反悔了，價格立即漲了一倍多。直到此時，古應春心中還是恨意難消。他對胡雪巖說：「中國人恨洋人的，事事掣肘，怕洋人的，一味討好，自己互相傾軋排擠，洋人腦筋快得很，有機可乘，絕不會放過。這類人最可惡」。

胡雪巖從古應春的言談態度中推知他必是遭同行排擠，有感而發。同時，他也正是從這裡看出古應春是一個難得的可為自己所用的人才。不遭人妒是庸才，受人排擠的，大致能幹的居多。古應春的能幹，胡雪巖從他的說話、見解就可以想見了。主意一打定，胡雪巖就提出了與古應春合夥與洋人做生意

的要求，古應春自然也是十分樂意。此後胡雪巖與洋人作軍火交易，比如同英商哈德遜談判，以合適的價格及時地買到兩百支槍、一萬發彈藥；生絲銷洋莊，比如第一筆幾萬包絲在上海賣給洋人、一舉賺得十幾萬兩銀子，古應春都功不可沒。

一次，胡雪巖私自把錢莊的錢借與王有齡。事情傳開之後，老闆又氣又恨，按規矩，出了這種事，肯定是把胡雪巖趕出信和錢莊，但老闆想到胡雪巖是自己一手栽培起來的，確實是個難得的人才，又於心不忍。

這時，錢莊的夥計可不依了，平素他們恨透胡雪巖，卻苦無機會施以報復，如今遇此良機，怎肯放過？於是成天在老闆面前慫恿，說胡雪巖如此無法無天，這次不把他趕出錢莊，說不定會留下後患，要是別的夥計也競相效仿，那錢莊遲早關門？

老闆一聽，知道胡雪巖犯了眾怒，自己即便有心留他下來，只怕他以後的日子也難過。於是狠下心來，把胡雪巖趕出了錢莊。

後來又怎樣呢？胡雪巖跟隨王有齡，控制了浙江海運，賺了數十萬的銀子，他們把這筆錢不存在別人那裡，而偏偏存在信和錢莊，信和老闆這時才發覺自己做了多麼愚蠢的一件事。雖然自己當時已知胡雪巖是個人才，卻礙於眾人的非議，不敢把他留下來，如今看他短短幾年之內，竟然擁有萬貫家財，自己真是有眼無珠。始知遭人妒者，才是英才。

而胡雪巖尚未創業之時資助王有齡，也是出於這種觀念。王氏一介書生，科試不第，捐官無路以至於窮困潦倒，卻不肯放下讀書人的志節與骨氣，遂遭市井人恥笑。惟胡雪巖不以人短而非之，他看出王有齡將來必有所作為，是以不顧別人的非議，冒險贈金，事實證明胡雪巖的判斷正確無誤，王有齡得此資助終於發跡，而胡雪巖也終於由此踏上發財致富之坦途。

　　胡雪巖發跡後，用人時，特別注意「不遭人妒是庸才」這一句話，為自己，也為別人發現了許多人才。

　　王有齡在湖州府上時，統轄的一個縣城發生了民變，亂民殺了縣官，攻占縣城，豎起大旗，自稱「無敵大王」。消息傳到湖州，王有齡大為惱火，召集幕僚，徵詢辦法，手下幕僚大都言剿。王有齡也支持這個意見。

　　然而手下有個叫司馬松的幕士卻反對這種辦法。他認為，如今官兵久不訓練，不知拚殺之事，亂軍風頭正健，不與之相爭才是上策。否則，一旦官兵失敗，只怕四處的亂民都會回應，況且民亂事出有因，當以撫字為上，既可安撫民生，也可平定民亂。

　　司馬松這個人平時寡言，又貪小便宜，衣著服飾亂七八糟，很讓同僚看不起，王有齡也有些討厭他，只因他是另外一個朋友介紹來的，才沒把他辭掉。本來平日在他人眼裡，司馬松便是一個無足輕重的人，今日見他未出兵便先言敗字，很是氣惱，不予理睬，派了個營官領了一千人馬去鎮壓亂軍。

　　事情果然不出司馬松所料，一千官兵在半途便中了埋伏，死傷大半，別處的飢民見官兵如此不堪一擊，便紛紛起來鬧事，回應無敵大王。

　　王有齡大驚失色，召集眾幕僚，再商對策，眾幕士說來說去都沒找出個好主意，而欲尋司馬松，卻發現人已不見，告假養病在家。

　　胡雪巖聽完王有齡的敘述後，認定司馬松就是平亂所需的英才。他解釋，司馬松面相端正，屬善良忠直之輩，眉間英氣凝聚，有傳世之才，大智若愚，不表於色，心計必定極深沉。他平時少言，不善辭令，但那日獻計用撫不用剿，確實為計深遠，非一般人所及，不鳴則已，一鳴驚人，平素藏而不露，到危難之際

挺身而出，大展才智，才是中用之人，其所以隱忍不發，不願為王氏效命，是因為王有齡以尋常眼光對之，未發現這一人才而已。

事實上，司馬松命中多難，他是個遺腹子，未出生爹便死了，全靠母親辛辛苦苦把他養大，後來又替他娶妻。誰知他老母一病不起，過了幾年，妻子留下幾個兒女，跟他人私奔了。這下，司馬松簡直陷入水深火熱之中。既要照顧老母，又要照顧孩子，欠的債不計其數。有位朋友見他可憐，便通過種種關係把他介紹到王有齡的衙門，一直不受重視，頗有懷才不遇之感，這一次他給王有齡出計獻策，王有齡剛愎自用，根本不把他放在眼裡，使他大為惱怒。

胡雪巖了解這一切之後，特地登門拜訪，為司馬松還清舊債，臨走前又留下五百兩銀票，以備司馬松日常開支。

離開後，胡雪巖見到王有齡，將司馬松的困窘詳細說明，又勸王夫人以養婢贈與司馬松為續弦。

這一切令司馬松感激涕零，翌日前來拜謝，胡雪巖便把王有齡的意思告訴他，司馬松一聽，也不多說，主動要求去與亂民談和。

司馬松果然厲害，舌戰亂民，很快就瓦解了亂民的鬥志，亂民各自散去。王有齡聞訊大喜，奏明朝廷，朝廷念司馬松有功，令他就在民變的縣城就任縣令。司馬松在任時，治理有方，很快就平定人心，一時間政通人和。

此時王有齡才意識到：「司馬松素日在同僚中倍遭非議，原來果真是奇才！」

胡雪巖不以人非而非，獨具慧眼，證實了他「不遭人妒是庸才」的人才觀的高明。

8.以情動人最管用

胡雪巖對下屬的管理，不僅僅是物質鼓勵，更多的是感情投資。他深知「得人心」的重要，對下屬總是設身處地地關心照顧，幫助他們解決實際困難，禍福同當。

　　他非常注意自己對下屬的感情投資，他全心幫助郁四處理家務，他細心籌畫促成古應春和七姑奶奶的婚事，他撮合阿珠姑娘與小和尚的姻緣，他為漕幫解決困難……所有這些，都是感情投資。而這些感情投資收回的利潤，便是他有了這一大批眼光手腕都相當不錯的人全心全意地幫他。

　　胡雪巖深深懂得，要得到真正的傑出之士，只憑藉錢是不能成事的，關鍵在於情義二字，用情義來打動他們。他就是用這樣的手法，為朋友王有齡追攬了一名得力的助手嵇鶴齡。

　　卻說王有齡做官以來事事順利，正當他春風得意時，卻接到一件意想不到的任務。新城有個和尚，公然聚眾抗糧，撫臺黃宗漢要王有齡帶兵鎮壓。然而新城民風強悍，吃軟不吃硬，如果帶兵去，說不定會激起民變。候補州縣裡有個名叫嵇鶴齡，主張先撫後剿，主意很是不錯，但是他恃才傲物，不願替別人去當這送命的差使。儘管嵇鶴齡非常窮，可他就是不談錢，不哭窮。胡雪巖自覺非說動嵇鶴齡不可。剛好嵇鶴齡新近悼亡妻，於是胡雪巖穿上袍褂，戴上水晶頂子大帽，坐上轎子，帶上隨從，前往拜訪。

　　胡雪巖找到嵇鶴齡的家，聲稱來拜亡人，要嵇鶴齡出見。無奈嵇鶴齡以素昧平生為由，拒不出見。

站在庭院裡的胡雪巖早已料到嵇鶴齡會採取拒人於千里之外的態度，但他還準備了一步棋。只見他款步走到靈堂前，捧起家人剛才點燃的香，必恭必敬地行起禮來。這一招確實夠厲害，因為依照禮儀規矩，客人行禮，主人必須還之以禮。嵇鶴齡無奈，只好出來，請胡雪巖入室相坐。

待一坐下來，胡雪巖便展開他那練得爐火純青的嘴皮功夫，說了一陣恭維、仰慕之類的話。嵇鶴齡聽了這些話，清高的傲氣也就消減了一半。

「嵇兄，還有點小東西，是王大人託我面交給你的，請笑納。」說著，胡雪巖掏出了個信封遞過去。

嵇鶴齡接過信封，掏出來一看，原來裡面是一疊借據和當票底根，只是上面蓋著「登出」的印戳，或寫著「作廢」二字，不是廢紙，又是什麼呢？

原來這些都是胡雪巖通過自己在錢莊、當鋪的熟人做的手腳，為嵇鶴齡取出來的。

嵇鶴齡被胡雪巖的言談和舉動所打動，言語之間也就緩和下來了。嵇鶴齡知道胡雪巖是王有齡倚重的人，剛剛見到他時還心生戒備，但在胡雪巖這一番事情做完之後，不僅戒備防範之心盡數解除，相反的還對胡雪巖生出一種由衷的佩服。

此刻日已近午，胡雪巖便請嵇鶴齡出去吃個飯。嵇鶴齡家中沒有內助，四處雜亂無章，只好主隨客便。於是進屋換了布衫，和胡雪巖攜手出門了。

數日後，嵇鶴齡在王有齡的安排下，親赴新城，結果不負眾望，大功告成。他協同地方紳士，設計擒獲要犯，解送到杭州審訊法辦。撫臺黃宗漢為有功人員出奏保案，只是作為首功之士的嵇鶴齡卻只給了一個明保。胡雪巖深知其中有鬼，回去寄了兩萬銀票到黃宗漢的老家。然後通知王有齡可以去見撫臺了。撫臺

當面答應王有齡調任後的浙江海運局差使由嵇鶴齡接任。事情至此，一個本來難解的難題終於皆大歡喜。

可以看出，胡雪巖用非常高明的手段收服了嵇鶴齡。他的做法有兩個不可忽視的作用：

第一，從感情上打動嵇鶴齡。嵇鶴齡喪妻不久，除少數幾個氣味相投的知己朋友之外，還沒有多少人來弔唁，胡雪巖對於他的亡妻的真誠祭典，以及由此看出對於嵇鶴齡中年不幸喪妻的同情，一下子就打動了他。第二，幫在實處。嵇鶴齡一直沒有得到過實缺，落魄到得靠典當過活。幫在實處，便見真情，使嵇鶴齡更沒有理由不感動。更絕的是，胡雪巖知道嵇鶴齡有一種讀書人的清高，極要面子，是絕不肯無端接受自己的饋贈，因此，他為嵇鶴齡贖回典當的物品，用的是嵇鶴齡自己的名號，並且言明，贖款只是暫借，以後嵇鶴齡有錢歸還時，他也接受。這樣，不僅為嵇鶴齡解決了實際的困難，而且也為他保住了面子。因為這兩點，難怪嵇鶴齡這樣一個十分傲氣的讀書人，會對胡雪巖這一介商人刮目相看了。

十四、不動聲色卻有震撼力

　　領導管理時要有喜怒不形於色的控制力，千萬不可隨意爆發自己的火氣。

　　慈禧的領導心智是：盡量多考慮大小難題，採取多種手段穩固自己。

1.坐在背後操縱人

雙簧的特點是一人在前一人在後，一動一說。假如坐在背後的
那個人不按照事先約定好的去說，前面動的人就會亂了手腳。

　　光緒帝的大婚，朝廷上下熱鬧了一陣子，大禮將成，光緒
帝親政的日子也就到了。一八八九年三月三日，光緒帝大婚後的
第五天，行朝見禮，光緒帝在朝堂上接受了文武大臣的慶賀。三
月四日，光緒帝行親政大典。慈禧太后在慈寧宮接受光緒帝率群
臣三跪九叩禮，光緒帝很快還宮，旋即又出御中和殿；接受執事
官行禮。隨後，光緒帝再御太和殿，樂作，皇帝升座；樂止，鳴
鞭三；王公百官行禮，並宣詔頒行天下。

　　光緒帝大婚後第六天，正式親政。就在他宣布親政的當
天，光緒帝當著眾王公大臣的面，向慈禧太后宣誓：「親政之
後，謀國行事都『率由舊章』，絕不更改以往頒行的章程。」慈
禧太后是有心人，她記住了光緒帝的這些話，這為她以後干預朝
政和教訓光緒帝找到了藉口。

　　慈禧太后宣布「休息」之後，開始住進頤和園，頤養天
年，常召梨園戲班入園演戲娛樂。但清朝的行政大權仍然被慈禧
太后牢牢地掌握在手中，光緒處於無權地位。

　　光緒二十四年，光緒帝執行戊戌變法，在第三次召見袁世
凱時，被慈禧嚴密監視。當時袁世凱進言：「古今各國變法非
易，非有內憂，即有外患，請忍耐待時，步步經理，如操之太
急，必生流弊。」光緒帝為動容，但一言不發。

　　袁世凱退下後急忙回津，到天津時已是黃昏，直奔榮祿府

第，謁榮祿，迫不及待地盡洩內情。榮祿當夜電告慈禧。慈禧勃然大怒，於翌晨匆匆返宮。召光緒帝斥道：「我撫養汝二十餘年，乃聽小人之言謀我乎？」光緒帝嚇得渾身戰慄，說不出話來，良久囁嚅道：「我無此意。」慈禧高聲地罵道：「痴兒，今日無我，明日安有汝乎？」

這一天，即八月初六日，慈禧御便殿召慶王奕劻、端王載漪、軍機大臣、御前大臣跪於案右。光緒帝跪於案左。同時設竹杖於座前。

慈禧疾聲厲色地訊問光緒帝：「天下者，祖宗之天下也，汝何敢任意妄為！諸臣者，皆我多年歷選，留以輔汝，汝何敢任意不用！乃竟敢聽信叛逆蠱惑，變亂典型。何物康有為，能勝於我選用之人？康有為之法，能勝於祖宗所立之法？汝何昏憒，不肖乃爾！」

皇帝戰慄不已，不知所對。

慈禧把如劍的目光轉向跪在地上的王公大臣們。看著這一群老邁昏憒的親信，她氣不打一處來，怒氣衝衝地訓斥道：「皇帝無知，汝等何不力諫！以為我真不管，聽他敗家乎？我早已知他不足以承大業，不過時事多艱，不易輕舉妄動，只得留心稽察管束。我雖人在頤和園，而心時時在朝中也。我唯恐有奸人蠱，所以常囑汝等不可因他不肖，便不肯盡心國事。現幸我還康健，必不負汝等也。今春奕劻再四說，皇上既肯勵精圖治，謂我亦可省心。我因想外臣不知其詳，並有不學無術之人，反以為我把持，不許他放手辦事。今日可知其不行矣。他是我擁立者。他若亡國，其罪在我，我能不問乎？汝等不力諍，是汝等罪也。」

王公大臣們匍匐在地，默默承受，不敢應對。

慈禧又把犀利的目光移向皇帝，惡狠狠地質問道：「變亂

祖法，臣下犯者，汝知何罪？試問汝祖宗重，康有為重，背祖宗而行康法，何昏憒至此？」

一言不發的皇帝覺得應該做點申辯，便戰戰兢兢地說：「是固自己糊塗，洋人逼迫太急，欲保存國脈，通用西法，並不敢聽信康有為之法也。」

竟敢申辯，囂張已極！慈禧益發憤怒，聲音更加冷厲地說：「難道祖法不如西法，鬼子反重於祖宗乎？康有為叛逆，圖謀於我，汝不知乎？尚敢回護也！」

皇帝嚇得魂飛天外，只顧顫抖，不知如何應對。

慈禧窮追不捨，厲聲問道：「汝知之乎？抑同謀乎？」

皇帝聽不太清，又不敢問，又不能不答，便胡亂地答道：「知道。」

慈禧不依不饒：「既知道還不正法，反要放走？」

皇帝隨口應道：「拿殺。」

這其實是一場不准辯白的審判。法官是慈禧，罪犯是光緒帝。

當天，以光緒帝名義發布諭旨，昭示朝廷內外，慈禧實行「訓政」。旨曰：「現在國事艱難，庶務待理。朕勤勞宵旰，日綜萬幾。兢業之餘，時虞叢脞。恭溯同治年間以來，慈禧端佑康頤昭穆莊誠壽恭欽獻崇熙皇太后兩次垂簾聽政。辦理朝政，宏濟時艱，無不盡美盡善。因念宗社為重，再三籲懇慈恩訓政。仰蒙俯如所請，此乃天下臣民之福。由今日始，在便殿辦事。本月初八日率諸王大臣在勤政殿行禮。一切應行禮儀，著各該衙門敬謹預備。」

同日，又發諭旨，捉拿康有為和康廣仁。旨曰：「工部候補主事康有為，結黨營私，莠言亂政，屢經被人參奏，著革職。其弟康廣仁，均著步軍統領衙門拿交刑部，按律治罪。」

八月初七日，慈禧又單獨審問皇帝一次。八月初八日，光緒帝率百官在勤政殿恭賀慈禧訓政。慈禧又把勤政殿變成了審判庭。這一次，慈禧變了招數，讓群臣質詢皇帝，皇帝成了名副其實的被告，威風掃地。

慈禧將從皇帝書房中及康有為寓所中查抄的奏章、說帖等件，命群臣質詢，逐條審訊。其中有楊銳、林旭依據皇帝的旨意催促康有為迅速出京的信函，慈禧大怒，追問皇帝。皇帝不敢承認，推託說這是楊銳的主意，與己無關。慈禧又追問圍園弒母之謀，皇帝推到了康有為、譚嗣同身上。慈禧極為憤恨，當即下旨，捉拿維新黨人。旨曰：「張蔭桓、徐致靖、楊深秀、楊銳、林旭、譚嗣同、劉光第，均著先行革職，交步軍統領衙門拿解刑部審訊。」

同時禁皇帝於瀛臺。瀛臺，位於北京三海，即北海、中海、南海之一的南海。四面環水，北架一橋以通往來。瀛臺多樹，主體建築涵元殿位於瀛臺的中心。瀛臺本是皇室避暑和遊覽的勝地，但自此以後卻變成了囚禁光緒帝的囹圄。光緒帝除了每天被拉去早朝外，便不得自由出入。慈禧把原來皇帝身邊的太監一律撤走看押，另派其心腹太監二十餘名監視皇帝。皇帝成了被軟禁的囚徒。

慈禧以訓政之名，行親政之實。形式上太后與皇帝並排坐著，像二位君主。但奏對時，皇帝不許說話。有時太后示意皇帝說話，他才勉強說上一、二句。光緒帝成了真正的木偶。這次第二次訓政，實則是慈禧太后的第三次垂簾。

2.拿出狠招治人治心

治人不可丟準狠二字，這樣才能懲一儆百。

　　慈禧雖然取得了最高領導權，但面對的卻是一個爛攤子，為摧毀太平天國農民起義，為維護岌岌可危的封建統治，慈禧斬殺了何桂清，以明官紀。

　　何桂清，雲南昆明人，道光進士。歷任編修、太僕寺少卿、太常寺卿、戶部右侍郎、浙江巡撫、兩江總督等官職。

　　一八五九年欽差大臣和春、幫辦軍務張國梁所統率的江南大營以長牆圍困天京，天京危急萬狀。一八六〇年一月底，李秀決定奇襲杭、湖，然後回師反攻江南大營，以解天京之圍。一八六〇年五月五日江南大營全軍潰敗，天京解圍。和春、張國梁俱死。常州是兩江總督何桂清住所，他擁兵自衛，坐視不救。當陳玉成欲攻常州，何桂清見大事不好，企圖逃走。這時，江蘇按察使查文經、江蘇布政使薛煥等摸透何桂清心理，聯稟請退保蘇州。何桂清得稟大喜，這下子可有了堂而皇之逃跑的理由。他即刻想逃往蘇州。

　　在逃跑前，他先把父親和兩妾祕密送往通州，然後張榜禁止遷徙，並派兵嚴查諸門。聽說何桂清要逃跑，紳民耆老數百人，當晚手執香燭赴轅門。次日，何桂清親率部隊將逃，紳民頂香跪著請他留下，何桂清出不去，何師怒，遽令開洋槍縱擊，死者十九人。

　　何桂清逃向蘇州，蘇州巡撫徐有壬不讓他進城，並上疏奏劾何桂清。咸豐帝大怒，諭旨將何桂清革職，解京嚴審。何桂清

走常熟，常熟也不接納他。後來他聲言借兵助剿，逃到上海。咸豐帝上諭將何桂清革職逮問，但是一拖兩年都沒辦成。主要原因是咸豐帝北狩和辛酉政變，最高領導者無暇過問此事。

現在政變已大功告成，慈禧太后一再強調整飭政紀，在此情況下，何桂清一案又被提起。

當時江蘇巡撫薛煥、浙江巡撫王有齡都是何桂清的舊時屬吏，因何桂清的舉薦才達到今天的地步，所以都極力包庇何桂清，還合疏上奏請「棄瑕錄用，俾奮後效，以贖前罪」，但言官不饒。給事中郭祥瑞、卞寶第等上疏，追究何桂清罪責。慈禧太后下令於同治元年五月將何桂清逮入刑部獄。

入獄之後，圍繞著如何處治的問題展開了一場尖銳的鬥爭。負責總辦秋審的刑部直隸司郎中余光綽是常州人，對何桂清十分憤恨，而他恰好負責此案。他認為僅依據「封疆大吏失守城池斬監候，秋後處決律」是不夠的，又加上何桂清擊殺執香跪拜父老十九人，罪當加重，擬斬立決。此議一出，上諭大學士六部九卿翰詹科道會議討論，討論結果同意刑部決定。這樣看來，是可以定罪了。

孰料，突又發一上諭：「何桂清曾任一品大員，用刑宜慎。如有疑義，不妨各陳所見。」

是有意為何桂清網開一面，抑或是就殺一大臣事，意在引起一場爭論，以便造成更大的震動，產生更大的影響？

既然上諭命再議，有人就以為是想為何桂清減刑，便趁機為何桂清翻案。或一人自為一疏，或數人合為一疏，共約十七人上疏為何桂清申辯。其中職務最高、資格最老的是大學士、禮部尚書祁雋藻。他援引嘉慶帝諭旨「刑部議獄，不得有加重」字樣作為理由，意在為何桂清開脫。其他如工部尚書萬青藜，通政使王拯，順天府尹石贊清，府丞林壽圖，給事中唐壬森，御史高延

祐、陳廷經、許其光、李培祐等都紛紛上疏為之求情。一時形成了一個較強大的聲勢。這些人的情況不同,有的是私交甚厚,有的是不明是非,有的是兔死狐悲,有的是見風轉舵。

面對著這股狂風,御史卞寶第不信邪,獨上疏抗論。他針對老臣祁雋藻,痛加駁斥。他認為,道光年間提督余步雲、咸豐年間巡撫青麟都是以失陷疆土而被處決的,那時你身為軍機大臣為什麼一言不發,而單對何桂清如此偏愛,究竟是為什麼?卞寶第的上疏傳下來,聞者皆以為快。當時太常寺卿李棠階又上一密疏:「刑常大政,不可為謬議所撓。今欲平賊,而先庇逃帥,何以振作中興將士之氣?」

這道密摺對慈禧和奕訢影響很大,使他們下定決心要處決何桂清。但是何桂清申辯,說他之所以從常州逃到蘇州,是因為江蘇的司道要求他到蘇州,以保餉源重地。他引出薛煥等四人稟牘為佐證。這是何桂清能撈到的最後一棵保命丸。

慈禧和奕訢表現出很大的耐性。慈禧太后通過同治帝之口又發下上諭,命兩江總督曾國藩查核。曾國藩很快上疏道:「蘇常失陷,卷宗無存。司道請移之稟,無容深究。疆吏以城守為大節,不宜以僚衡。」明確表明他是贊成重治何桂清的。

聽了雙方的意見之後,慈禧太后經同治帝於同治元年十月二十一日發布諭旨,清楚說明何桂清犯的是棄城逃跑罪,另一條罪狀是避匿二年之久。

大臣會議意見不一致,後來採取了折中意見,即斬監候,秋後處決。本來這一年正是停勾(不能行處決之刑)之年,有的人幻想可以再緩一緩。但慈禧太后決定立即斬掉何桂清,以明官紀。頒下諭旨,於同一天殺了封疆大吏何桂清。

3.大動作產生大效果

要想改變現狀，大動作才能獲得大的效果。

一天，慈禧太后又頒發上諭，組成了以禮親王世鐸為首的新的軍機處。因為此次變動發生在甲申年，史稱「甲申易樞」。

在發布上述決定的同時，慈禧又發一懿旨：「軍機處遇有緊要事件，著會同醇親王奕譞商辦，俟皇帝親政後再降懿旨。」這就是說，醇親王奕譞成了幕後首席軍機大臣。

盛昱上摺的本意，認為軍機處有錯誤，請求給予處罰，而不是要求撤職。此外，從題目上說是全面評論軍機處，而實際鋒芒主要是指向李鴻藻，批評他保薦唐炯和徐延旭，才導致越南戰場的潰敗。

現在盛昱看到慈禧利用自己的奏摺，將軍機大臣全班盡撤，並撤去恭親王奕訢的一切職事，並非自己的本意。後來，他又得知新班底由禮親王世鐸為領袖，其餘軍機大臣為戶部尚書額勒和布、閻敬銘，刑部尚書張之萬，工部侍郎孫毓汶在軍機大臣上學習行走。他將新舊對比，認為新軍機人選遠不如原軍機。於是又上一封奏摺，專為恭親王奕訢開脫，請慈禧格外開恩予以錄用，但作為陪襯，也拉上了李鴻藻。

慈禧見到盛昱的奏摺後，大罵盛昱，說他「利口覆邦，欲使官家不任一人」。將奏摺撕裂，擲於地上，十天後，御史丁振鐸又上疏歷陳往事，企圖說動慈禧回心轉意。同日還有慶親王上疏，但慈禧對他們的要求不予理睬，也不公開奏摺。

軍機處的改組完成之後，慈禧又對部院大臣進行調整，此外對八旗都統也都做了更動。

慈禧在不到半個月的時間內，大規模改組政府，完成了清廷最高領導層的重大人事變動。

4.急需一批挽救危險的人才

凡不重視人才的，都會產生內部疲乏的現象，也談不上什麼戰鬥力。相反，敢於重用人才，就能強化一個集團與人較量的實力。

慈禧推出一系列新政，開始重視人才，認識到欲振興中國，挽救危難，人才是亟需的。這是以人才為政事之本。在慈禧太后的旨意下，出臺了一系列的新政，主要包括以下幾個方面：

第一，改革官制

一九〇一年七月，清廷應帝國主義的要求，撤銷總理各國事務衙門，改設外務部，班列六部之首。為適應新政的需要，一九〇三年設立練兵處，一九〇五年又增設巡警部（後來改為民政部），在此之間，先後裁撤了河東道總督，雲南、湖北、廣東三省巡撫等多餘的衙門。

從唐代沿襲下來傳統的六部建制到這裡完全的瓦解了。但是這種裁舊衙門、添新衙門的做法，絲毫沒有觸動封建專制的政

治體制，也沒有革除清廷腐敗無能的種種弊端，整頓吏治只流於一紙空文。

第二，改革兵制

　　一九○一年，清廷下令停止武舉，命令各省籌建武備學堂，並且決定裁減二十％到三十％的綠營兵和防勇，建立按照西方國家的營制、採用洋人的訓練方法、使用洋槍洋炮的常備軍。一九○二年，繼李鴻章擔任直隸總督的袁世凱練好北洋常備軍一鎮，大約有一萬二千五百人，張之洞也練好湖北常備軍七千人，成為全國練兵的樣板。

　　一九○四年，練兵處和兵部奏准在全國編練常備軍三十六鎮，後來還制定了按照省分分配的辦法。但是除了袁世凱編成的北洋陸軍六鎮外，各省由於財力物力的限制，大部分沒有完成，直到清朝滅亡，總共練成十四鎮多一些。

　　這些新編的常備軍泛稱為新軍。由於新軍軍官多選用國內外軍事學校的畢業生，對士兵要求有某些文化知識，從而為革命知識分子的活動準備了某些條件，最終使新軍成為一支反清的力量，這是慈禧太后當初萬萬沒有想到的。

第三，改革學制

　　主要包括停止科舉、設立學堂、獎勵留學三項內容。學堂是培養人才之地，欲振興中國，挽救危局，人才是亟需的。所以對興辦學堂，慈禧給予了高度重視。她認為人才為政事之本，興學育才，實為當今急務。

　　在此思想指導下，慈禧指出「京師首善之區，尤宜加意作養以樹風聲」。為此，特派張百熙為管學大臣。張百熙就任後，積極籌畫，未及月餘，便上呈他的辦學意見。

　　一為預定辦法，其辦法是將學習內容分為兩科。一曰政科，二曰藝科。以經史、政治、法律、通商、理財等事隸政科；以聲光、電化、農工、醫算等隸藝科。為了盡快培養出人才，他認為應推行「速成教育法」，即於預備科之外，再設速成一科，速成科亦分二門，一曰仕學館，一曰師範館。

　　二為附設譯局，他認為，欲求中國經史政治諸學，非藏書閣不足以探討之資，欲知西國政治工商等情，非譯書局不足以廣見聞。因此建議，隨時採買西書刷印譯本，更宜設分局於上海。

　　三為廣購書籍、儀器。四為寬籌經費等。對此建議，慈禧明確批示：「著及認真舉辦，切實奉行。」張百熙在京師大學堂推行後，致使京師大學堂無論從規模、學制、質量上均較以前有大的發展，並在實踐中形成了一套比較完備的制度。

　　在整頓興辦京師大學堂的同時，地方學堂也接著興辦。

　　既有京師大學堂做表率，又有政府為督辦，至一九〇五年，不僅京師大學堂卓見成效，而且各省學堂也都跟著興辦，達數萬所之多。在此基礎上，清廷又設學部。

　　新政初行，人才亟需，這是科舉制度所難以解決的問題。於是一九〇二年清廷決定廢除科舉制，明令全國：「現在學堂初設，成材尚需時日，科舉改試策論。」此諭頒出不久，又有新詔：「嗣後鄉會試頭場試中國政治史會論五篇，二場試各國政治藝學策五道，三場試四書義二篇、五經義一篇。考官閱卷合校三場以定去取，不得偏重一場。生員歲科考試仍先試經古一場，專試中國政治史事及各國政治藝學策論，正場試四書義五經義各一篇，考試庶吉士散館均用論一篇策一道。進士朝考論疏，殿試策問，均以中國政治史事及各國政治藝學命題，以上一切考試凡四書五經義均不准用八股文程式，策論均應切實敷陳，不得仍前剽

竊。」

　　為了堵住科舉選仕之路，慈禧又規定：「自明年會試為始，凡一甲之授職修撰編修，二三甲之改庶吉士。用部屬中書者，皆令入京師大學堂，分門肄業，其在常肄業之一甲進士庶吉士，必須領有卒業文憑，始咨送翰林院散館，並將堂課分數，於引見排單內注明，以備酌量錄用。」這樣，仕官之途不再是科舉，而是由學堂肄業。至此為止，自隋朝以來一千餘年的科舉制被正式廢止了。

第四，興辦商務、礦務事業

　　慈禧新政在經濟方面的重要表現就是興辦商務、礦務。商務、礦務是政府財政收入的重要來源之一，在清廷財力匱乏的情況下，興辦商務、礦務尤顯重要。慈禧在責令各地實力興辦商務、礦務的同時，又於一九○三年成立商部，加強對商務、礦務的領導。

　　隨後又由商部陸續制訂頒發了許多有關商務的章程，使商務、礦務有了一定程度的發展。如四川的商務與礦務就有較為突出的成就。一八九九年四川就已奏准設立了商務局，招商開辦商務，然而因風氣未開，商情不免頓阻，至一九○○年以後，經實力興辦，方有「礦務大興」局面的出現。僅煤礦一項，如重慶、邛州、瀘州、隆昌各煤礦陸續開辦。商務更有發展，如僅商務局下設的白蠟公司一家，計兩年四個月共收解銀五萬六千餘兩，較前增至十餘倍。重慶仿西方之法造菸捲，大批運銷上海，所制洋蠟頗能合用，若更精益求精，當可抵制洋貨。全國其餘各地，商務、礦務興辦且有成效者不乏事例。

十五、沒有人才，難以抗衡對手

　　在各種競爭和較量中，人才總是第一位。沒有人才，即沒有抗衡力，這是任何領導都應當須知的管理之道；特別在真正的關鍵場合，誰擁有更多的人才，誰就擁有主動權，這也是任何領導都應當須知的。

　　李鴻章的領導心智是：最大限度地訓練人才，以便強化將來競爭之力。

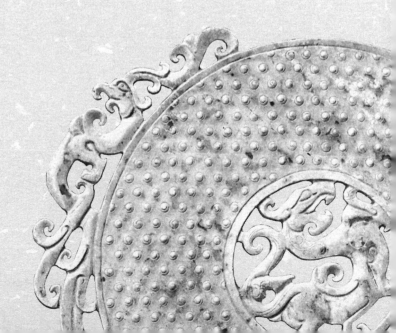

1.強化自己的應對實力

領導要在關鍵時候，強化自己的應對實力，否則就會減少自己
的強勢。

　　建立海軍，加強海防建設是十九世紀七〇年代以後李鴻
章積極引進西方先進技術，以實現軍事自強的一項重要內容。
一八七四年春，日本派兵三千人，突然在臺灣南部登陸。清廷因
海防空虛，不敢抵抗，只好接受西方列強的調停，賠銀五十萬
兩以換取日本撤兵。由於這一可恥的妥協，引起全國上下對海
防的關注，一時要求加強海防的呼聲四起。主持總理衙門事務的
恭親王奕訢，提出「緊急機宜」六條，主要內容仍不外是設廠造
船、購買最新式武器和建立海軍等等。原任江蘇巡撫丁日昌還提
出一個「擬海洋水師章程」入奏。在此同時，我國西北邊疆也發
生危機，由於英、俄兩國猛對新疆展開侵略，左宗棠於鎮壓陝甘
回民起義之後，正準備率大軍入疆，收復失地。海防與塞防同時
吃緊，究竟應採取何種對策？清廷將奕訢提出的六條「緊急機
宜」，並附丁日昌「擬海洋水師章程」交付沿江、沿海地方大吏
討論。左宗棠所轄雖非沿江、沿海地方，因他主持西北軍務，又
得留心洋務，清廷亦命他參加討論。在討論中，主東南海防者則
謂宜緩西北，主西北塞防者則謂宜緩東南。於是引起了一場海防
與塞防之爭。在這場爭論中，李鴻章從「籌餉」和「中國目前力
量」出發，反對用兵新疆，主張暫棄關外，專顧海防。左宗棠則
主張海防與塞防二者並重。最後，清廷採納了左宗棠的意見。
　　光緒元年五月三日，命左宗棠以欽差大臣督辦新疆軍務，

速籌進兵。三十日，命李鴻章和沈葆楨（時任兩江總督）分別督辦北洋海防事宜，並決定每年從海關和釐金內提取四百萬兩作為海防經費。

李鴻章籌辦海防，首重沿海陸防。他說：「敵從海道內犯，自須亟練水師。惟各國皆係島夷，以水為家，船炮精練已久，非中國水師所能驟及。中土陸多於水，仍以陸軍為立國根基。若陸軍訓練得力，敵兵登岸後，尚可鏖戰。炮臺布置得法，敵船進口時，尚可拒守。」

為使陸防可恃，他認為必須做到：(1)沿海各防營，必須破除分訊制度，化散為整，所用武器，應盡棄「旗綠營弓箭、刀矛、抬鳥槍」，一律改為最新式的後膛槍炮；(2)各海口，要仿照洋式修築沙土炮臺，所用炮位，務在及遠，越遠越妙；務在能中，不中不發；(3)守口營兵，不必多，以堅守炮臺為主，並分布水雷旱雷，制其衝突；炮臺兵路，屯紮大支勁旅，以備遊擊，臨事時後路聲援稍壯，前敵軍心益固。此外，他還根據希里哈的《防海新論》，進一步提出沿海重點設防之法。他認為，中國兵艦甚少，沿海綿延萬里，欲求自守，只能擇緊要之處，如直隸之大沽、北塘、山海關一帶，係京師門戶，江蘇吳淞至江陰一帶，係長江門戶，但能守此兩處，即使他處有失，於大局尚無甚礙，而以前兩次鴉片戰爭，我所以失事者，皆因未如此設防之故。

其次，李鴻章重視陸防，但他並不是那種舊式的陸岸守口主義者。他認為，若僅憑陸防而無海軍，則敵船可以到處窺伺，我挫則彼乘勢直前，彼敗則我望洋而嘆；如有海軍為洋面遊擊之師，則可以化被動為主動，遮護南北各口，防敵軍沿海登岸。

因此，他主張沿海設防，必須水陸相依，船艦與陸軍實為

表裡，以新式槍炮安定陸地，用鐵甲船、水炮臺保護水面，兼顧陸海兩方面的防務，才是強兵之要務，立國之根基。

其次，李鴻章的海防戰略設想，並不止於自守口岸，還想進一步拓遠島為藩籬，化門戶為堂奧，以擴大對外海的防禦。他說：「京師以天津為門戶，天津以旅順、煙臺為鎖鑰。」如津沽得此鎖鑰，渤海即可形成重門疊戶之勢，而津沽便可隱然在堂奧之中。那麼，怎樣才能達到這個目標呢？他認為，煙臺與旅順中隔海面尚有二百四十餘里之遙，其中島嶼星羅棋布，敵船處處皆可闖入，籌防之法，但當以戰為防，不能以守為防，具體辦法是以鐵艦禦敵之鐵艦，以快船禦敵之快船，再以魚雷艇數十艘，密布各島，伺便狙擊，方可制勝。

這裡，李鴻章雖然對創立海軍應掌握制海權的重要性認識不足，但他為了擴大對外海的防禦，主張採取以戰為防的防禦思想，較兩次鴉片戰爭期間以守為戰的防禦思想，顯然在海防戰略思想上是一個重大的進步。

另外，李鴻章海防戰略的最高目標是揚兵大洋，不戰而屈人之兵。他認為：「海上如練成大支水軍，益以鐵艦快船數艘，南略西貢、印度，東臨日本、朝鮮，聲威及遠，自然覬覦潛消。」為此，他反對用海防衙門名稱統籌海軍，認為海防二字顧名思義，不過謹慎自守，亦不足以張國威而察敵情，因而力請「設海部」，授予兵權餉權與用人之權，不使他部得掣其肘。

以上是李鴻章籌辦海防的戰略設想。依照這樣的設想，他先於北洋各口陸續添置海口炮臺和後路炮臺，自製或購買西式大炮分列於上，派淮軍分別駐守，無事時集中訓練，有事時專備遊擊。在此同時，積極展開籌建海軍的工作。

在李鴻章籌辦海防之前，清朝沒有近代化的海軍，只有舊式外海水師，用於緝捕海盜，不能臨於大敵。一八六二年，清廷

為了鎮壓太平軍，曾派總稅務司李泰國到英國買船組織艦隊，但買回的這支所謂「阿思本艦隊」開到中國後，李泰國、阿思本妄圖把它控制在英國侵略者手中，清廷只好令其駛回英國變賣。

此後，清廷即轉向設廠造船來興辦海軍。截止一八七四年為止，計福建船政局造成輪船十五艘，江南製造局造成輪船五艘，加上從國外購買的十艘船，共三十艘輪船。但這些船隻噸位很小，裝備陳舊，只能用於沿海巡緝，根本無法抵禦外國的海上侵略。所以，清廷決定要建立一支近代化的海軍，實際上這次工作是從李鴻章籌辦海防時才真正開始。

一八七四年，李鴻章在籌議海防摺中，對籌建海軍提出四項建議：一是以購船為主建軍。在海防危機之前，李鴻章亦主張設廠造船興辦海軍。一八七二年，他針對朝野因造船質量不高，糜費太重，主張暫停製造的意見，曾極力辯爭說：「左宗棠創造閩省輪船，曾國藩飭造滬局輪船，皆為國家籌久遠之計。今欲我數年創造之船，邃敵彼百數十年精益求精之船，不待智者而知其不逮，然就已成者而精益求精，未必其終不逮也。」及海防危機發生，乃改變初衷，遂建議朝廷變換方針，說：「中國造船之銀倍於外洋購船之價，今急欲成軍，須在外國定造為省便。」此項建議，雖出於當時形勢所迫，但對此後中國造船工業的發展卻帶來不良影響。二是強調購置鐵甲大兵船。他針對丁日昌在「擬海洋水師章程」中提出成立北洋、東洋、南洋三支海軍的建議，除了同意丁日昌三洋兵船「合共四十八艘」的意見外，鑒於日本所以敢於發動侵臺戰爭，惟恃有鐵甲船為自雄之具，力主北、東、南三洋各有鐵甲大船二號，有事六船連絡，專為洋面遊擊之師，而以餘船附麗之，並根據中國已造成二十艘兵船，可抵一般兵船之用，強調應先購鐵甲，有餘力再置他船。三是各要口須添設一、二艘水炮臺船，即小型炮艦，亦稱蚊子

船，以輔助岸上炮臺，四面伏擊，阻遏中流。四是裁撤各省舊有水師之紅單、拖罟、舢板、艇船，即以各船修造養兵之費，專養輪船。一八七五年，清廷在《著李鴻章、沈葆楨分別督辦南北洋海防諭》中，除了對第四項建議未予考慮外，基本上同意了李鴻章的其他建議，不過指出：「鐵甲船需費過巨，購買甚難，著李鴻章、沈葆楨酌度情形，如實利於用，即先購一兩隻，再行續辦。」但是在三洋海軍籌建過程中，鐵甲船一直擱置五、六年未辦。

　　其中原因，主要是一些親王大臣們反對，他們說：「洋人鐵甲船，經費太巨，即使得力，海洋遼闊，必得若干鐵甲船，始足彌縫其闕。此船一辦，每年一切耗用必多，倘積久機關不靈，不但無益，而且有害。」所以，從一八七五年至一八七九年，李鴻章委託總稅務司英人赫德，僅從英國訂造八艘小型炮艦，以備守口之用，另由該廠訂造二艘巡洋艦。

　　同期，福建船政局又造船七艘，江南製造局造船二艘，均為一般兵船。

　　雖然清廷籌辦三洋海軍的方針已定，但限於財力，無法齊頭並進，只能有所側重，於一八七九年五月又決定先於北洋創設水師一軍，俟力漸充，由一化三。同年，日本正式吞併琉球，並漸有窺伺臺灣、朝鮮之意。有鑑於此，清廷始令李鴻章速購鐵甲船，以為伐謀制敵之計。李鴻章遂致函駐德公使李鳳苞，令其在歐洲各國船廠訪詢鐵甲船圖式，以便訂造。恰在此時，總稅務司赫德，忽然向總理衙門提出一個所謂「海防條陳」，痛詆鐵甲船糜費無用，建議清廷只購蚊子船和碰船，分成南北兩隊，海疆防守即可無虞，並要清廷雇用西人，重其事權，任命他為總海防司，企圖攫取中國海防大權。當時總理衙門頗為其說所惑，致函李鴻章、沈葆楨徵求意見。沈葆楨堅決反對赫德出

任總海防司，李鴻章則謂「赫總稅務司前議，此間文武幕吏多不以為然。謂其即有利權，又執兵柄，鈞署及南北洋必為所牽制」。經沈葆楨、李鴻章極力辯爭，總海防司之議才作罷。至於購辦鐵甲船一事，李鴻章說：「欲求自強，仍非破除成見，定購鐵甲不可。」一八八〇年，他派江南製造局徐建寅（科學家徐壽之子）會同李鳳苞在英、法、德奔走訪問，最後終於在德國訂造了兩艘六千匹馬力的鐵甲艦和一艘二千八百匹馬力的鋼甲船。在建造過程中，李鴻章接受原來委託赫德所購艦隻質量低劣的教訓，為保證品質，派專員和學生到該廠學習，並檢查督造，凡不合規格者要重新返工，期於船成學亦成。

先是，一八七九年十一月，李鴻章以從英國訂購的鎮東、鎮西、鎮南、鎮北四炮艦來華，北洋船隻漸多，即奏請將淮軍記名提督丁汝昌留北洋海防差遣，暫任督操。不久，沈葆楨死於兩江總督任所。從此，海軍的一切規畫專屬於李鴻章，乃設水師營務處於天津，辦理海軍事務。一八八一年九月、十月，由英國訂造的兩艘炮艦以及兩艘巡洋艦也先後駛回。這樣，北洋海軍加上原有的練船、運輸等船，已擁有十四艘船，初具規模。於是，李鴻章奏改三角形水師旗為長方形海軍旗，並奏請以提督丁汝昌統領北洋海軍。

在此前後，福建海軍和南洋海軍（指原丁日昌所稱的東洋海軍）也先後購備了一些船隻，但包括北洋海軍在內都還沒有達到成軍階段。不久，中法戰爭爆發，清廷的海軍建設進入了一個新的時期。

北洋海軍在成軍階段主要是增加較好的新艦。自一八八五年以後，共購進艦艇十三隻，這些艦艇在當時來說，都是較為先進的戰艦。由於派專人督造，品質也比較好。一八八七年，六艘魚雷艇造成駛抵中國。同年致遠、靖遠、經遠、來遠四艘也

告完工，這樣，北洋艦隊加上原有的艦隻已擁有大小軍艦二十五艘，終於在同年九月正式宣布成軍了。

北洋艦隊在成軍的同時，正式頒布了《北洋海軍章程》，內多酌用英國法，勇營、綠營舊制亦兼收並蓄於其中，條目巨細。章程關於艦隊編制的規定：計軍艦二十五艘，官兵四千餘人；全軍設提督一員，以統轄全軍；設總兵二員，分左右兩翼，為郯隊翼長；副將以下各官三百一十二員，凡委帶艦艇者稱「管帶」。提督設衙署，總兵以下各官，住在船上，不設衙署。各艦逐日小操，按月大操；立冬以後，全艦隊赴南洋，與南洋艦隊合作訓練；每三年欽派親王大臣與北洋大臣出海檢閱一次。小操又稱「常操」，主要是訓練陣法。陣法共一百餘式，每種陣法都包含有集中與分散兩種因素，可以化集中為分散，也可以變分散為集中，正確處理好兩者的關係，就可以做到變化無窮。

此外，北洋艦隊還聘用數量不定的洋員，主要是擔任教習、駕駛、機務、炮務等技術性的工作。

李鴻章作為北洋艦隊的最高領導者，不僅掌握著艦隊的指揮權，而且還掌握著艦隊的人事權，甚至連朝廷對北洋艦隊的命令，也只有通過李鴻章才能發出效力。

李鴻章在籌組艦隊的同時，對海軍基地的基址曾進行過多次勘察，最後選定了旅順和威海衛。但因威海衛工程浩大，李鴻章決定先經營旅順，於此建設船塢及海岸炮臺。

旅順、威海基地相繼建成，兩地各設提督衙門，均為北洋海軍重地。就防禦體系看，威海、旅順恰似人之雙臂，環抱渤海，形成對京畿的鉗形防禦網，李鴻章所謂天津以旅順、煙臺（現改為威海）為鎖鑰的海防設想，終於得以實現。

在海軍和海軍基地建設的同時，海軍的各種後勤保障機

構，也相應地建立起來，如海防支應局、軍械局、船械局、儲醫施醫總院、養病院等。其中以興辦各類軍事學堂尤為重要。李鴻章十分重視軍事人才的培養，他說：「水師為海防急務，人才為水師根本，而學生又為人才之所自出，查泰西各國水師強盛，皆以學堂為根基。」為此他在派遣留學生赴國外培訓後，又在國內先後創辦了一系列軍事學堂。一八八〇年創辦天津水師學堂，以留學回國的嚴復為總教習，並聘任洋員授專業課。一八八五年創辦天津武備學堂，以培養能通曉西法的淮軍中下級軍官。一八九〇年，為便於學生就近學習駕駛、魚雷、水雷、槍炮等技術，又在劉公島創辦了一所威海水師學堂。此外，為了培養急需的水雷、駕駛、管輪、槍炮等專門人才，還先後創辦了大沽水雷學堂，旅順魚雷駕駛學堂、管輪學堂、水雷學堂，威海槍炮學堂、水雷學堂以及山海關武備公所等。所有這些學堂，不僅為海陸培養了相當一批軍事和技術人才，而且促進了西學在中國的傳播。

2.看準的人才，就委以重任

做任何事都離不開人才，沒有人才是絕對寸步難行的。李鴻章的領導學中具體展現了這一點，他相信：「看準的人才，就要委以責任。」

李鴻章認為，江蘇和各省一樣，官場腐敗到了極點，而上海更為突出。其特點是官吏不知禮義廉恥為何物。為了貪財

撈錢，他們不惜媚外賣權，中飽私囊；為了滿足一己私欲，他們相互勾結，巧取豪奪，置國法而不顧。通過全面了解，李鴻章在一八六二年致曾國藩的書信中指出：「上海十年來大發公家財者，要數吳、楊、俞三人最為突出，其醜惡名聲已遠近皆知。」吳指的是吳煦，初以捐納歷任江蘇嘉定等縣知縣，後署理松江知府，曾勾結反動官紳與英、法、美等侵略軍鎮壓上海小刀會起義。一八五八年冬，升任蘇松太道，後升署江蘇布政使，兼管上海海關事務。此人一向媚外，多次勾結外國侵略軍入上海設防，以阻擊太平軍，為人狡詐，愛財如命，名聲極壞。楊指的是楊坊，初在上海以販賣鴉片致富，因勾結洋人鎮壓上海小刀會起義而升任蘇松糧儲道，綜理夷務。一八六〇年太平軍進攻上海時，他勾結美國人華爾組織洋槍隊，與太平天國為敵，並以其女嫁華爾為妻。此人與吳煦沆瀣一氣，挾夷自重，控制了上海的人事、財政和外交大權。

俞指的是吳煦、楊坊的心腹俞斌，充當吳、楊二人搜刮民財，上海人民對其恨之入骨。李鴻章雖然對這種情況作了調查了解，主觀上很想把江蘇一省，尤其是上海的官場腐敗風氣扭轉過來，但在客觀上卻心有餘而力不足。因為他初到上海，強龍難壓地頭蛇，但為了求得淮軍的生存，他採取了有選擇地加以懲治的辦法，盡自己的能力對吏治進行了一番整頓。

早在李鴻章率淮軍從安慶動身赴上海之際，他的老師曾國藩就明確告訴他：「不把吳煦去掉，政權就不能做到統一，上海的事情就不能辦理好。」通過對上海的實情分析考察，李鴻章決心把吳煦、楊坊之流作為首要打擊目標。在奏准革除吳煦身邊數人職務的同時，他採取海關與稅收分途，雖仍由吳煦掌管上海海關，但職權大大削減。一八六二年十一月，李鴻章又下令免去吳煦蘇松太道一職，另委當過上海縣令，熟悉了解洋人情況，善於

籌餉的長沙人黃芳接任。在此同時，又先後薦舉道光進士，曾任知縣知府、被紳民稱之為劉青天的河南太康人劉郇膏為署理江蘇按察使、布政使。

為了使江蘇一省的軍、政、經濟全權牢牢控制在自己的手裡，也為了整頓江蘇一省的吏治，在以懲治吳煦、楊坊為突破口之後，李鴻章千方百計網羅人才，建立和不斷充實自己的幕府，把他的同鄉、同學、親朋好友都集結在他的身邊。李鴻章幕府中的重要人物大多由奏調或從屬吏中特委兼辦。一般幕府人物或由函招、或自己來投效，或輾轉推薦而來，人才五花八門。他們的職務都受李鴻章奏派督導，其地位既為私人賓席，又可以隨時因功奏保升遷，授以實缺。他們的薪水大半由所屬局所或軍營供給，雖不是完全的官俸，也不是來自於李鴻章個人的腰包。這一點，大體上與曾國藩的幕府相同。但李鴻章幕府有一個明顯的特點，就是從實際需要出發，把一個人的能力放在首位，不太看重功名和地位，很少聘請道學先生和文學侍從。被聘入李鴻章幕府的人，一般都能各有所能，專長得到較為充分的發揮。

3.放開眼光，大量培養人才

領導能否放開眼光，關係到決策的成敗。

為了培養技術人才，李鴻章還積極主張送學生到海外培訓。

他說：「西洋製造之精，實源於測算格致之學，奇才疊

出，月異日新。即如造船一事，近時輪船鐵脅一變前模，船身越堅，用煤越省，而行駛越速。中國仿造皆其初時舊式，良由師資不廣，見聞不多。官廠藝徒雖已放手自製，只能循規蹈矩，不能繼長增高，即使訪詢新式，孜孜效法，數年而後，西人別出新奇，中國又成故步，所謂隨人作計，終後人也，若不赴西廠觀摩考察，終難探製作之源。」為此，早在一八七一年他就會同曾國藩奏請朝廷批准，於次年派第一批幼童赴美學習，這是中國派遣留學生之始。

至一八七五年，先後派出四批，共計一百二十名。學習出色者有詹天佑、唐紹儀、梁敦彥等。

一八七六年，他又派遣淮軍中下級軍官卞長勝等七人，隨同洋教習赴德國學習陸軍。次年初，又會同福建船政大臣沈葆楨聯銜奏准，選派福建船政局前後學堂學生二十六名、藝徒四名，赴英、法兩國學習製造駕駛。

同年，第一批赴歐學生出國。在法學習製造的多分赴各礦廠學習開採及冶煉、冶鑄工藝諸法，均得到文憑，學成後並遊歷英、法、比、德各國新式機器船械各廠。赴英學習駕駛的，先入官校，後陸續調入鐵甲船學習，歷赴地中海、大西洋、美利堅、非洲、印度洋等處操練排布迎拒之方。離船後又專請教習補授電氣、槍炮、水雷各法，均領到船長文憑。在這批留歐學生中，學習製造出色者有魏瀚、陳兆翱等，學習駕駛出色者有劉步蟾、林泰曾等。此後又派遣了兩批。

一八八五年，李鴻章鑒於學習製造的學生，原定學制三年為期太促，所學不全，建議改為六年；學習駕駛的學生，每年僅有兩個月在大兵船上實習，閱歷亦淺，建議每年改為六個月在船上實習，以增加閱歷，但原定學制三年不改。

總之，為培養技術人才，李鴻章做了許多努力。

　　注意權由我操、雇用洋匠、進退由我，不令領事、稅務司各洋官經手，以免把持。譬如，一八七〇年李鴻章接辦天津機器局時，即在該局「精練華工，酌裁洋匠，並將主持局務之洋員密妥士辭退。不久，又將金陵機器局主持局務的洋員馬格里辭退，用較為內行的中國人龔仰遽指揮調度。

十六、求實是最令人尊敬的品質

　　作為領導，不能以虛誇的方式去對待自己的管理工作，否則就會讓自己「飄」起來，從而失去下屬的信任之心。因此一定要牢記「求實」二字，只有工作更出色，才能產生巨大的影響力。

　　張之洞的領導心智是：做人必求實，不能空洞無物，更不能說而不做。

1.在關鍵時刻不能退縮

退縮有兩種情況：一是能退縮，二是不能退縮。前者指一種安
身法，後者指一種挺身術。當一個人沒有必要與對手發生碰撞
的時候，可以選擇前者，反之要選擇後者。

在張之洞看來，做人要有正氣，特別是在關鍵時刻不能退
縮。張之洞就是正氣一身，不畏懼對手。這是智慧和經驗長期積
累的結果。

一八七九年他為東鄉慘案上書鳴冤，陳述真相，使多年的
沉冤一朝昭雪。

一八七五年，四川東鄉縣（今宣漢縣）發生民眾的抗糧鬥
爭。在咸同年間，清廷為了籌集鎮壓太平天國的軍費，在四川
橫徵暴斂。除地丁銀外，增加了津貼、捐輸和其他雜稅，東鄉本
是川東一個地瘠民貧的窮縣，地丁銀加上各種稅捐也增加了近十
倍。該縣負責徵收錢糧的局紳同官吏相互勾結，百端勒索，民眾
痛苦不堪。

一八七五年六月，東鄉農民聚眾請願，向官府提出清算糧
賬、減輕負擔。知縣孫定揚謊稱百姓聚眾謀反。護理川督文格得
報後，嚴令官兵鎮壓，提督李有恆率官兵赴東鄉，對無辜百姓實
行血腥大屠殺。東鄉民眾含冤不平，推舉代表袁廷蛟進京申冤告
狀。

御史吳鎮等得知慘案真相，聯名參劾文格，清廷迫於輿
論，將孫定揚、李有恆革職，文格也自請處分。朝廷另派山東巡
撫丁寶楨督川。丁寶楨上任後仍試圖將此案大事化小，小事化

無。一八七八年，朝廷另派告老回鄉的前兩江總督李宗羲前往東鄉複查。李經過明查暗訪，弄清了事實真相，只得據實奏明。朝廷再派禮部尚書恩承、吏部侍郎童華為欽差大臣赴川複審。兩人到川後，官官相護，結果仍是維持原判。

東鄉冤案的平反以張之洞的上疏得到了轉機。張之洞在四川學政任上，正遇上東鄉慘案發生。當他按試到東鄉縣屬綏定府時，應試的東鄉童生都不按試題作文，試卷所書，悉為冤狀。所以他對冤案的真相比較了解。光緒五年五月十一日，張之洞一天之內連上三摺，詳細地敘述了慘案的始末，指出百姓抗糧的原因。

他說：「此案之查辦由於濫殺，濫殺由於誣叛請剿，誣叛請剿由於聚眾鬧糧，聚眾鬧糧由於違例苛斂。」並舉出四川地方官大量苛徵勒索的事實：「大率每地丁一兩合之津捐雜派大縣完多將近十兩，中縣完少亦須五六兩。糧民交納者，先完雜費，繼完津捐，然後許完正賦。雜費不完串票不可得，無串票則官得治以抗糧之罪，其術亦巧而毒矣。」他還指出，「案懸四年，兩被京控，三經糾參，兩易督臣，三奉查辦」，而最終卻「舍首惡而不誅，事無真是非，刑無真罪名」。因此關係極大，不獨一蜀，而是有關維繫清廷統治的大問題。請求朝廷為了長遠利益，嚴懲造成東鄉慘案的罪魁禍首。張之洞的奏摺筆鋒犀利，有理有據，在清廷中產生了重大的回響，刑部不得不重審此案。

清廷承認東鄉百姓「鬧糧仇鬥，並非反叛」，下令懲處有關官員以平民憤：孫定揚、李有恆濫殺無辜，處以斬刑；前護理川督文格革職，川督丁寶楨降四品留任，其餘有關知府、總兵、局紳或革職，或充軍，沉冤得以昭雪。張之洞也由此而聲名大噪。

2.決心做的事做到底

張之洞的特點是：只要自己想做，就決心把事情做到底、做成功。

　　張之洞雄心勃勃，希望通過布、紗、絲、麻四局的建立，在湖北形成一套用洋機器生產的紡織工業體系，給社會帶來效益。這種敢作敢為的性格，是張之洞的特點。

　　早在兩廣總督任上，張之洞在籌辦鐵廠的同時就醞釀建廣東織布局，並擬以向賭商派捐的辦法來籌款，第一年派捐四十萬兩，第二年派捐五十六萬兩。銀子還沒有收上來，張之洞便奉調武昌。接任的李瀚章不願辦鐵廠，也不想辦織布局，於是張之洞將鐵廠連同織布局一起遷到武昌。因為湖北經費很緊，必須仰仗廣東的銀子，張之洞遂與李瀚章商議，粵鄂共辦織布局，廣東省以九十六萬兩銀子捐款作為股分入股，但李瀚章對織布局能否贏利沒有信心，反覆磋商後同意拿出五十萬兩銀子入股。張之洞不得已在湖北東挪西借，又湊了三十萬，才將英國機器的訂購款付清，機器前一年已運到武昌。但一則缺經費，二則忙於鐵廠、槍炮廠忙不過來，於是這些機器便只好先送進倉庫。這下好了，有了八十萬鹽課和二百萬洋款，張之洞如虎添翼，更放手去做。他從中拿出五十萬兩銀子，立即在武昌城文昌門外興建廠房。

　　接下來，張之洞便著手創建紡紗廠。湖北天門、潛江一帶歷來便是有名的產棉區，所產棉花量多質優。民間紡紗工藝粗糙費時，好棉花卻得不到好的使用。那年有人向張之洞建議，棉花是湖北一大財富，不利用太可惜了。現在織布局辦起來，棉紗便

有了固定的銷路。用湖北的棉花紡湖北的紗，用湖北的紗織湖北的布，再將這些布匹向各省銷售。紡紗、織布兩局都獲利，又可以補貼鐵廠和槍炮廠，還可以做別的事，這是一條好的生財致富之道。於是挨著織布局的旁邊，一座規模宏大的廠房又動工興建了。

隨著洋務事業的蓬勃發展，張之洞越來越感到洋務人才的短缺。他和蔡錫勇等人商量，在鐵政局旁邊興建一所洋務學堂，取名自強學堂，聘請所有從美國回歸的留學生為教習。自強學堂設方言、格致、算學、商務四科。以方言為基礎科，方言科以西文為主，分英文、法文、俄文、德文四門。因為布、紗、絲、麻四局的原料均來自鄉村，農學已成為一門必須講究的大學問，又因為鐵廠和槍炮廠急需一批操作工，張之洞又相繼辦起湖北農務學堂和湖北工藝學堂。

這期間，煉鋼爐已安裝好，槍炮廠的機器也全部從美國、德國等國家運來，鐵廠和槍炮廠名副其實地投產運行了。

短短的一年多時間裡，湖北的重工業、輕工業從無到有勃然興起，新式學堂由少到多全面興辦，以漢陽鐵廠為代表的湖北洋務事業如一股大潮，衝擊著一向保守閉塞的荊楚官場士林、城鎮鄉村，引起各界震動，從而使得兩湖風氣大變。它又如一道虹霓，閃耀著七彩光亮，高懸在江漢天穹，備受朝野內外、東西南北的矚目，成為時論輿情的熱點、府衙廛市的談資，或譽或毀，或慕或嫉。總之，都不能輕覷，更不能無視它的存在。

後來張之洞又著手興辦既濟水電公司，在這之前，有很多人，特別是外國人都盯著在武漢發展水電事業的高額利潤，但是張之洞駁回了洋人辦水電的申請，理由明擺著，這裡的銀子不該給洋人。以後三撥申請的雖然打著中國人出資的招牌，走的卻是暗中吸收洋股的路子。張之洞查明後，一概駁回。後來，宋煒臣

主持創辦的既濟水電公司得到張之洞的批准，其原因很簡單：它確實完全都是中商自己投資的。

同樣有名的「紗布絲麻四局」的創建，也是出於保護利權的考慮。四局之中，最先開辦的是布局。當洋貨輸入，大受國人歡迎的時候，一般士大夫會有多少人想到事關國家利權？而張之洞早在擔任兩廣總督時就奏請建立織布局。他在奏摺中這樣寫道：「竊自通商以來中國之財溢於外洋者，洋藥而外，莫如洋布洋紗。既不能禁其不來，惟有購辦機器自辦。」

紗局、絲局、麻局的相繼誕生，無不是為著增加效益。更重要的是，它為武漢紡織工業的發展打下了牢固的基礎，沒有它的濫觴，就沒有武漢作為全國繼上海、天津之後第三大紡織工業基地的地位。

一八九〇年，張之洞提出在湖北北部架設電線，他說，長江水線雖然經過武漢，但線路偏在南部（包括宜昌、沙市）。襄樊屬楚邊重鎮，與陝、豫界連，與省城陸程七百里，水程近千里。張之洞奏請由上海電報局集資在襄陽、武漢之間架設電線，鄰省可貸款一萬兩做周轉資金。同年，又開始架設從沙市經益陽、長沙至湘潭的湘鄂路線。此外張之洞還在武漢三鎮設立電話局，後改為電話公司。湖北省的近代電訊事業在張之洞時期有了大幅度的發展。

大型企業固然是張之洞所熱衷興辦的，與人民生活有關的中小型企業，張之洞也積極提倡。如在白沙洲辦湖北造紙廠，在漢陽赫山辦湖北針釘廠、湖北官磚廠，在下新河辦湖北氈呢廠，在蘭陵街（現解放路）辦武昌皮革廠，在漢口辦湖北模範工廠、貧民大工廠等等。一九〇八年，張之洞還鼓勵和資助宋煒臣創辦燮昌火柴廠。

3.守住謹慎二字

領導做人需要牢記謹慎二字，一步一步地走穩自己的腳步，否
則因一時的冒失，造成大錯。

　　立憲事關根本政治體制改革，牽涉到統治集團的切身利
益，不可能一蹴可成，張之洞贊成立憲。在清末的大臣中，他是
對立憲政治考察較早、認識較深的人物之一。

　　從人際關係看，張之洞與立憲派有著廣泛的連繫，與立憲
派領袖張謇關係密切，曾互訪商談立憲大計。

　　張之洞主張盡快立憲、設議院，其謹言慎行並未掩蓋他的
立場和態度。這點還可以從時人的評論中得到佐證。劉成禺在
《世載堂雜憶》中說，庚子以後，「預備立憲之風乃大盛。廢科
舉，試特科，引用留學生，設資政院及省諮議局，以為君主立
憲張本；復派五大臣出洋，考察憲政，以新外人耳目。凡此諸
端，胥由張之洞、袁世凱合摺奏請，或贊同辦理」。此話大抵符
合史實。

　　清廷發布預備立憲上諭的第二天，便頒發改革官制的諭
令。最後制定的京朝官制是：內閣，設總理大臣一人，左右副大
臣各一人。對此項重要改革，慈禧閱後認為，軍機處自雍正年間
由內閣分設，「相承至今，尚無流弊，自毋庸復改內閣。軍機處
一切規制，著照舊行」。其他各部依次為：外務部、吏部、民
政部、度支部、禮部、學部、陸海軍部、法部、大理院、農工
商部、郵傳部、理藩部、都察院，並設資政院、審計院、軍諮
府。

　　接著，又編定地方官制。張之洞對地方官制改革的方案提出了諸多異議，基本持反對態度。他在一九○七年一月二日致軍機處釐定官制大臣的電文中說：

　　「此次官制之應如何改定，自以有關於立憲之利害為主，其無關憲法者，似可不必多所更張，轉致財力竭蹶、政事叢脞、人心惶擾。」因而主張緩進、審慎行事。如他不同意裁撤知府，認為「一府所轄，少則四、五縣，多至十縣，各縣距省遙遠，極遠者至二、三千里，賴有知府猶可分寄耳目，民冤可申理，災荒可覆勘、盜匪可覺察」，因而撤知府「勢有難行」。又如合併各司道一事，他認為各司各自有印，各自有稿，若合為一署，「無此廣大廨舍能容許多官吏，能存許多案牘」。再如各省高等審判廳一事，他認為「一省之中臬司即為高等審判廳矣，另設一廳何為」。至於第二層辦法，他認為「尤多窒礙之處，民政以警察為大端，乃臬司分內事，今乃不屬臬司而屬藩司，理財乃藩司分內事，今乃不屬藩司，而又別立財政司……藩、學、臬、運、糧、鹽、關、河許可權本自分明，不相淆混，乃亦議改變則尤可不必矣」！

　　總之，他認為改革官制各條，「似不盡與立憲關涉，竊謂宜就現有各衙門認真考核，從容整理，舊制暫勿多改，目前先從設四鄉讞局選議紳、董事入手，以為將來立憲之始基，如能實力奉行，此尚是達民情、採公論之實際，亦可稍慰環海望治之心」。

　　同年二月六日，他再次致電軍機處釐定官制大臣和袁世凱，對設高等審判、地方審判和司法獨立問題「不勝駭異」。他認為：「中國民智未盡開通，愛國者固多，而持破壞主義、志在亂國者亦復不少。方今革命黨各處蠢動，沿江沿海伏莽繁多，凡內地獲一亂黨，必有海外學生聯名干預，甚至外人出頭保

護，……裁判各員中難保無學術不純、心思不端者，每遇拿獲逆黨，必將強引西律曲貸故縱，一匪亦不能辦，不過數年，亂黨布滿天下，羽翼已成，大局傾危，無從補救，中國糜爛、利歸漁人，是本意欲創立憲之善政，反以暗助革命之逆謀。」

因此，他主張十年以後再推行高等審判。他還說：「竊惟立憲，良法也，美名也，諭旨預備立憲固海內臣民之所欣願，洞略曉時局，尤望其早見實際者也。……此電尤於裁判司法獨立一節不憚苦口力爭，非阻立憲也，蓋深盼立憲之局之必成者，莫洞若也。」

綜上所述，從張之洞對官制改革的態度來看，是否可以這樣認為：張之洞在理論上認識到立憲乃大勢所趨，必須推行，但在實際上又顧慮重重，主張穩妥緩進；他對中央官制改革沒有提出多少異議，而對地方官制改革卻諸多非難，並認為有些改革與立憲無關，從中體現出其矛盾心態和具有難言之隱。

4.恪守該恪守的一切

有人不守法度，只一味地膨脹自己的私欲，這種人是離人心而去的。做人應當恪守原則，這樣才能樹立好形象。

張之洞非常注意這方面的問題，以中庸做人為原則。他曾對僚屬歸納自己「所辦之事皆非政府意中欲辦之事，所用之錢皆非本省固有之錢，所用之人皆非心悅誠服之人，總之不外中庸勉強而行四字，然所辦各事亦頗有竟睹成功者，真徼幸也」。

「真徼幸」是表面文字，內心對於治術精到的真得意，才是實際思想。中庸本為儒家思想體系的核心範疇之一。孔子稱：「中庸之為德也，其至矣乎！」《禮記》又加以發展，不僅以中庸為最高美德，而且以中庸作為處理萬事萬物的基本原則與方法，「君子尊德性而道問學，致廣大而盡精微，極高明而道中庸」。宋儒程頤、程顥解釋：「不偏之為中，不易之謂庸。中者，天下之正道；庸者，天下之定理。」張之洞可謂盡得中庸精髓。他有詩曰：

> 舌以柔而存，齒以剛而亡，
> 健順貴兼濟，禍福豈有常，
> ……
> 精金能屈伸，百煉仍無傷，
> 君子有捲舒，帝王有馳張。

他以中庸行政：「欲常行，必先從暫行起；欲停辦，必先從緩辦起，百事皆然，歷之不爽。」淘汰練軍、勇營，不可過驟，「裁兵不裁官，裁散不裁整」，「百人裁五，限二十年而竣」。辦新教育，先從改舊書院開始，「令守道之儒兼為識時之俊」。他以中庸治吏：「水清者無魚，人察者無徒」、「隋文好聰察，肘腋忘獨孤，衛君辨白馬，無救國為墟，王道如春臺，亡國如秋荼，法煩亂越生，徒快巧吏胥」。他以中庸諫主：「高論不啟蒙，強諫不悟主」、「既遇諱疾人，豈禦藥酒苦，強教欲覺迷，徒受按劍侮，知心一言善，戾時三策腐」、「躁隱兩不佯，叩鳴視所輿」。他甚至這樣以中庸總結為臣之道：「不聰不明不能為王，不痴不聾不能為公！」話說到這個分上，實在令人嘆為觀止。

　　張之洞為官一生，十分注意博取口碑，維護自己的廉正形象。無論撫晉、督粵、經營荊楚，還是入贊廷樞，他都頗得人望，在民眾心目中，保持了廉潔清正的好名聲。他在一封給侄子的信中，於諄諄告誡之間，相當自得地描述了自己的官風：

　　良民頌聲載道，公事無瑕可指，雖有強宗、訟棍，彼何能為。至於紳士之十分狡狠者，若自揣力不能鋤去而降伏之，則亦不能不略用籠絡駕馭之法，免致撓我政事。……既不戀缺，更可放手辦事，專心為民，即使將錢漕贏餘減去大半，亦不過與無缺等，尚落得口碑載道，萬家屍祝也。……州縣處處克己恤民，劣紳何從挾持煽動哉。倖能稟請減成徵收，又能捐巨金辦緝捕破重案，已是探驪得珠，聞之深為欣慰，勉力為之，必然與地方日臻浹洽，……須知聲名功德是本官的，余光治潤是眾人得耳。

　　這一長篇自白，道出張之洞數十年為官治民的經驗之談，勾勒出他作為集儒臣與能吏於一身者，既重立功立言，更重立德的內心世界。對於這種心態，不可用求虛名一言以蔽之。誠如張之洞所言，為官清正所獲得的聲名功德固然屬於為官者，而其功其德卻造福於百姓，「余光治潤是眾人得耳」。